费正清
文　集

The Great Chinese Revolution

1800–1985

伟大的
中国革命

（1800—1985）

费正清 / 著

John King Fairbank

刘尊棋 / 译

世界知识出版社

佳 评 如 潮

迄今为止，这是讲述中国革命的最佳著作。

《时代》周刊

当代中国植根于它的历史。对于中国举措与态度的兴趣使人强烈产生追溯它的过去的愿望。在这充满挑战的心智探险中，此书无疑是你最好向导。

《华盛顿邮报》

融学术性与可读性于一体……格局宏伟，能博能精，资料繁富而剪裁精当。各阶层读者，只要他愿意，都可从中纵览这一"从远处看上去庞大而神秘的国度"。

《出版家周刊》

综观全局，理路清晰，历史演变叙述如绘，无愧于美国的中国史泰斗的称誉。

《底特律评论》

一部清晰、意义深远的大家之作，推理大胆，令人惊奇且中肯，全书洋溢着一位谦逊的资深学者的惊人之笔。

史景迁

精警生动的文笔，得心应手的叙述，熨帖入微的观察，费正清在此展现了学术大家的最高智慧。

约翰·肯尼思·加尔布雷思

以最恰当的语言表达他对中国最彻底的了解。笔下闪耀着机智与幽默。这部融会于心的著作必将持久流传。

哈里森·索尔兹伯里

伟大的中国革命

（1800—1985）

著＝〔美〕费正清
（John King Fairbank）

译＝刘尊棋

世界知识出版社

出版前言

费正清是美国也是世界上最有声望的汉学家。他的著作及其主要观点代表着美国主流社会的看法，对几代美国学者和政治家都有着深刻的影响。

　　出版此套《费正清文集》对国内读者了解海外在中国问题上的研究成果，冷静看待自己的历史和文化颇有意义。由于费正清是西方的中国问题观察家，看待中国自然也是以西方人的视角，所以，他在书中所表达的观点并不代表我们的认识，甚至有不少观点是我们无法认同的，希望读者在阅读中加以注意。

世界知识出版社

目　录

致中国读者	费正清	7
前　　言	费正清	9

第1章　了解中国的革命　　1

第一部分
晚期的中华帝国：成长和蜕变1880—1895年

第2章　满清统治者从北京看世界　　18
第3章　一些理论上的提法　　45
第4章　条约时代以前商业的增长　　55
第5章　中国社会内部的问题　　76
第6章　西方的入侵　　103
第7章　现代化的努力　　123

第二部分
晚清帝国秩序的变革1895—1911年

第8章　改革与反动　　152
第9章　辛亥革命的起源　　171

第三部分
第一次中华民国时期 1912—1949 年

第10章	中华民国早期及其问题	200
第11章	新文化和中国的人文教育	219
第12章	国民革命以及国共第一次统一战线	245
第13章	国民党与共产党 1927—1937 年	261
第14章	抗日战争和内战 1937—1949 年	288

第四部分
中华人民共和国 1949—1985 年

第15章	创造新的国家	326
第16章	大跃进及其后果	352
第17章	毛的无产阶级文化大革命	377
第18章	新的方针：邓小平的革命	407
第19章	透　视	430

关于没有注释的话　　　　　　费正清　441
译者简历　　　　　　　　　　　　　　444

致中国读者

费 正 清

因为我写这本书是为美国读者大众的，现在由我的老友和过去的同事刘尊棋为中国读者大众译成中文，我非常高兴。他用最好的中国文字把我常常使用的通俗美国式英文翻译出来，我是有最大信心的。不用说，在任何意义上，刘先生对于我有时候发表出来的成问题的关于历史的见解，不能负任何责任。

前言

费正清

人人都说,为了了解中华人民共和国,历史是重要的;但是谁为这件事做了些什么呢?

总应该有人把过去和现在联系在一起,特别是把19世纪的中华帝国,同1911年以后的中华民国和1949年以来的人民共和国联系在一起。现在已经可以看到不少关于这两个世纪的书了,主要是近40年间出版的,但是为了学者,还需要专门一些的著作,而把广泛的见解留给教科书作者、通俗读物作者和类似的那些常常不太内行的人去拼凑。我们现在需要的,是一个不必顾虑自己的名声会受到什么影响的、够退休资格的教授。在那样的基础上,把中国的过去和现在连贯起来写,可能是非常有趣的。帝制时代的机构,可能以新的名目重新出现。例如古代互相监督的保甲制度,今天就会变成街道办事处,或者20世纪以前的下级士绅后来变成了民国时代的土豪劣绅,以及成为继他们之后而出现的党员干部和今天的农村党委书记。一个认真的学者会在这种比较中找出毛病来，所以我们还需要一些不需负责任的劲头。为什么不呢？每一代人都学会了他们要扮演的最后角色，无非是当下一代人进门前用脚踩踏一下的垫子；这是值得也是应尽的一种义务。

这本书涉及的范围如此广泛，当然也就使工作不得不在有限的规模里进行了。不管是谁着手把一个古代文明国家转变成现代化社会的过程，压缩到一本可读的书本中，他都得用高度的概括来对待制度、趋势和运动，而不能讲人民的生活。中国各个人对于现代如何反应，除了有选择的个别情况外，只能提示一下。不过我尽力用美国的非汉学家读者容易看懂的语言，把中国人的经历表达出来。

19世纪和20世纪的中国人民——他们不仅是文化上而且是政治上的爱国者——有着从看起来优越的地位的经历，一下子可耻地坠落到一种卑劣地位，接着又长期继续进行民族复兴的狂热努力，现在总算是成功在望了。一旦完全看清楚这点后，将来这就会是一切时代中最戏剧化的故事之一。

在过去的185年中，中国人民走了一条巉岩坎坷的路，里里外外都充满莫测的变化。来自外面的，有五次外国侵略战争，从1839—1842年的中英鸦片战争,到1937—1945年的八年日本侵略战争。虽然一次比一次严重,这些外来的攻击(除日本外)比起相同时期的五次革命的内战来,规模都不太大。这五次内战,第一次是1850—1864年的大规模的太平天国革命和伴随而来的起义,全都以失败告终;1911年辛亥革命,是政体的变革;1925—1928年的半途而废的国民革命,为的是团结反帝;1945—1949年的国共内战;最后是1966—1976年毛泽东发动的10年文化大革命,那是革命激情和自作自受的民族灾难两者混合的高峰。把这些错综复杂的运动,放在它们各自的社会文化背景中一齐加以论列,确实是一个挑战。不用说,如果没有许多其他学者的协助(本书末尾虽然向他们致意,但不够充分),我是不会动手应付这一挑战的。我之所以能够完成这本论著,主要由于1936年以来,我就在世界上这一伟大的研究生院中,它使汉学研究与史学研究融为一体。而这个研究生院中,人才都是以哲学博士制度这种特殊的形式发挥作用的。特别是1946年以后,一本书接着一本书建筑起一座真知灼见的大厦,使初学的人为之倾倒,老教授为之目眩。在这些英文出版物中有很多来自中国、日本、欧洲和别处的文献和学术论著。这些资料,我没能一一利用。但是我想到，如果我都加以利用，那结果恐怕是这书就看不得了。

　　正像一位乡村牧师说的："这粥熬得不错，有它就够了，算了吧。"

1986年4月

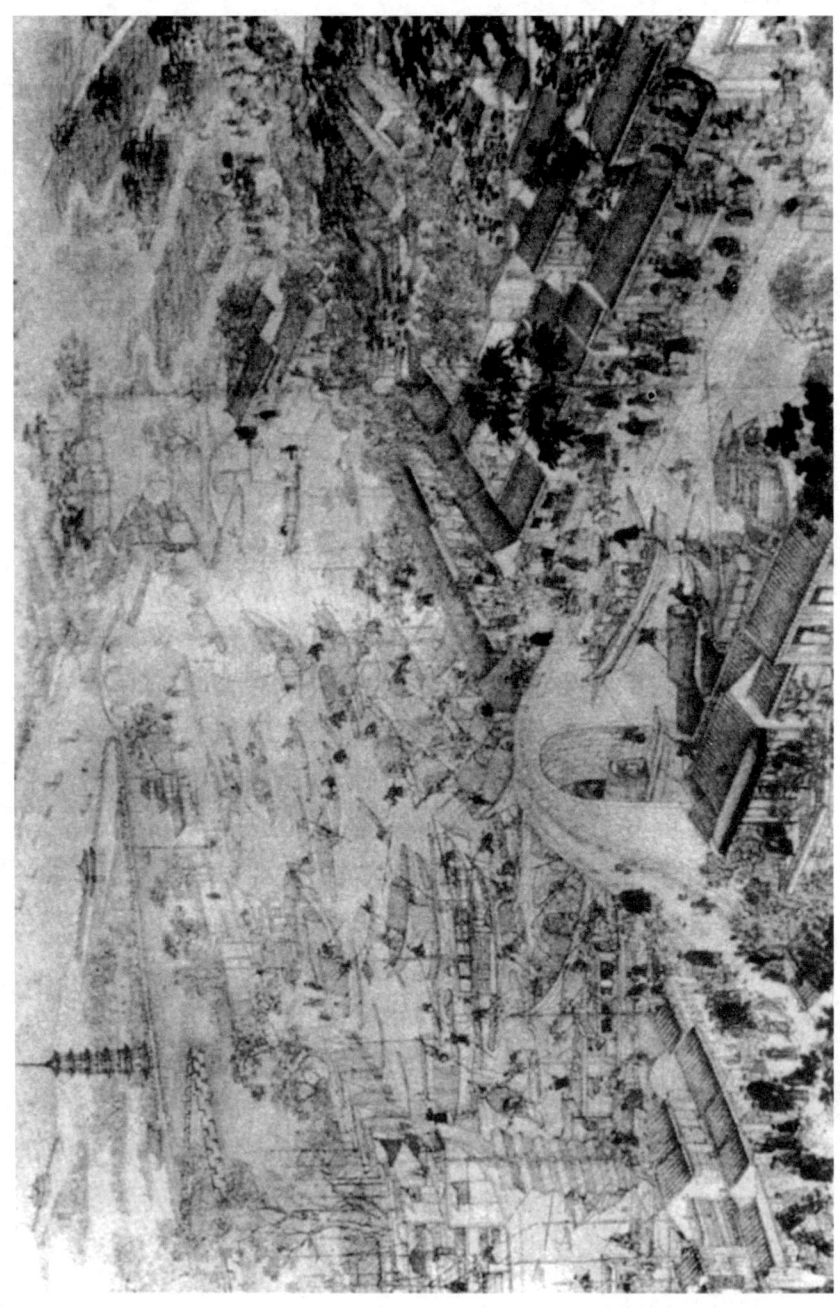

第1章

了解中国的革命

如今你从上海飞进中国，就能看见人们生活得多么靠近自然界。整个长江三角洲装点着大小湖泊和横七竖八的水渠，呈现一片绿色的田野。甚至村庄城镇也都为绿色的树木和农家周围的作物所覆盖，而代替汽车路的，是银色的灌溉水田的渠道。这个三角洲，至少在700年间是世界最大的粮食产地。直到100年前，这里生产的"贡米"还被用狭长的木船经运河拖上两三千里去养活北京，而今天它养活的是世界上最拥挤的城市之一——上海。

你从这个灰色的都会往西南飞，很快就会越过许多山冈，它们都被平整为梯田，山上一层一层平整得如此的整齐，以至稻田里的水全流不下来。人们在这里重新建造了大自然，就像美国人用筑路机一劳永逸地重建了落基山一样，只是没有使用机器。这些梯田正是人类筋肉所能创造的纪念碑。长江以南由于年复一年雨水的冲积而形成许多广阔的湖泊，看起来就像中国山水画里的内陆海似的。中国内地虽然离开海洋很远，但是这些景象却成为中国绘画中真实的"山水佳境"。今天有幸在中国旅行的人，从空中俯视中国大地，透过云雾，看这些湖光山色，就更显得浩瀚无际，神奇莫测。

另一方面，你如从上海向西北飞往北京，很快就会经过干旱的华北平原，看到下面星星点点的村落，像我们美国中西部那样，在大麦田间每隔一两里就有些农舍。每一处农舍通常会有一幢白色的住屋和一个大牛棚，周围是防风林。中国村落周围泥土的墙边也有一丛丛树木，相隔也是大约一两里远。不过近年来美国的艾奥瓦州和堪萨斯州的农舍房屋日渐绝迹，而面积相差不多的华北的村落却发生了人口爆炸。过去一个村子靠精耕细作养活200口人，现在却得养活300来口人。人口过多使得中国人民生活穷困，再没有比这个景象显得清楚不过了。

我们怎样来看清这个有10亿人民的中国的形象呢？把一张中国地图盖在美国地图上面，可以看出这两个国家大小差不多。但是密西西比河流泻在美国中西部以至美国的南方，而长江这个更大的水系流泻于华中，到东头即注入太平洋中，我们的北部和中部大草原诸州在过去100年间变成了新的国际粮仓，而中国人连吃饱饭都不容易。中国更多的地方是干涸的沙漠和荒山秃岭，可耕地大约只有我们的一半，而人口却是美国的四倍。中国按人均计算的贫穷同我们是一大差距。

第二个差距是比较微妙的——那就是中国在同一个地方的延续性。西欧的大西洋文明以及南北美洲的政治文化中心总是向西移动，从雅典到罗马，又到马德里、巴黎、伦敦而至纽约。而在中国，相应的移动只不过几百英里，从西安到南方的杭州、南京，然后又转到北京。中国4000年所有的历史居址都紧靠在一起。对于我们来说，那就好比使徒摩西在华盛顿山上接过了经牌，希腊的帕台农神庙建筑在波士顿附近的崩刻尔山上，汉尼拔跨过了阿勒格泥河，恺撒征服了俄亥俄，查理曼大帝于公元800年在芝加哥行加冕礼，梵蒂冈俯视着纽约的中央公园一般。换句话说，中国的景物负载着历史的重担，而我们则完全不然。

当然，美国的文化之根，同样可以追溯得很久远，追溯到地中海的古老时代，和中国同样古老的时代。但是美国人的先辈是带着他们有选择的文化移居到一个新的国土，因此获得两大好处：一是人口和自然资源的对比有较好的优势；二是对传统的束缚来说，有较大的自由。这就使我们发展了个人主义的模式。它又刚好在伟大的科技时代的黎明时刻激励我们发明许多机器。中国人原来在技术方面是居于中世纪欧洲之前的，却忽然发现他们自己落在人家后头了。他们现在正努力赶上去。

但是现在还有第三个问题妨碍着他们，就是他们不得不在他们自己的文化传统中去实行现代化，而这种传统是抗拒变革的。新的运输、工业和交通技术，在西方是在当地生长起来的，而在中国却存在从外国引进的问题。例如19世纪后期的铁路时代促成了整个美国的统一，而中国的江河湖泊和运河网络却世代相袭，在南方就不感觉建设铁路怎么样迫切，担心招来外国势力侵入的保守心理也延缓了在华北的铁路建设。此外，我们那空旷的中西部地区因实行农业机械化而变成了世界的面包篮子，拥挤的中国人则只得年复一年地把秧苗插到世界最大的水田中去，用双手来养活他们自己。

同时，两个庞大的体系把中国这个国家紧紧地捏在一起——占统治地位的上层士绅和文字书写制度。3000年来这两者相互支持，并生共存。根据象形文字记载，早在公元前1850年，军事和僧侣统治阶级就指挥群众在商朝古都郑州、安阳（今河南省）用夯土的办法修筑城垣。群众用锄犁耕地，上层士绅则收租敛税，从此就成为中国农村的典型。

100年前，当铁路和麦科米克牌收割机建设着美国中西部时，在中国的河南省却没有人要它们。官吏阶级和他们的同伙——当地士绅，都是读孔夫子的经书教养出来的，书里没有提到过什么蒸汽机、收割机之类。农民们如果不去锄地、用镰刀割庄稼，怎么打发他们的日子？这对今天河南的马克思主义官僚分子来说，还是一个天公地道的问题。

波士顿罗塞尔公司的约翰·莫雷·佛布斯在19世纪40年代后期拿他在中国口岸做茶叶和鸦片生意赚的钱，投资到更赚钱的美国中西部，先创建了密执安中央铁路，接着又投资到芝加哥、勃灵顿和昆西。与此相对比，一个1875年在上海任总督的清朝官吏把外商建造的短短12英里的第一条上海到吴淞的铁路买下来后，很快就拆掉了。这个官吏，即两江总督兼南洋通商大臣沈葆桢，当时还是一个革新派领袖人物。他曾上书给清皇帝说，他不能容忍英国人同中国合营一条铁路，连共同管理也不行，中国必须控制自己的现代化事业。此外，当地人也强烈反对筑路。

这一类事件说明，中国在包括技术在内的物质方面实行现代化之迟缓，是它巨大惰性的一部分。出于可以理解的原因，它不愿意改变它的社会价值观、文化和体制。这是一些根深蒂固的历史因素的结果，有些至今还在起着作用。首先拿自然地形和人们对它的适应——就是生态学来说吧。早期中国的文化，发源于北方，离海洋较远。最古老商朝的都邑建在黄河流出群山，开始向400英里长的华北平原区域奔流的地方。同时代的埃及和底格里斯一幼发拉底（巴比伦）的文明则成长于连接海洋的大河。黄河则不然。黄河流入华北平原，带着10%的泥沙，而没有山谷将其引导下去。为了防洪，年年都得及时筑堤，但筑堤的结果却使河床越来越高，以致高出两岸的陆面，河堤随之加高，终于决口为患。因而黄河入海，有时在山东半岛以北，有时在半岛以南。它从来不是一条大的运输河道。

和早期中国的内陆封闭状态相对比，地中海盆地的各族文化就不同了，如腓尼基的海上商人，克里特岛和伯罗奔尼撒的希腊人以及他们在海对面和小亚细亚的敌对者，还有罗马人和他们在迦太基的敌对者，都不一样。西欧的大西洋文明，当它开花结果成长为民族国家时，意大利、葡萄牙、西班牙、英国、法国以及斯堪的纳维亚各国人有幸迅速地从通到海洋的半岛或大小岛屿上走出来，自然地变为海上从业者。在水上经商成了民族成长的引擎，直到后来欧洲一个个民族都漂洋过海，在近代建立起殖民地和帝国。

当欧洲各民族这样蓬勃发展的时候，中国人却用稠密的人口填充他们美丽的国家。因为古代中国人没有什么海外的去处，没有强大的对手和她进行贸易交往，也不怕遭受外敌的入侵。

中国内向爆炸的办法是用稻米喂养中国本土范围内不断增长的人口。在一定的地块上，靠稻子和灌溉生产出的粮食总比旱地上种的谷子和小麦要多些，所要的就是许多靠大米过活的手脚利落的工人而已，不过每个人的生产力水平很低很低。种稻子就意味着中国农民用锄头和水牛把水田犁好，把稻谷撒下，然后用手插秧、收割。这种种稻方法从来都是以劳力为主的。中国南方都是以稻米为主粮，其他作物比起稻子来都是次要的。这种生产方式的结果是政府、地主和农民各自束缚于自己

了解中国的革命 7

皇帝围猎图。猎手为满清皇帝逐鹿,使鹿易于皇帝猎杀。朝臣在旁观看。

担当的角色，分出阶层，难于改变。耕作只能是小规模的，不容许机械化，经济尺度不容更动。小小的技术改进和改良稻种能够增加产量和供养更多的人口，但是不能改变耕种者同地主和收税者之间的关系。相比之下，在干旱的华北和欧洲，农业是比较艰苦些，容易遭受自然灾害，但同时却易于耕作多样化，进行集中管理和大规模经营。不仅如此，在人口较少的欧洲，大面积旱地耕作早就开始用马了，它为后来机械化开辟了道路。所有这些，都为社会结构和实体向更高的水平改变做了准备。

中国人口的密集产生了各种社会影响。农业按各家各户进行，都得由家长说了算。在不实行长子继承制的社会里，所有的儿子们都分享家长制的权利。中国家庭中每一个人都是这个家庭集体的一部分，一般都不能出走海上，既不能单独去发财，也不至于死于杂疾百病。中国人总是作为他家庭中忠诚的成员生活着，非常关心亲族关系，对于辈分、男女性别和身份的区别很是敏感，从古代起，女儿都是嫁到别家去，儿子则将媳妇娶进自己家里来。妇女是从属的成员。虽说这些区别只是程度不同，主管全家的家长和不幸的儿媳妇在别的社会也是有的，可是在中国社会，由于在一块土地上聚集着许许多多家庭，就发展起来一些特异的制度。

在这些制度中，中国这个国家有其最特异之处。在最古老的有记载的时代，国家的统治者是一个最有权威的家系头头。他和他的亲人、帮手们变成了治国的能手。后来这个统治者就不再是一个凡人，而能同他的祖先和其他看不见的自然力量互通音讯。他借助于杀牲祭祀，代表人民就商于已故的祖先，正如甲骨文的卜辞所显示的那样。中国文字首先出现在甲骨上记录的卜辞，卜辞记载了统治者的祥符吉光和从祖先那里获得的诰命。这样，统治者从一开始就和宗教信仰体系和文字书写体系紧密联系在一起。所以，这样形成起来的国家权力就包容和利用了文化。在政府里辅助治理的缙绅们通常是国家机器的一部分。中国内向爆炸的结果，简而言之，是国家、社会和文化三者异常超绝的统一体。孔子以及其他诸子百家试图向统治者进言，建议怎样治国平天下的时候，他们的心里已经在想着，社会团结在一个统治者之下是保持和平最好的办法。西方多头制的类型在中国没有多少机会出现。没有任何教会能独立于国家之外，各个边远省份也不能成为单独的国家。

这种形势产生了两个重大的歧异。第一是古代的中华帝国必须建立官僚政府的各种职能。汉代朝廷派遣官吏在一定时期内管理一定的地区，由朝廷发给薪俸，而额定的租税则通过一种通信制度，在中央政府监督之下汇给朝廷。官僚制度允许中央集权，但需要训练有素的士绅充当官吏。在七世纪欧洲处于黑暗时代，中国的中央政府创造了考试制度：想应试做官的人必须刻苦学习，熟读经书，并且证明自己是忠于君国儒家的原则。同时，他们学会了通过制定一种互相担保从而互相监督的"法家"体系来控制居民。

中国内向爆炸的第二个结果是：艺术和文明技艺较早地繁荣昌盛。农业官僚社会从全国人才库中选拔出一群士大夫，他们成为史家、艺术家、鉴定家、哲学家和幕僚官佐。从7世纪到12世纪，唐宋两朝蓬勃而起的中国文明,似乎超过欧洲是毫无疑问的。证据不仅是宋代的山水画及朱熹等人的理学,还有那一长系列的"中国第一"的科技发明。正如弗朗西斯·培根很早就提出的,塑造欧洲近代史的三大技术业绩是印刷术、航海的指南针和火药。这三件东西都是在中国首先出现的。当代的李约瑟博士在他的12卷《中国科技史》中详细论述了中国在科技方面有很多发明创造。结果是中国在文化上达到了比东亚所有其他地区都更优越的地位,它的影响至今仍然可以感到。中国人民有一种深藏不露的文化优越感。当然,正因为这样,他们在现代落后状态中受到的耻辱感觉,也就格外强烈。

总而言之,中国要现代化不得不比多数国家走得更远些,改变得更多些,就是因为它停滞不前为时太长了。结果是有一种强大的惰性扼制力,使中国的革命性变革有痉挛性,有时内部抑制住了,有时还带有破坏性。如果现代化事业能从当代经验中——譬如在美国——实行起来,人们就不需要那么费劲,用不着废弃圣母玛丽亚和基督教圣父,用不着否定自己祖先的价值和接受外国模式。

当然,"现代化"从来不能孤立地进行。如果说现代化是人民对于现代科技的发展和适应,那就总是和本国固有的文化价值和倾向相交织地进行。这就意味着:现代科学技术有其国际影响,各国人民都不能不受到同样的刺激,因此现代化总是使一切国家达成某种程度的共识,但在另一方面,每一国的人必定是依据他们自己承袭下来的境况、制度和价值观,以他们自己的方式来对待现代化。在这个基础上,中国革命已经在一种新的中国文化综合体中导致了中国和外国因素的某种共识。但是千万不要一下就得出结论说，他们变得像我们了。自然也有人会争辩说，在数目字的和某些无法控制的社会弊病压力下，我们还不得不变得像他们呢。诚然，迄今为止现代化对中国的影响主要来自国外，但到将来我们大家面对面到一起的时候，这个平衡有一天会转移呢。

在比较世界史中，中国更是处于不发达的领域。第一，在政治平面上，中国是现存最古老的寰宇帝国。它过去曾是一个依恃官僚行政和崇奉皇帝、靠军事征服的农业社会。汉代的中国和罗马帝国同一时期，在规模和成就上也可以相互媲美。特别是从1644年到1912年的中国满清统治可以和1526年到1858年的印度莫卧尔王朝，以及1600年到1868年日本的德川幕府，还有1613年到1917年俄国的罗曼诺夫王朝相比拟。它也可以比之于14世纪到20世纪的奥斯曼帝国。

第二，就世界经济的平面而论，开创近代历史的欧洲扩张不仅仅是对东印度群岛香料贸易的反应，也是对中国输出贸易中的茶叶、丝绸、陶瓷和其他艺术品和奢侈品的反应。欧洲人之所以比较机动，葡萄牙人与荷兰人之所以开创欧洲和印度以至于和中国、日本之间的贸易，只不过显示欧洲人是"无所有"之人。他们寻求的奢侈品和香料都在远东。不过，等欧洲人到来的时候，中国人在南洋的扩展已经进行多时了。中华帝国派远征队到印度尼西亚的时候，蒙古人还在征讨中，而在其后30年间，即明朝在1405年至1433年开拓海域时没有紧跟下去。中国这个国家没有在海外搞殖民地化，虽然利用季风航海到东南亚是很容易的。不过中国的航海家和商人倒是在中国和东南亚之间开展了活跃的贸易。1644年明朝灭亡后，没有回国的中国人在暹罗建立新国家的过程中担当了领导的角色，另外也有人在马来亚和印尼置产落户。在葡萄牙和荷兰帝国征服之下，中国的许多中间人——当地商人、有租借权的人、银钱掮客——在殖民场所起了相当重要的作用。19世纪中叶廉价的中国劳动者向美洲移民时，不过是中国人大批漂海外流的开始，中国从来没有助长或利用这一形势。由此可见，中国肯于低声下气进入国际关系和外交世界之前，早已跻身于现代国际贸易关系之中了。不言而喻，比较世界史给我们留出很大的空白让我们绘制这幅大型图画。

许多西方研究中国的人曾把"中国"整个实体或"中国文化"作为对象。对于世界最大的人群，作这样简单化的处理，有几个来源：中国人对于帝国（至少理想的）统一的传统观念以及同源于此的根深蒂固的儒家价值观；耶稣教传教士们、欧洲的大师们和早期汉学家们对这种思想文化统一体的肯定认识；以及现代西方人对于那种文化体系的兴趣，以为中国的东西就是最特异的。从外观上或从初步而相当无知的比拟上看，那种长久向往的中国政治领域的统一（虽然是浮浅的），也可以认为同样存在于社会文化领域中（当作一种典型或者理想）。文明和文化的会合，一开始时，的确要求我们认识一些粗枝大叶的实体，如什么"西方"啦，"现代世界"啦，甚至于"现代化"啦，"帝国主义"啦，更不用说"民族主义"等。我们开始思考和讲话时，只能使用很概括的词语，尤其是在这个伟大的社会学时代，更需要如此。

所有以上这些都是高水平的概括——是我们在初中一年级应该学习的。如果在有意识的头脑中知识从一般向特殊增长，从宏观向微观推理（我是这样主张的），那么，我们在思想上对于中国形象的认识要相对地缺少特殊性，就不会感到惊异了，因为这是一个很大的地方，从北面的西伯利亚南伸到撒哈拉大沙漠，而且住着全人类1/4的人口。我们要把它称为"中国"小宇宙，然后再看看法国、德国、墨西哥以至美国，把这些都当作一个基督教区的各个部分、等量齐观地看作同等的实体。这就足以说明我们头脑简单到何等地步。

不过，历史社会学（或者说社会学的历史科学）的发展，正在把简单地将中国看为单一实体的做法加以分解开来。这样就把关于中国的研究提高到较高的复杂的水平，而没有改变关键问题，即一个人在自己的文化知识背景中，怎样思考别人在他的文化知识背景中怎么生活的问题。历史学者总是碰到这个问题。现在更加明显的是，"中国"正是这样地被分成碎块对待了。

中国观察家们的这种聪明智慧却迎头碰上一个关于中国国家的中心神话——就是认为中国的寰宇天生是统一（天下一统）的信念。让我们看看这个非叫人相信不可的概念是怎样发展起来的。自古以来，中国的统治者一般都是把教会和国家的职能集为一身，他是军事的也是精神的领袖，是行为的楷模和正义的主宰。他的全能总括了国家的一切主要职能，包括国家对于皇帝在大自然力量面前代表全人类的尊崇。他是"天下一人",是社会政治殿堂前的帅旗。历代王室把天子的形象供奉在人世间的顶峰,学会了怎样把权力的缰绳集中在自己手中,保持一个统一的国家,作为保证在人民中间维持和平、安宁与繁荣的方法。中国这个国家虽在人口上不断增长,而这种团结的理想却持续下来。人口的增长不仅在粮食供应和生存方面产生了严重问题,而且在组织上和中央控制上也遇到严重问题,这就加重了今天统一的中国的已经繁重的负担。

为了证明,可以翻看一下世界地图。全欧洲和南北美洲住着10多亿人。这10多亿人生活在大约50个主权独立的国家,而10多亿中国人则生活在一个国家里。这个惊心动魄的事实,全世界中学生都是熟悉的,但是迄今为止几乎没有人对它的含义做过分析。这使我们想起来,中国在宗教和国家之间没有分管,甚至对国内和海外也没有分管的情况下,它的要求和愿望常是包罗万象,也许正是因此之故,它在人们生活中渐渐变得越来越浮浅空泛无所谓。中央政权不能不承担和允许大量不同的地方情况的存在,从寒带到热带、从干燥到潮湿、从人烟稠密到人口稀薄的地区,无所不包。

说到最后,欧洲和中国的区别在于人民的愿望。中国历史中表面上的统一,实际只占全部时间的2/3,而统一的理想则相沿无改。欧洲宗教和文化在基督教信教区域内(除土耳其或阿拉伯入侵时期外)是统一的,而整个欧洲统一的尝试总是被各个地方君主所挫败而未成功。自查理曼大帝以后,无论哪一个搞政治统一的人,不管是波拿巴(拿破仑),还是希特勒,都没有成功,一部分原因就是他们没有得到人望。

　　以上所述，说明一个不大为人承认的真理，就是不管是谁要试图了解中国革命而对中国的历史没有相当充分的认识，那就犯了在群山之间盲目飞行的错误。

　　当代社会史学界流行一种风气，喜欢描写普通人的生活和他们怎样一起过活。这当然是可喜的，对所有历史学者也是一种激励。但是如果以为我们懂得中国历史事件，就像我们懂得欧洲和美洲历史事件那样，那就大错特错了。相反，当我们对于中国的政治历史以及与之相关联的各种制度的历史还懵然不知的时候，社会史已经吸引住我们的兴趣。这就好像拿法国农民同江苏的农民，或者拿荷兰和四川的商人做个比较，在他们的耕牛回到家里以前，你完全不知道它们在外面干了些什么把戏呢。一个人要了解普通人，不在事件和事件领导人的事实基础上去理解历史，是没有别的办法的。在中国，皇帝留下了最主要的记录，而且他是影响最大的人物。如果我们要理解现代革命，我们必须从那些王朝的统治者和他们怎样掌的权、怎样统治中国入手。

第一部分——

晚期的中华帝国：
成长和蜕变
1880—1895 年

第2章

满清统治者从北京看世界

满清统治者从北京看世界

从1644年到1912年统治中国的满洲人，或者说清朝，是长城以内已经定居的农民和官僚同亚洲内陆大草原上有时扩张、有时征服旁人的游牧部落间长期关系发展的高峰。中国从汉朝以来的对外政治以及同游牧的匈奴人的争夺，都是集中在亚洲内陆的边境。游牧部落对中国北方的入侵，早在公元前221年中国统一之前很久就开始了。中国就是这样在边境纷争中诞生，并且在千方百计对付这种纷争中发展了它的才能的。满族的崛起和他们接管中国成功的奥秘，在于他们处于大明帝国边缘的地理位置和种族构成的事实。满族从一个大约150万人的部落联盟开始，发挥了那样一些精明的战略和政策特征，正好使他们取得成功。

首先，他们看到了蒙古人的伟大征服事业。地处满洲以西广大草原上的蒙古部落，在1200年左右，在他们的神奇领袖成吉思汗指挥下，秣马厉兵，巩固了他们的打击力量。令人惊异的是，蒙古人不但席卷中亚细亚、波斯和南俄罗斯，甚至进军到欧洲乃至多瑙河，过了很久以后才进入中国，征服了南宋王朝。他们到1279年才成功地迂回了宋朝国防，沿着长江而征服中国西南部。直到那时，忽必烈大帝才建立起一个生存不到100年的王朝。蒙古人在思想上和风俗上同中国人完全不同。他们是真正广阔草原上的游牧人，不适应一种官僚、商业的定居生活。他们的满族后继者在制度、战略和治理中国的知识方面都比蒙古人优越。

1600年年初，满人在他们的开国元勋努尔哈赤麾下完成一项重大事业，就是建立以八旗为全国军队组成部分的武装国家。所有体格好的满族战士都是八旗成员,而他们的土地并不集中在一块,他们的长官都由皇帝委派。这样,这些部落就组成非部落式的军事单位,可以加以控制而不至分散。这种"旗"的制度显然是效仿蒙古的先例,就像满族文字效仿蒙古文一样。事实上满族在崛起后、侵入中国以前,他们的最初同盟者是他们西边的蒙古人。

此外,满族人不是完全的游牧人,他们住在紧挨着中国的南部满洲的狩猎、捕鱼和农业混合的区域。努尔哈赤是出身于明朝廷的臣民,随着中国势力的衰落,他和他的后继者在边境建立了一个国家,处于中国控制以外,但在他们的政府中包容了中国的行政官员。最后他们能在1644年取得华北政权,部分原因是明朝末期懦弱无力,让驻守山海关的中国守将即辽东总兵吴三桂邀请他们作为盟军来剿灭反明的造反者。在后来征服中国的过程中,他们还依靠这些早期的汉奸,其中有三个人还带兵打仗,在中国南方和西南方建立了大块藩区加以统治。事实上满清对中国的征服,直到康熙幼帝在1673—1681年平定了"三藩之乱"以后才告完成。

第三,由此可见,满族从开始就建立一种满人和汉人一道管理中国的双重统治制度。蒙古人因为不信任中国人,曾经利用一些非汉族外国人如马可·波罗等,让他们在政府中出任官职,享有特权。满清皇帝们则自康熙以下全力以赴地利用考试制度从汉族人才中选拔官吏,来充实地道的儒家思想的政府。所以满清的征服避免了一场社会革命和对地主的颠覆。相反,只要他们投降,就听之任之,把他们留在原处不动。它建立了一个明朝政府基础上的满汉政府。从1736年到1795年在位

满清统治者从北京看世界

60年的伟大皇帝乾隆,像他1662年到1722年在位的祖父康熙一样,变成了不但是中国美术、绘画、诗歌、文学的卓越保护者,也是皇家编修法律和文献的出色主纂者。

清政府之所以必须采取农业官僚体制,是由于它的主宰是外来的满族征服者,他们第一位优先考虑的是用尽方法保持政权。皇帝的一切重大活动,不是为了每四年改选一次,而是为了杀戮造反者或者安抚一切可以发现的异己分子。皇室的财政收入是非常不现代化的,因为对商业贸易几乎不征税,而轻微的田赋是在财政有盈有亏的省份之间分摊出来的,那主要是为了维持军队和官吏的经费。这个征服者建立的王朝就是靠它所征服的国家过活而已。现代意义的经济发展,除了维持防洪水利、粮食仓廪和挖铜矿造钱币以外,一切似乎都是皇室至尊不屑顾及的物质事项,并且也是官府衙吏多半技术上无能处理的。他们靠贪污中饱足以自肥,何必多管闲事。

不过有一件值得注意而中国历史学者一向不大述及的事,就是满清维持政权的手段一部分是靠秘密方法。康熙和乾隆之间在位的雍正皇帝就是用"亲阅"奏折的制度实行的。他直接从某些省的官吏那里收集密折,然后通过他的省一级的密使直接批复。这种来往奏批数量很大,到1731年皇帝不得不指派六位大员协助他处理。至于皇产和专卖的入项,则始终不让汉官知晓,皇帝的一切钦定文本都用满汉两种文字誊写;有些机要的密议事项只能用皇帝本人的语气记载下来。虽然汉人和满人同在中央担任高官,而在各省,则由满人任第一把手如督抚等要职,常以汉人为巡抚或省的总兵之类辅佐之。清朝统治者还有一种羁縻的绳索,就是通过汉军旗人,这些人主要是早期从南满来的、直接附庸于朝廷而为皇室在外省行政中的可靠仆从。清廷还依靠那些称为"包衣"的中国奴才,他们像奴隶一样地隶属于满族征服者,他们在官场中的升擢就全靠主子的提拔。但在这一切宫廷的礼节背后还有一整套监察制度。

为了确保财务方面的安全,满清王朝有其秘密财库,而这是在北京忙于盐和田赋以及其他收入事务的户部掌管以外的。那些另外的款项是归内务府管的,它经管皇室地产、罚金和没收的财产,外地的进贡和特别税收以及来自东北的毛皮和人参专卖的进项。内务府还经管杭州和苏州的丝绸织造、景德镇的陶瓷窑业以及广州外贸的关税收入,总之是一大批汉族税务官员看不见的财源。例如,内务府里有一个秘密账户,专管官吏们侵吞挪用公款犯罪而分给统治者以求赎免的贿金。

北京的军队和官吏是靠长江各省经运河运输的大米过活的。这样,特殊的军队、特殊的款项和一种特殊的粮食供奉,都用来帮助满族统治者牢牢地控制着中国。但是从它周围的庞大社会图景看来,古老的清政权就收缩成由税收人员、地方官吏和军队组成的人数很少的层,他们执行一种中央集权和政府监督的建筑师式的职能,却处于人民生活的外缘。

甚至于今天的人民共和国给人的印象,还是一个由少数精选出来的中央掌权者为首的官僚机构治理着一个大海般的社会。各层的人群扩大了,头顶和脚跟之间因现代化的交通而大为密切了,但是很少的人统治着很多人的老框架，还是看得出来的。

很少的满族征服者怎样牢牢掌握中国这个庞然大物，始终是一个耐人寻味的问题。当然他们像英国对付印度一样，靠笼络土著的统治阶级。但是当他们保持当地上层人士（缙绅阶级）安于其位时，他们一面要坐在他们头上，一面要在中国人的海洋上划着清朝这只船，不使其颠覆。他们居然巧妙地攀住政权，以致和中国人的保守主义相契合，拖慢了一个现代化秩序的崛起。中国从来就能把它的征服者加以包容消化，这是事实，不过在清朝一代却拖了268年。

把毛泽东的水晶棺材放在北京中轴线上的中央位置，不是一种偶然。这是继续1368年至1912年明清两代把天子位置放在中央的做法。从毛的纪念堂往北走，经过革命烈士纪念碑，你就走进那画着格子可以站立30万人的大广场，过了这里便是红色的天安门。毛主席曾经站在天安门城楼上正统地检阅他的那些进行阶级斗争的游行队伍。今天你还能更往北走到有高高红墙的午门。清朝皇帝曾在那里俯视进贡的使臣们磕头行礼和对造反者行刑斩首。这个城楼有五个长长的空门洞，中间的门只为皇帝出入，东侧是文官，西侧是武官用的，最外边两门是为小官员走的。一进入紫禁城后，隔着很大院子，就可看到高大的黄琉璃瓦的太和殿正门，那里有高低三层白色大理石的台阶，上边有三座亲政殿，殿的中轴线上有三个皇帝的宝座。

靠近午门和南边的宫墙，东西两边都有皇宫大门，分别是为文武官员进出奏事。这些门不像正门那样巍峨庄严，但它们上面用金属大钉子钉住的大木门却使平常人望而却步。这些大门白天大多是开着的，有20来个满族军人守卫。

1813年10月8日中午，100多名敢死队员般的村民群集东华门和西华门外的几个茶馆酒肆。他们都是秘密的八卦教的信徒，信奉的是人类始祖西天圣母（据说是一个从未降到人寰的娘娘），笃信他们教主的告诫，说一次滔天大祸即将来临，这位永恒的圣母将派一个能知未来的佛母下凡拯救以他们为主的信徒。他们都学会了背诵秘密的"八字真言"，而且讨论了很久他们现在举办的大事（起义）。有一个模模糊糊的思想，说有几个坚强的英雄即将夺取皇宫，到时人民都会一拥而起。说话之间，他们一个个都用白布束紧了腰，包起头来，从他们用来沿街叫卖、装着白薯柿子的筐子里抽出刀来，闯进门去。东门的警卫立刻关上大门，只有五个人冲进大门，另外70几人从西门进来。这些造反的人没有冲向午门里面的大院，而是向北飞奔冲到"大内"——皇帝的寝宫。这些没有见过世面、迷信、无知的村民，一进入那金顶、大红门、大块平地的宫殿便迷迷瞪瞪，立刻被禁卫砍杀捆绑，一个不留。不过在这之前，年轻的王储旻宁在书房听见吵闹，见状惊起，拿起猎枪，抓住两个莽汉，用口袋套住了他们。宫中卫士很快就扑灭了这场悲惨的事变，不过事情闹得很大，变民夺取了华北几个村庄和一个县府。清政府在三个月里杀死了七万（就是说，很大数目的）人民，不少是用刀剐分尸的残酷办法，杀一儆百。

王储旻宁——就是后来的道光皇帝，从此以后，一直对中国群众怕得要死。这绝非偶然。他在1850年死的时候，中国南方的太平军起义正方兴未艾，这一次起义却是由另一种秘密教派，即民间发起的、变了种的基督教派所领导的。皇帝尽管在普天之下唯我独尊，受到个人崇拜，中国农村的普通百姓却听从与社会秩序不大有关的另外一些信仰，异想天开地关注自己的归宿和来世。

  19世纪初期中国社会共有农民3亿左右，他们的生活方式是牢牢地守在自己家里，不跟为数8000万到1亿的城里人、手艺人、商人、地主、学者和官吏们打交道。1800年以来的现代中国已经进行了两次革命，先后集中在小城镇和乡村。其中一次我们比较熟悉，因为统治阶级记载得很充分，是想用各种现代技艺把中国建成一个和外国相同的现代工业化国家，另外一次则是我们甚至现代中国革命者也不大熟知的、在中国农村社会群众之中进行的社会革命。这次革命的最后催化剂是毛泽东，他是狂风巨浪中的舵手，发动了令人想起1813年和19世纪中期那场农民抗争的运动。农村生活重建的结局现在还看不到，是因为农村问题的解决，对农民各种愿望的满足，现代还没有完全确定。不过很明显，现代中国的双重革命，最具体和有意识地开始于国家统治阶级的一班人。新的道理和变革模式逐渐地渗入到人民中间。同时，掌权的人即中央官吏和地方缙绅是用最简单的方式来建构历史的——他们仅仅把历史记录下来。事实上他们所记载的也只集中于皇帝本人、他的谕旨、他的礼节行为而已。但是，权力中心已开始崩溃。

  从道光皇帝（1821—1850）的肖像可以看出他是一

个长着狭长的脸、愁眉不展的小个子。一个同时代的传教士开玩笑说他"个子矮小,形容枯槁,寡言鲜语,样子安详"——整个是个不爱说话、只顾他的帝国怎么过得下去的人而已。人们如果设想一下当年有个人人尊敬、以为可以翻云覆雨、行为规范、思想正派的国家和社会领袖毛泽东坐在那里,那就立刻看出道光的形象多么不成体统。即使在150后,在有着巨大时空距离的地球对面,你也立刻会感到道光不是毛泽东。也许更现实和合乎历史时间的比拟是说他不像A.杰克逊总统,或者说他不像维多利亚女王。好好琢磨一下,这一对比也许能说明中国为什么搞个革命费时这么久。如果是道光和他的思想在白宫或白金汉宫,毫无疑问,英国或美国早就立刻革命了,而道光则统治中国30年之久,从1821年到1850年。

人们或许认为对道光皇帝最为不利之处在于他是个满族人,不是个汉人。中国的人种学———定意义的原生民族主义——也许认为在上层人物中间产生成熟的现代爱国主义要经过两代人的时间。我们回顾一下,可以丝毫不错地说,满族统治的年月早就屈指可数了,然而如我们上面所指出,他们充当中国的统治者,不是一种偶然。有一种不大流行的看法,认为1800年的"中华帝国"并不像是纯粹中国式的创造物。我们姑且不管这种看法到底如何,事实上它是一个中国的"蛮子"帝国,从政治上说,包括了中国和亚细亚内陆的一部或全部。作为一个证明,可以看看首都北京。北京坐落于中国北部边境,95%的中国人住在它以南。但是北京虽在中国的边缘,用军事战略的话说,它却处于中国、蒙古和到中亚西北地区的中心位置。北京不仅是中国的首都,也是东亚帝国的首都。

外界人士被这一事实弄得莫名其妙:长城以内的农业长久以来供养了一亿左右稠密的人口,事实上在19世纪30年代供养着大约4亿人,而整个亚洲内陆最多不过1500万或2000多万人。这个不平衡的图景,从军事政治方面看来,的确令人迷惑不解。亚洲内陆还长期供养马匹和骑射手在中国打胜仗。不仅如此,它还供养许多战士和权力统治者,使他们能保持一些小的少数民族部落对他们的忠诚。他们必须严密戒备,整饬不乱,紧紧控制住他们的权力。一句话,一个满族人能在北京安坐在宝座上,是因为中国悠久的历史。这一历史时常让亚洲内陆的外族侵入者表演政府掌权者的角色。

满族皇帝们也为这一任务而细心磨砺自己。他们的任务既是中国的,又是满洲的。中国的方面要做到叫1000万左右的士大夫统治阶级接受他们为地地道道的儒家皇帝;在满洲方面,他们要能控制和领导两三百万同族人。他们完成这种双重文化的业绩如此之辉煌,以至于汉人都承认他们是中国的皇帝。欧洲人也这么承认。即使今天一些政治科学家———一般地说来他们对于中国早期历史的认识原本就很天真———也还是如此。可是外族人统治中国的传统和体制,应该是人们了解"为什么中国的民族主义和现代革命被推迟这么久"这个问题的一个重要内容。这不是一个小题目,今天的中国汉族爱国者也不应该把历史扫进垃圾箱而不正视它的内涵。

后来做了道光皇帝的旻宁亲王在皇宫的书斋里和他

的兄弟们一样长时间默读经书，受着严格的管教。他在1820年当皇帝时，是天子一人，没有人和他争位。他在这个领域中的帝王角色是独一无二的，当他要从紫禁城到北京城西北边的夏宫——就是现时成千上万游客挤着去看的颐和园——的时候，皇帝的銮舆由16个或32个轿夫走着碎步抬去。沿途卫士们隔不远一个脸朝外站岗。所有店铺和住家的门窗都像夜间一样关闭着，尘埃的街道上铺洒着黄沙。銮舆的帘幕放了下来，像现在要人们乘坐的大型轿车一般。

大多数满清皇帝喜欢到长城外边的热河避暑，过一阵野营的清闲生活。在这以外，皇帝还有许多繁文缛节的沉重负担。当年康熙曾写道："皇帝的责任沉重不堪，简直无法规避。……臣吏如愿侍奉则侍奉，如愿息止则息止，而为人君者则终生碌碌不已，无处可以休息。"问题就在于皇帝不像他的官吏那样按部就班，而须随时做出自己的决定。他对官员的选拔对清政府至关紧要，就和今天美国大学聘任教授一般，更为困难的是他还必须惩戒或提拔高级官员，而这些人常常在欺骗和蒙蔽民众。皇帝为了要他的官员辅臣随时警惕，常要出其不意、冷酷无情做出决断。在这一点上，这个角色就需要一个随心所欲、一意孤行、为了实现他的一个内心的幻觉可以牺牲几个老臣那样的人。说到这里，道光登上皇帝的龙床以后倒不是那样刚愎自用。

他有几项重大的职责，首先是保持这个王朝永续不绝。这是必须由他亲自执行的。目的是生产足够数目的皇子，以便选得出一个有才能的后继者。因此后宫里就要有很多按家世、姿色、人品、气质、性格等不同标准入选的满族年轻女子作妃嫔宫娥。民间广泛流传的野史记载，夸张地描述这个"天下一人"的性生活的常规说：每天晚餐时，内臣捧呈给他一个盘子，内有几个嫔妃的姓名牌子，由皇帝选出一个和他当晚过夜的人，这个选中的宫女经过仔细盥洗和喷洒香料之后，就赤身裸体裹在一张毯子里，由一个太监背到皇帝的龙床脚下，放在地上，由她自己爬到床上去。民间传说还说，太监在窗外恭候，不久后就喊一声："时辰到了！"这是内庭的规矩，目的在于保养皇帝的龙体。

伟大的康熙在位60年间（1662—1722）生了20个儿子和9个女儿。（显然有些女娃娃像当时日本那样"剔除"不算了，男孩子并不是生来"命大"，而是留着有用。）乾隆有17个儿子，10个女儿；嘉庆有5儿9女，道光生了9子10女。

道光皇宫里的太监是古已有之的，这是保证后宫中的嫔妃不至发生问题的办法。太监们多半来自华北，割去了睾丸和阳具，然后用塞子堵住尿道伤口，三天不喝水。拔去塞子后尿出来了，这个太监就有用了，不然他就会很快死去。

明朝曾在北京豢养过7万个太监，他们构成一个保安体系，后来作为恐吓学者和官吏的机构而终结。满族比较严格些，宫女较少，太监只有约3000人。不过道光在位时有太监做师傅，有佣人和玩伴。太监的好处是他们处于家庭系统之外，是完全隶属他们主子的。但是他们既然弄得身残体废，缺乏社会地位，就在宫中一味腐蚀弄权。满族人革除了在宫廷外面使用太监的明朝故习而代之以汉籍奴仆以及满汉的八旗子弟。

道光还遵循了满族不像汉族妇女那样缠足的风习,满族在征服中国之前,一向由妇女承担营帐的事务,后来就让她们保持天足。放低这一种性别习惯的标准,虽然没有任何有记载的怨言,却是他们维持在中国统治权所付的一个代价。道光到38岁时才登基,据我们对他私生活所了解的一切(其实聊胜于无)情况,按当时的风俗习惯说,他是忠实于皇后的,而且在家庭事务方面(除文化上的差别外),可以与维多利亚女王相媲美。

皇帝的另一任务,是不断为政府提供官吏。在这一方面,道光是受惠于中国2000年掌管政权的经验的。这一个传统比西方任何一个统治者都更长久,也许除了教皇之外。而教皇也缺乏天子那种处理各种事务如修运河,在蒙古指挥作战,擢拔文官,掌握军队等广泛经验。当罗马帝国还在使用私人向农民征税和办理公用事业的时候,汉朝已发明了一套官僚制度。精明的人才一代一代地继续完善着中国的制度。在欧洲人使用纸和印刷书籍以前很久,唐朝就设置了科举制度,从而使一批一批儒家笃学之士进入官场。这一发明和代议制一样伟大,而且早于代议制,并使其以后不可能在中国出现。

科举制度要一个人在二三十年间跳过十几次高栏。从科举脱颖而出的人们在考试生涯中如此聚精会神于经典文学,以致使他们自成一类与众不同的人。读书人一般是文质彬彬,缺少男子气,说的话只在他们之间可以理解,是官僚政府原则道理中培养出来的少数出类拔萃的人物。

早在大约公元前500年孔子就在探索着维持社会秩序的道德基础。战国时代(前403—前221)的纷争扰攘归于统一的帝国之后,汉朝把孔子的教导和从远古继承下来的典籍十三经编纂在一起,奉为圭臬。2000年以后,它们仍像纪念碑一样巍然屹立,又加上后代许多哲学家的注疏评语。唯一可以比拟的是基督教的《圣经》,但是后者的观察视野狭窄多了,代表的实践经验也少得多。要在西方找一种可以和中国经典相等同的东西,恐怕得把新旧约全书和所有希腊罗马时代的经典合并在一起,而在这里,中国的世界却比较统一得多了。

一个男孩子为了应付科举考试,要从7岁开始学习,大约要以6年时间记诵四书五经,合共43.1万字,要熟记8000到1.2万个常用字,他每天平均要背诵记住200个汉字。考生还要勤于毛笔书法,写一手好字,参加每3年举行一次的乡试。经过5天考试,很多笨伯被淘汰了。考上的人就有资格参加会试,每试为期3天。最后才可以参与4天的廷试。考生的老师和保员都有严格规定和考核,任何人不得冒名顶替,进场时一应衣物都经仔细搜查,考卷上只有座次号码。每人行为都要详细记录在案。一人一天只许去厕所一次,所以有便壶放在自己座位下面。同时监考的官员也都单独另住,直到结果公布才能出来;入闱时还要放炮,行礼如仪。金榜题名之后,筵会欢庆随之而来。考取为进士后就可以参加殿试了。

经过初级考试取得较低一级的秀才资格的人,在19世纪30年代共约100万人,他们构成了所谓士大夫的底层,他们在穿着打扮上已不同于一般百姓,并享受一定特权。县官不得用大小竹板子打他们。

这种士大夫身份既为人们所向往,国家就发现这个资格是可以卖钱的。大约有1/3的秀才实际上是用钱买到的资格。这个风气证明出类拔萃的人并不都是具有真才实学的人。同时倘如让科举制度作为升官晋爵的主要途径，那么，与其让社会上一些强有力者从外部破坏它，不如让他们从内部利用它为好。所以让少数商人和地主的儿子们花钱买到上层阶级的地位，正是权宜之计。让世人都知道这些官职是专为人们拿钱"捐"得的，这样就可以将这些容纳在科举制度之内。道光需要钱，因此他将这种出卖低级官阶制度又推进一步。他指派了各省主管教育的官员督察当地的考试。此外，这个古老的制度似乎还有些生命力，经受住了贬值和增额的削弱。那些真正的高官显宦还是通过正规考试取得优秀成绩的人。

科举分为三个层次——一级在省会，再则在首都北京，最后在皇宫。每隔三年，皇帝派出考试大员到各省主持监考，对庞大的贡院里一排一排考棚里的考生加以核察。无论对于考生还是对于监考人员，保密和防止舞弊的措施都是十分严密的，比美国的五角大楼还要严格。几百名监考的官员在长达一月之久的时间里都被限制在庞大贡院中他们的居室里。在那长长的考棚中，每个居室里只放着三块木板，一块做衣架，一块做写字桌，一块做座位。成千的考生在一人一格的小单间里放着被褥、食物、便壶、笔墨、砚台和公家发的考卷用纸，以备三天两夜之用。第一天对每人逐一检查，反复搜索，记上号码，安顿住处。第一批考题是翌日凌晨发下来，答卷是考生在第三天出来时交上的。这个程序还要另外重复两次。

所有考卷都由成百上千誊抄的人用红笔抄誊出来，另外有人校对、核对，所以考试的官员在评定时不看原来的考卷。考生只有号码，没有姓名，人人互相监督，这个制度做得绝对严密，不许有任何假冒舞弊。一般来说，1万人中约有100人录取。几乎没有几匹"骆驼"能穿过针眼——除非是很有钱有势的"骆驼"。

每个省应考的人数可达5000或7000，有时甚至多达1万或1.2万，但录取的定额，即考取的名额，可能只限于50人或90人。政府确定名额就可以控制整个考试，也可防止几个富有和文化较高的省压倒全国其他的省。譬如江苏省以苏州和南京为中心，出的人才特别多，但是它的应考生不得超过定额。满族人多的北京可以削减江浙富裕的士绅的势力，正像美国国会选举活动中常常设法限制东部发达地区势力过分膨胀一样。

科举考试究竟干的是什么呢？人们对"八股"文体，说了很多坏话，好像它是一种紧箍咒似的。"八股"文是明朝在1487年制定的，规定一篇论文要由8个对称部分组成，每一部分不超过700字。它有些像美国中西部不久前实行的一种即席的辩论方式，参加辩论的人对于规定的题目只许肯定或者否定。这是一种口才训练的方式。

不过，清朝的科举考试可不是空洞无物的。它测验人们的知识和道德政策的判断力。正如1738年曾引用过《论语》中的话说："有君子之道四焉，其行己也恭，其事上也敬，其养也惠，其使民也义。"1870年在武昌会试（大约8500个应试者中）录取61个人，每人写了五份卷子：（1）解释经书中一段原句的精义；（2）廿四史结构纲要；(3)各种军屯的形式；(4)选拔官吏方法的变革；(5)关于历代地理的详情。同这些比起来，英国剑桥大学的荣誉学位试题或牛津大学的名誉示范题，看来都似乎微不足道了。

中国文字含蓄微妙，使用的人无不感到伤透脑筋。因为要正确理解经典汉语，必须博闻强记，任何时候都能掌握全书的意蕴。这要发挥想象，阐发精微，远远不像欧洲学生分解一篇拉丁文那么容易。有人认为在中世纪欧洲，由于纸张和印刷书籍缺乏，限制了当时书院的读书人和早期的大学学者们长篇大论地就重大问题辩论，以至于侧重逻辑分析而不引经据典。如果这种看法是正确的，那么我们也不妨说，中国文字的精简，对于读书人来说，在精确表述一件事时不能不具有第一流的头脑。他们要像穿过铺满地雷的地段似的选择模棱两可的字眼和晦涩的譬喻。问问凡是试图翻译中国古诗的外国人，你就知道了。

在会试和廷试时，试卷在评定中乃至评定以后，作者的姓名更是极端保密，不准泄露的。生员一辈子可能参加多次科举考试，许多人终生只记住他们的号码。他们聚精会神地关注考试，就像年年参加毕业考试的学生似的。有些人经过第三次、第四次或第五次考试才能通过一级。有名的儒家正统卫道者、镇压反叛的曾国藩的父亲经过第17次考试才和他的儿子同时中进士。江苏的张謇在1894年廷试终于获得最高荣誉，中了状元；他说他为考试准备了35年而且在考场实际挨过160天。这还不是一个极端的例子。

从我粗略描述的迷宫式的考试制度中脱颖而出的人

满清统治者从北京看世界 35

中华帝国的科举制度。在省会城市南京,数千个小屋整齐地排列,考生在此接受严格的八股文考试。

大约已35岁,经过了至少25年的严格教育,苦读经书,终于掌握了孔孟儒家道德规范。一旦授官之后,他们就懂得那些必要的语言和伴随他们每一行动的礼仪。

与此同时他们也认识了许多同僚,而且和他们的老师、考官、同榜生员以及同乡官员发生很多个人关系,还不说成帮结伙来贺喜吃酒的亲朋旧友。总而言之,严格公正、不准徇私的科举考试产生了精选的人才,但是中国社会的种种特点却给腐败提供了场所。

科举考试制度对于那些有钱教育儿子的家庭和有条件鼓励自己孩子上进的官宦世家不可避免地有所偏袒。到19世纪初期,这个制度已被种种腐败陋习搞得千疮

清朝考生抄有四书五经的作弊内衣。

百孔,考生雇用"枪手",老师冒充家仆,考官收受贿赂,不一而足。总之,什么制度,只要人们在一块工作就可能被他们搞垮。打破这个制度的一种手法,就是在有条纹的背心里藏"夹带","夹带"纸条上用蝇头小楷抄录"四书"文句。

使普通平民百姓不幸的是,为了科举选拔官吏的读经考试制度,控制了整个教育事业。如果村民们请了一位老师在一个私塾里授课,他就把每一个孩子都作为未来应试的考生来对待，而很少想到教给他们任何实际知识如算术，帮助他们从事一般职业。反复朗读，死背课文，使他们没有时间去理解或探索他们死记的东西。精明而刻薄的传教士A.史密斯先生把这叫作"智识的杀婴法"。总而言之，当时没有一种适应普通人民实际需要的正式教育。

由此可见，道光处于理想高尚而行为很卑劣的矛盾状态中，他的儒家政府在目标和格调上是极讲道德的。政府被认为代表天子，仁爱为怀，给人民以和平和秩序，因而享有统治人民的天命。统治者只要能够镇压叛乱，就能保有天命。它是一种自由的政治市场。这种学说中包含了一点欧洲有过的、国王享有神赋权利的思想，也含有人民主权的胚芽思想。（有个经典的警句说："天所见正如人民所见。"）

和代议制政府不同之处是：掌权的人只对上级统治者负责，而不对下面的选民负责，因此，统治者的成功全在于策励和驾驭他的官吏。而为此目的，什么荣誉或表彰都不如他们敛财致富更为有效。有一句四个字的古谚通常是最有代表性的，这就是"升官发财"。这就是科举考试之所以长期成为一切雄心勃勃的人出息的主要渠道的原因。但是它也意味着在艰难时期皇帝及其官吏之间，国家与官僚机构之间展开一种争夺，看谁能从人民手中搜刮得多些。

政府的本领既然在于驾驭官僚们，道光也就运用了他的先辈们创造的各种巧妙手法。他接见照例三年晋京陛见一次的州府大员。他也从经常巡访各省的御史口中听取汇报，核查各种街谈巷议。他还听取各省督抚和总督（通常管辖两个以上的省）的汇报，让他们互为保证。道光放弃他的祖父南巡的习惯，因为那些巡游经过之处常留下劣迹。但他充分利用各省官吏封好由人带到皇宫呈给皇帝亲自批阅的"密折"制度。他看了后用朱笔手批后再用同法发还呈奏人，这样就可避开一切不相干的人。这种和二等官员通信联络的办法，可以不经声张而收集到他们上一级官长的弊害。高官显宦的弊害一经核实则撤职查办，加以罪责，甚至镣铐锒铛，绑出宫外的，也不乏其人。

现代哲学家认为儒教是一种道德束缚，因为它要人在一个混乱的社会环境中时时刻刻做正确的事，而这几乎是不可能的。清朝官吏因较多的实际原因而更加紧张不过。他们的皇帝老子总在监视着他们。

道光每天黎明就开始办公，他从最亲信的大臣中遴选了六七个人陪伴他一起办公。这个决策机关，从1731年起特用了一个印符，叫作"军机处"。凡属重要事务，它都要考虑，好比我们所知道的枢密院。这是一个专门在皇宫里议事的非正式的内阁，实际高于六部（吏、礼、户、兵、工、刑）即宫外内阁之上。六部之制，始于唐朝，千余年来，相沿无改。每一个部在一省里有一个下属机构，设在省府衙门里。这六个部比美国陆军部的第一、第二、第三、第四局之间更加不相通融，而所管的事务更加繁多，但它们具有同样的自动分工结构。西方政府同其比起来，简直好像是临时填补空缺的支架。实际上六部不能各自改变它们的繁重的日常业务，所以皇帝和军机处有时通过它们，或绕过它们，与各省督抚当局直接处理重大事务，至于一般日常业务

满清统治者从北京看世界

则交由各部自己办理。

道光的谕旨，就是通常回复密折的批文，在陆地上全是由驿运骑马传递。这个历史悠久的传递制度自唐朝开始，元朝加以完备。它总共建有约2000个驿站，从北京通往东北、西北、西方、南方和东南方，主要线路上每隔10至36英里有一个驿站。身强体壮的信使全身上下被紧紧缚在马上，以防摇摆跌伤，每天骑上200至250英里，接力传递。

像鸦片战争快结束时那样，将皇帝的邮件三天之内从北京送到750英里以外的南京，使美国19世纪70年代以小马传递快信的方式相形见绌。美国那时从圣·若瑟夫经密苏里到萨克拉门托共1838英里，骑马的邮递员常常用10天经过157个驿站才能送到。

中国的官吏和运送银钱或公物的人们有的可以用政府的运输机构，用骡马驮运，南方可用木船，西北可用骆驼。官员们从北京往广州或四川成都，长途跋涉，常需一个月或六个星期，途中有官舍可以下榻。成百成千的文件就是经由这两种不同的网络，天天在路上递送，还有无数的事务人员忙于代笔、缮写、分类、传递、存放。如果除中国18个行省之外，亚洲内陆有事，则更加文牍纷繁，皇帝和大臣们自然不会有很多休息时间。

满族统治者在操纵中国国内18个省的官场方面手腕高明，他们为控制这个帝国的其他地区用不同的办法也毫不逊色。例如，当喇嘛教的改革派黄教在1400年后将其扩大到蒙古族时，原本受拉萨的达赖喇嘛统治的西藏却变成蒙古世界的一部分。满族统治者为了控制蒙古，就像教主一样成为达赖喇嘛的保护人，而且在18

世纪三次派兵到拉萨去维护清朝的势力。同时，满族人还沿袭明朝让蒙古人互相分离而和平相处的高明办法。他们任命或批准任命所有蒙古的长官和亲王。各个部落组织成盟，分疆而治，界限严明，置各部落间的关系于严密监督之下，同时满族人在保护喇嘛教的过程中又维持了对蒙古族部落政治的平衡。这就使成吉思汗不可能再度出现，也无人为统一蒙古进行征伐。

北京的统治者把满洲作为他们北方的狩猎地并保持着满族部落的风俗习惯。满族统治者很早就对蒙古和西藏进行统治。他们还要做的事，是完成对于西域的征服，那就是帕米尔高原以东，包括天山以北伊犁走廊的草原，和天山以南古代丝绸之路一带通往喀什、印度以至阿富汗去的沙漠水草地。伊犁地区原是西蒙古人的老家，1696年满族曾经将他们打败，而在18世纪50年代又不得不进驻和加以征服。满族人关注这条通过中亚细亚到西方的通道，继承了中国汉唐两个强大和扩张的朝代，它们沿着古代商旅路线向西伸张势力，直到罗马，后来到了欧洲。这个地区的战略重要性对于北京的满族统治者是显而易见的，因为他们是在蒙古和更前期朝代的征讨扩张中成长起来的，并且决心保持他们的侧翼安全及统治不受干扰。清朝于18世纪50年代打败西部蒙古人之后，就紧紧扼守住喀什一带那些世界最高山岭环绕的塔里木盆地贸易城市了。

他们在这里碰上了对付伊斯兰教的问题。七八世纪伊斯兰教在向西方经过北非进入西班牙时，同时也向东方延伸到亚洲。伊斯兰教徒在文化上同满族人的差异，比什么民族都大。伊斯兰教徒信教之诚笃，使他们遭受到各种宗派主义的严重打击，遭受到神圣战争中不仅反对非教徒也反对任何异教的打击。清朝对付喀什地区的办法是君临于他们所有统治的酋长教长之上，要他们一律臣服，把他们归并到行政首脑阶层中，承认他们的原职，并且授予他们特殊身份和特权。清朝还承认由清真寺执行的伊斯兰法律。清廷在全帝国内分别利用儒教、喇嘛教和伊斯兰教的灵活政略，是显而易见的。

外来统治的一个结果是建立了专制独裁的强大君主制。从600年到1260年间，唐宋两代皇帝在位期间常让宰相当政，从元代起则是皇帝亲持国柄。当然，除了外族统治外，其他因素也有作用，例如政府问题多了，就需要中央来做决定。

不过满清的外族统治却产生了保守主义。满族接过明政权之后，在很大程度上沿袭旧制，只不过在他们的统治体系的关键处，插进一些满族成员而已。在这样的形势中，满族只是看到他们需要在哪方面抓紧时，才加以改革。作为外族人，他们到底不大能和中国普通百姓融和无间，只不过同他们统治阶层中的合作分子有较多的接近而已。

此外，在亚洲内陆方面，他们为了击败或控制那里可能出现的敌对势力，在战略上是全力以赴的。这就使他们忙于帝国的大陆方面事务，极少顾及海上及其对外贸易。原本是部落战士和管理人员的满族人，摇身一变成了农业中国的官僚统治者，他们同长江一带和东南沿海口岸生气勃勃的商贾格格不入。海上贸易和海军力量，他们是看不上的。他们对于企业家极少同情，不让他们自己的人做生意，谁去国外就惩办谁。归根到底，他们是倾向倒退，眼光向里，防守和排外的。

　　北京的一项主要工作是管理同外国人的边境贸易。经管这方面的事，是通过中国的纳贡制度。外国统治者分称为番邦，以区别于国内的进贡者。内贡是中国行省每年献给朝廷定额的贡物，也包括当时周边的附属国如朝鲜和安南（今越南）在内。纳贡制度是中国以其无与争衡的商业资财的优越地位和吸引力为基础的防守性外交武器。近在咫尺的外邦统治者因恐中国军队侵入其领土，于是经常向北京纳贡，甚至亲自入觐，在往来文牒中习用汉字词语并采用中国的日历。他们派来的使节也磕头行礼，呈献礼品，皇帝则予回赠。结果是贡献和贸易几乎完全混在一起。明朝时代精明的中亚伊斯兰商人运货时用冒充运输他们主子的贡物将货物送到北京。在曼谷的华人米商，假充暹罗国王的贡物把自己的货物用船运到北京。这时纳贡制已成为欧洲式外交平等互惠关系的一种绊脚石。1793年英派特使马戛特尼公爵到中国打开外交关系，拒不磕头，但呈送了大批贵重礼品，1816年他的后任阿默斯特公爵也是照样。

　　1800年以后，欧洲人开始威胁中国，其原因主要是他们不接受儒教。过去征服中国的蛮族统治者改变了统治权而不改变其制度。欧洲人相信平等的主权国家的多元制，而中国天子则根据钦定的儒家学说统治天下。这一点就能捆住中国，不让它和外部世界的多元统治齐步前进，因为儒教社会是以皇帝为金字塔尖顶的寡头专制。事实上皇帝是残存到新的民族国家时代的世界古代统治者的最后一人，而且是不容侵犯他的一点权力的人。"理"胜过世上一切物质的"气"这一儒教原则，使得皇帝成为社会秩序的基石。

孔子的根本设想是：所有人的（关于妇女以后再说）本性是好的，且有内在的意识。因此人是可以教育，能受感动的，特别是能因道德感化而做正确的事。第二个设想是：统治者的德行能引导人们接受和遵从他的权威。"以德治天下"的道理要求孔子式的统治者非常关心自己有一个好的形象，很不喜欢有人批评，特别是书面的批评，因为那是比较难以消除的。皇帝不愿意有一个人批评他，而愿意每个人都和他同心同德，都来帮助提高他的形象；对上天，他是人间的至圣；对祖先，他是孝子，是至高无上的行政官，正义的主宰，是总司令，是文艺的护持者甚至实践者。最后，他是这样的"天下一人"——其一举一动都使全人类和宇宙保持同一旋律。他必须是怎样一个人啊！

而做中国的皇帝，在日理万机之中，还须是一个最健康的人。"太阳国王"路易十四（1643—1715）年方5岁即登宝座而使全欧为之咋舌，但他却自1661年统治到马萨林枢机主教死了以后的1715年。康熙皇帝8岁登基，自1669年统治中国至1722年。他的孙子乾隆为了不超过康熙的在位时间，统治到60岁让位，实际他继续执政了3年，至1799年死去。这两个长达60年的君主任制，每个都5倍于罗斯福总统的任期，给清朝的稳定打下了基础——也许是过分了些。

专制皇帝乾隆修订了大型类书（百科全书），把全部中国文学编成36000卷的《四库全书》，同时删去他认为不适当的2300篇著作。他把自己的御玺盖在所有最伟大的绘画上，还发表了43000首诗和其他题字等。

他不屑做小事。到他的晚年,腐败达到极点。他65岁时过分喜爱一个相貌周正、年方25岁但贪婪无度的满族随身卫士和珅,很快将其任为宰相并把他的幼女嫁给他的儿子,建立了帝国系统的贪污机构。有组织的贪污使和珅大发横财,聚敛达15亿美元。这在1800年确是一个大数目。

乾隆树立了难以逾越的标准,也留下了非常棘手的问题。在他治下,国内长时期保持和平,人口实际增多一倍,而没有相应地扩充政府的行政机构。在他剿灭边疆叛乱的"十大武功"之后继之而来的是9年的(1795—1804)"白莲教"起义。乾隆之治艰巨得令人难以为继,也难于让人清理。他的儿子嘉庆皇帝(1796—1820)感到极为困难,到了道光时,国家简直内患重重。

要了解1821年以后道光治下的情况,我们必须照例先简略看一看早期西方观察家认为发生了什么事情。历史毕竟存在在我们的头脑中,也就是我们以为发生过什么事。我们若不考察一下我们先入为主的看法便很难着手论述。所以让我们先看看研究中国的专家们某些说明性的看法吧。

第3章

一些理论上的提法

最早有人推断说，中国人起源于古代以色列"失踪了的部落"。从那以后，一代一代中国问题学者对于中国社会的性质都提出过他们自己的看法。那些世代相传下来的理论累积尽管空泛甚至无意识仍不免成为我们解释说明的"保留节目"。这是个现成的百宝囊。让我们最好看看大致的分类吧。

首先是传统的"例外论"，它强调中国和"西方"或外部世界间的差异，例如书写制度之不同。例外论是汉学家长期以来的口头禅。

第二是颇为相反的，也是现在人们极力肯定的"比较社会学"，它认为中国社会有和别的各种社会所共同的特点，诸如家族血缘关系。这种看法中有一种小的分类，就是马克思主义的"欧化"法，例如试图在中国找出欧洲史上各期的特征——诸如封建主义和资本主义的兴起。还有另一非主流看法，即爱国的中国人努力从中国历史特征中找出可以和西方类比的事物——例如20世纪初期有一个"中国文艺复兴"时期。所有这些提法的差别，都不在于中国历史的主要事实，而在于它们各自的解释不尽相同，即怎样用事实配合证实事件的某种模式。

总的来看，把中国和欧洲历史一比较，就出现许多差异。例如，中国人口随着1949年工业化以来增加了一倍，但是在工业化以前很久的18世纪也已增长了一倍。再举一例，中国学术界自清朝中期以来，采取了比较批判的和独立的观点，但它完全没有对于世代沿袭下来的聪明智慧提出根本性的怀疑，或创立像欧洲启蒙运动那样一种新的世界观。再者，1789年法国大革命使民族国家发扬光大,并用暴力扩展了法兰西国家势力。与此相对比,1949年中国革命以后,虽然外界预料它会对外侵略扩张,它却出人意料地没有这样做。(中国1950年参加朝鲜战争,主要是为了保卫中国东北的工业基地;1962年在中印边境的战斗,也仅是防御它的边界主权。)不管是社会心理还是事件的模式,都不能证明中国和欧洲有什么相似之处。俄罗斯革命常被用来和中国相比,但它们的差异至今还是显而易见:布尔什维克首先夺取了城市,然后在农村实行集体化;中国共产党则相反,先农村而后攻占城市。单拿欧洲做比较,很难帮助我们了解中国革命。这本是卡尔·马克思的一种看法,应该多加宣传,这会省去很多麻烦。

　　了解这些思潮之后,我们就容易推断将会出现"修正主义"或重新评价之类想法,正如世界上一些比较成熟的近代史研究单位开始做的那样。有一种倾向是从更早的时代去找寻一些人所周知的历史事实的根源。这样,关于中国19世纪"落后"问题,例外论者归咎于国内的原因,例如说中国国家没有进行"现代化",而马克思列宁主义者总是把它归咎于外来的以剥削为务的"帝国主义"。这种争论多涉及程度问题。例如,满清(1644—1912)缺乏现代化的价值观和建立现代化制度的能力,而在同时,满族人也乐意安抚以1842年以后签订的不平等条约体系体现的帝国主义,以此延长他们的统治。此外,通商口岸外国特权的经济效果如何,看法也有不同。有些方面对于当地的经济发展是"压迫"的,另一些方面又有刺激作用。帝国主义就像是一种药,一方面能治你的病,另一方面也能把你搞垮。

男耕（上图）女织（下图）。描绘中国悠闲平和的农村生活。

一些理论上的提法 49

　　对上述解释有一种评语，即这些解释是如此之高度概括，以至于不分中国此一地和彼一地，此一时和彼一时，对其差别都不加以适当的考虑。这种情况引发了人们对于一定时期地方历史的研究。这倒是研究中国这么一个庞大而地方各异的国家的聪明办法。可是这却叫一个想描绘"中国革命"的叙述历史学者碰上了实证和解说之间的重大矛盾。没有办法，只好"小心从事"。

　　当代的中国学者中还有一种普遍的倾向，就是先从外界知道较多的事物入手，再及于外界知道较少的内部事物，从对外关系的"冲击"开始，然后再看中国对这种西方冲击的"反应"。这种马克思主义的模式就是——举例说吧——把现代史定为从1832—1842年鸦片战争开始。

　　在西方世界，革命一般发生在诞生它们的文化中。一般说来，革命首先是政治变革，是一种政治制度的改变，这种变革有时候也使经济和社会制度的改变成为可能。我非常怀疑，当人们讲到中国的"革命"时，是否忽视了一个根本点，就是中国不仅进行了政治、经济和社会革命，而且确实在进行整个文化的转变。这种看法有一个前提的设想，就是中国文化确实不同于给世界很大影响的欧洲文化。例如在中国文化方面，直到最近，民族主义（一般文化中的政治主权思想）很少被认为与（忠于一定生活和思想方式的）文化主义是一致的。像汉文书写制度一样，中华帝国是整体的、包罗万象的。这些疑问就使我想到，中国发生的事情，是不是用"转变"这个字来概括，更精确一些？然而，我能看出，"转变"这个词，除了用在宗教方面之外，不像"革命"——

我用这个词来概括中国整个现代历史过程——那么激动人心。

以上是现在流行的各种看法,我们按这种思路继续推论。20世纪中国大革命的产生于19世纪的灾难,而其根源却在18世纪。当然这种往回追溯的想法,可以很快把我们推到史前的商朝时代(在某些方面的确是这样的)。但是我们要纠正那种把中国历史的重心说成在中国以外的外国人手中的重大谬误。事实远非如此!灾难之所以降临是因为中国不像日本,没有对西方重力的吸引做出反应。

对于中国人的行为,每一代人都有他们自己喜欢的解释。当代社会学历史学家为说明中国政治弱点而提出一种理论,即中国旧社会是依身份高低或主从关系而组成的。人们之间,上下关系多于横向关系。儒家的五常关系中只有朋友之间是横向的关系。养育孩子就强调权威。幼子常受溺爱,但对他的管教也比较严。他不是去自立,而是变得依靠别人。相互依存中渐渐有了主从间的上下关系。结果一个青年,当处于依赖地位时,就被训练成一种附庸角色,一旦处于权威地位则摆出权威角色的样子来。到后来一个人如处于权威地位,而不以权威行事,对作附的人不发号施令,勒令听话,他的权威地位就会减弱。

这种类型的关系辗转影响到个人重视私人关系,不但是对上级或下级,即使对身份相同的朋友,都可以同时变为有用的人。当安全或保密依靠这类关系时,个人就不能去单独负责。影响所及,就产生相互对等行为的必要。对一个朋友、上级或下级,送个礼物或做了什么好事，就产生对等的义务，也许不在同时，而是将来要办到的。结果是创造出一种对特定的人都有特别关系，而不是别的人也共同遵守原则的人事圈子。每当一个人在个人关系和抽象原则之间不能兼顾，必须择一而行时，他只得选择个人关系。

上级的典型作风是独断专行。当然这特别指的是旧政权的官场，因为那时官吏身份属于最高阶层。加上知识分子一向把体力劳动看作禁区，这便意味着旧式官吏不应获取技术知识，更不要知道机械手艺，只应安于做通人，一切技术事项都是由下属处理。

在官吏阶层，文字的训练和经书的研读产生了精美的文牍，有时须用工楷誊录，但不讲求实行与否。官场书写和传阅文件，却只期望别人执行他们的计划。计划也许是根据可悲的无知做出的，可是还得传达公布。官僚更关切于他们自己派系内部的人际关系和实行中的各种方式程序，而不顾在公众中实施的情况。一个属员典型地不对一个上司加以批评，以免上司的威信受到损害。

由此可见，西方意味的腐化，就铸在中国的实体中。官府享受的特权之一，就是一个官吏应该靠做官发财。这同中国收敛田赋的古老习惯是一致的。所有收税的官员只需完成定额，超过定额部分划归他们的腰包或机关。所以一个官吏只要适当完成了定额，在职务中怎样肥了自己，就没有人追究谴责。此外，官吏的福利靠的是他的上司和他私人关系圈子里的人，他自然没有兴趣考虑他的下属和他的圈子以外人们的福利。

由此可见，在这种政治类型中，忠于原则的派系是例外。派系之存在基于个人关系，而其目的是提高权威人物和派系中依靠他的那些人的权力。派系之争，不属于意识形态，而是非常个人的。

结果之一是在下属和官吏层下面人民群众中产生消极被动状态。权威人物不应也不能加以侵犯，因此冲突不可能通过互相讨论或妥协来解决，除了村一级的少数体面人物之外。批评会危害权威，所以不可能加以容忍。这样，民族的统一要求意识形态的统一。思想的多样化会使它受到危害。

解说中国政治，还有一点要继续说说。因为旧中国是多靠伦理、少靠法律治理的，所以伦理方面意见一致是把事情捏在一起的必要的凝固剂。在旧基础上的中国政府的成功，必须有体现在一种正统意识形态中的公众道德观和对于一个高高在上的人的领导地位的尊崇信念。

这个理论关联到近代的地方政府。到1900年左右，上下级之间的相互关系在皇帝与大臣（广泛些说，在皇帝与上层士大夫，包括在职与不在职的官吏、省和通都大邑中的高层人士以及大地主家族）之间体现得非常明显。类似的关系也存在于地方上与农村和产业有渊源的上层士大夫同低级士大夫（在初级科举考试中有功名的，有的是"捐"出来的大商人）之间。低级士大夫利用他们的身份在处理当地事务时是普通百姓的上级，并监管许多公务如修理墙垣、寺庙，管理渡口和江河堰坝，必要时实行救灾、放赈，以及在上层士大夫指示之下进行的类似的管理活动。总之，上层士大夫有较高的官吏身份和权柄，以下层士大夫的保护人和监督人身份活动，下层士大夫则以普通百姓上级的身份处理农村中的公共事务。在理想的构图中，伦理义务和相互负责的连续统一体，从头到尾贯串在社会中。

这种旧秩序在近代社会的破裂，开始于"现代化"过程从城市到农村缓慢而又具有破坏性地发展之时。上层士大夫搬到现代化的城市里住的时候，就把田产交给他们的管家替他们收租纳税，他们只在城里遥控。这个趋势就在上层和下层士大夫之间造成一种断裂，渐渐让后者为所欲为，给他们机会腐化和盘剥农民。

到了20世纪，特别自1905年废止科举考试之后，地方绅士变成村里的强人和恶霸，他们凭借权势，勒索敲诈。他们的横征暴敛反转过来使他们与普通百姓越来越疏远。低级士绅本来是维护和承认上下级之间的相互依附的，现在变得无法无天，只求自己富裕。20世纪以来税捐使农民负担日益加重，这就导致了一个道德共同体和建筑在它上面的政治制度的崩溃，新的组织形式必然要出现。

关于中国人的动机和行为还有其他解说。上面这种理论是当前比较流行的，当然它也不能代替所有揭示出来的已知事实。

现在我们的叙说就要按照各方面的演进程序进行下去了。第一，20世纪初的中国，新事物和旧制度之间、人口和贸易的增长同政府与学历制度裹步不前之间的紧张形势变得日趋严重。

第二，由来已久的内忧外患的影响导致19世纪末期保守的王朝政府和外国通商口岸的特权势力同时并存的局面。

第三，帝国主义时代在19世纪90年代达到高峰后，改革和革命的运动开始互相竞争和交叉进行。物质和文化生活的现代化与价值观念和体制相对缓慢的社会变化两者之间竞争起来。进化论和民族主义标志着探索建设一个新中国的进程。

第四，这些努力之间，发生着此起彼落的现象。物质变化和文化变化之间，在技艺和价值观念之间的相互作用，显现在1911—1913年、1923—1928年和1946—1949年三次革命斗争中。这个斗争在人民共和国（1949—1985）仍在进行着。

以后各章将要表明：过去的帝国政府和社会怎样对付那些无法克服的困难，如何在面临中国社会的发展和改变时开始分崩离析。

第4章

条约时代以前商业的增长

我们稍微再想一下，就能看出19世纪的盎格鲁—撒克逊商人对中国经济生活的奥秘理解得多么肤浅。归根到底，盎格鲁—撒克逊人是物质进步的倡导者；物质进步是他们经验中最激动的事物，而且他们在中国又没有看见管道和蒸汽机。帝国政府没有设法使用现代统计。通商口岸的外国人不说中国话，他们也不到内地旅行，住中国客栈，不跟当地商人在他们的会馆堂屋喝茶聊天。中国人缺少枪炮火器和其他现代物质设施，所以西方的"中国通"们，以他们对中国事物的有限见识，很自然地沉溺于维多利亚时代的种族傲慢感。他们普遍认为：他们看到、闻到和听到的中国——拥挤、散漫、外表不洁净的中国——显然是"中世纪"，因而是"落后"的。这些"中国通"——商人、传教士和领事们，是当时最早的一批观察者，因而也就产生了传诵一时的博雅高论。现代西方汉学家同中国和日本的学者一起，正在探索回顾中国古代的成就和弱点。当然，我们没有理由认定中国当代的学术权威不会像19世纪先行者那样，被后来居上的人所超越。

来自近代学术界的第一种矫正性的理论是对帝国主义的重新评价。霍布森、列宁和20世纪初的其他人依据新的经济科学对历史做出了唯物主义论的阐述。在专心致力于剥削的帝国主义者心目中，最重要的就是财政的剥削。更微妙的作用如现代化，技术转让，体制的建立，以及民族主义精神，都不是同等重要的事。事实上，实际的记录现在看来是很复杂的。在某些情势下帝国主义确实是剥削的，但在另一些情势下它倒更像是一种发展的粗糙形式。有时候它甚至在物质上对你有好处。帝国主义的真正的创痛是心理的。对于任何具有自豪感的民族来说,它最令人感到羞辱,因而是一种政治的弊害。

由此可见,帝国主义观念是帝国主义对中国的主要输入物。让我们留意一下它在中国现代史上造成的奇异的不平衡。我们可以看看几个演进的阶段:

1. 侵略的欧洲列强记录了它们的"武功":从英国的鸦片战争(1839—1842),英法联军的入侵(1856—1860),19世纪80年代中法对安南的战争,到1895年日本甲午之战的胜利和1900年反对义和拳的"入侵"。外国方面积累了丰富的回忆录和政府档案。

H. B. 摩尔斯在1900年以后从英国的"蓝皮书"上摘录了关于中国的记录,并颇为恰当地称为《中华帝国的国际关系》。然而,这本书成了一部关于现代中国的主要著作,其中有一章甚至专讲太平天国起义,因为这场起义涉及了英法关系。

2. 近代中国历史学者以摩尔斯的著作开始,进一步编出一本与英国"蓝皮书"相似的中国著作。在鸦片战争过去整整一个世纪之后的20世纪30年代,道光皇帝致林则徐总督的谕旨被披露出来,而在广州与林谈判的英国舰长C. 义律从维多利亚女王政府收到的训令,却在90年前的1840年就发表过了。中国方面就是这样慢慢赶上去的。

3. 对外交往研究强于内政研究这种不平衡现象,还不止如此。20世纪30年代至60年代间,中国政府抛出了好几卷"中国近代史",而外交方面仍抢在前面。显然中国的外事关系吸引了更多的官方注意力,而且拿得出容易发表的档案。但是中国社会和国家的实际经验如何呢？是不是对外关系事实上压倒了国内关系呢？或者是外国人先有这样想法，中国的爱国者后来才想到呢？

我们首先要做的是停下来先看看19世纪的中国和18世纪的欧洲。自然，一个人总要以土生土长的事物概念应用于新的研究领域，否则我们就不能分析它。但是这样做，常使我们去找（或不去找）我们想寻求的东西。

当我们观察1800年的中国社会时，我们第一个接触到的惊人的矛盾现象是：社会的体制机构，特别是政府，表现出极差的应变能力，而人口和经济方面，却在经历着迅速、巨大的增长。直到最近，这种矛盾现象仍不大为人所注意。它可以被称为下层建筑与上层建筑的矛盾。无论在19世纪侵略中国的西方列强思想中，还是在那场侵略的最后阶段出现的马克思主义革命者的思想中，中国近代史都是从1840年鸦片战争开始的。早期的外国观察家注意到从明朝到清朝政府结构很少变动，在处理对外关系中纳贡制度照旧进行，至少在清朝廷的礼仪上是如此。与300年前来华的耶稣教士所报道的比较起来，政府机构没有值得注意的扩充或发展。结果欧洲人的印象就是一个"不变的中国"。

近代的研究工作弄清楚了，这是一个非常肤浅的论断，它只适用或主要适用于官僚主义的国家机构，或许也适于家庭制度，中国人民生活的事实却已大谬不然了。拿1800年来说，中国人口数目上正好增长了一倍，比同一时期的欧洲和美洲人口增长多得多。贸易数字同样如此。除了帝国海关征收些微不足道的税款外，广袤的、人口多于整个欧洲的中华帝国是一个自由贸易区。农业生产从效益上讲是很先进的：长江下游各省专事稻米生产，稍北各省则生产为市场商品用的棉花。许多地方的手工艺人生产的土特产品为全国所称道，诸如景德镇的瓷器，广州的铁炊具，苏杭的绸缎等。庞大的中国航运船队来往于长江及其支流，而千百条大小船只航行于中国沿海，把南方的水果、糖和手工艺品运到满洲，而将那里的大豆和毛皮运到南方。早年一位英国观察家曾经计算过，19世纪40年代长江口上海港的货物吨数超过了伦敦港，而当时伦敦已是西方贸易的中心，因此他感到吃惊。

生气勃勃的发展和死气沉沉的体制，这一对比形成中国近代史的最令人大惑不解的哑谜——就是说，中国尽管有高水平的技艺和资源，足以在工业革命史上实现一个突破，以与欧洲当时的工业革命相匹敌，但她却没有这样做。中国和大西洋共同体在19世纪的这一重大对比，引出了各种不同的解释性理论。最普遍的一种是"我们受到了掠夺"，就是说，由于西方帝国主义对中国新兴事物的妒忌和仇视，中国资本主义的成长，受到了阻碍。这种理论，除了真正相信它的人以外，已不攻自破，其原因很大程度上在于这种理论把中国的对外贸易放在它自己生产过程的最高位置。可以肯定，1842年以后帝国主义的不平等条约制度限制了中国，使其不能实行保护关税，而外国人却在通商口岸的庇护下为所欲为。长期积累下来的大量帝国主义不平等事实的资料，确实提供了充分基础，说明爱国心所受的凌辱和人民的愤怒。但这并不能说明经济问题。在中国经济中资本主义没有兴起,本来是早在鸦片战争和帝国主义时代以前很久的事了。一个基本事实是:中国没有能够提高它的个人生产力,从而打破所谓"高度平衡的圈套"。这种情况就是蒸汽机以前技艺水平相当高,足以保持生产和消费循环往复的平衡,以致阻碍了工业发展投资。这个圈套的一部分,就是巨大的人力供应,使机器成为不必要。另一个原因,是当时几乎没有资本积累和信贷办法为投资之用。朝廷和统治阶级靠收租纳税过活,而不靠贸易。

事实上,中国在进入现代社会以前一个半世纪,已经成为一个自我平衡的社会,有足以维持一个稳固国家的能力。好像一个人体,自我矫正的机构能够维持体温、血压、呼吸、心跳、血糖等的平衡,使其在变动幅度不大的情况下,保持不变;中国政治和社会的机体也已使其全部活动制度化,能够按照既定的路线进行:盐的分配和五谷口粮相搭配,大粪便溺够种菜用的了,人吃过的残羹涮水可以养猪,堤坝防止了水灾,政府的粮仓保证了灾荒赈恤。保甲(互相担保)制度自动地保障了邻里安全,家族成员之间,各自履行相互周济的义务,"三纲五常"的教训使每个人对自己的家庭、每个家庭对国家的义务,都谨守毋违,而科举考试给所有才智之士以正统教养。任用官吏实行"避嫌"的律令(不在本省任官),减少了攀亲引故的弊病。造反者建立了新王朝,但仅仅是延续了旧的制度。这个古老的中国是一个精巧的结构,在一个包揽全局的总体中,充满各个地方不同的差异。它在物质生产方式上是分散的,但它

条约时代以前商业的增长 61

佩文斋拔秧图。此图描绘了中国南方农业耕作的场景。此画作于1808年。

被具有历史创造的形态感和自我形象感的统治阶级统一起来。

让我们看一个乡村的生活图景吧。一个19世纪初的"普通"农民,如果根据后来资料估算,大概是五口之家,包括两个未婚子女。只有富裕人家才能有一座大院子和几个套院,住着两三个儿子的小家庭。在北方,农民住在茅草屋顶的泥土垒成的房子里,在多雨的南方,房屋为砖瓦结构。北方人大概都睡在一个宽大的铺席子的砖坑上,里面有冬天可以取暖的通气道。所有的窗户普遍用纸糊住,不用玻璃。大小便在屋旁或猪圈上面。水用扁担从村头井里挑回来。洗衣服不用肥皂,泡在井水里或在小溪、运河或池水里敲打。

这个"普通"农民大概一半是自耕农,一半兼做佃农。不管怎样,他和他的家人在相隔不远的三四块田地里劳动,带着锄头和镰刀来来回回,主要为他们自己的生存干活。他们如果靠近城市或做买卖的路边,还可以种点卖钱的作物。他们天天和村里的邻居生活在一起,经常隔几天走上大约一小时路赶个集市,那里逢年过节有些庆祝活动,说书讲故事的,或者剧团表演,来热闹一下。

由于没有做过农民,我们没有办法想象他们的潜意识。我们知道他们的理智和迷信的平衡与我们很不相同,他们关心的事物范围很狭小。虽说农民的基本的感情无疑我们能理解,但他们对各种事物的态度、社会动力和价值观等,我们就很难掌握和理解了。即使说"人性到处都一样",它的社会表现,到底大有不同。

农村的邻居住处固定又缺少汽车,比起城市和郊区的邻居对我们起的作用,要大得多。集体的活动不但包括婚丧礼节和与之俱来的喜庆宴会,还有互相商议安排守护庄稼,防范盗贼,抵御土匪之类的事,事实上中国村民还要组织各种会所,订立合同,组织官定之外的各行各业的集体活动。这些安排平常都是在各户之间进行的,因为是集体接受的,就成了合法结构。凡有共同祖先的家庭即形成一族;家族通常拥有财产以维持坟墓和举行祭祖礼仪，或办学校教育本族后代。农户们也可以合办水利灌溉，以合同方式确定水的配给。他们也可以举办庙里的宗教祭祀，或者经营开煤窑和炼糖的生意。民众办了许多国家不去注意的事。

另外我们也知道，各个村庄之间私利的纷争也很厉害，邻村间械斗之事时有发生，有时为了争水，有时为了争地界或其他具体事物，也有时为了宗派信仰或者关于什么人物或历史的抽象问题。这个社团和那个社团，这个教派和那个教派也可能发生零星的争斗，这些争斗常起因于纯粹地方性问题，远非省一级，更不要说国家一级的问题。总之，据研究所知，暴力的械斗，似乎已成为农村社会制度的组成部分。敌对的村民屠杀事件往往伴之以劫掠、强奸、野蛮的虐杀，以至于全面的毁灭。公众生活通常远远说不上和平安谧。

和人类的任何结构一样，中国社会在紧张中生存下来，而到19世纪，它的组成部分之间的平衡，已经岌岌可危。土地和人口的平衡已首先因人口猛增而被打破。

18世纪中国人口增长一倍以上，造成人口增长的自然作用过程至今仍不大被人了解。长期持续的国内和平起了作用。从东南亚引进早熟稻种和从美洲引进的新品种的玉米、花生和白薯也有关系。早熟的稻米可以实行双季耕种。美洲作物可以在沙壤生长，而稻米不行。再者，东部数省的移民在西北和西南开辟了许多新的土地，将以前没有耕种过的山区辟为梯田。人口不断增长，粪肥也多了起来。种牛痘防止天花，可能也使疫病大减。其他因素还有待探索。

到1850年人口进一步增至4.3亿左右，这一个巨大的增长，背后有一个事实，就是在1700年左右人口已大约达到1.5亿这个庞大的基础，所以即使增长率不很大，在地面上也足显得够拥挤了。自古以来中国人喜欢孩子，并将其作为老龄保险的投资。生子接代是一种神圣义务，在家庭神龛前和宗族祠堂里祭祖这是一种孝道。有钱的人投资于妻妾和子孙，而不像今天这样购买电器家具。人多意味着一家经济上人手多。所以在信仰和算计上，都要求人们生孩子，就像海里的鱼产仔一样不可制止的繁殖，因为这是男女性功能的最后隐蔽所，也是（不像今天）群体生活中最少受限制的方面。

人口数目的增长自然是和商业经济的增长伴随而来的。一切经济指标都表示出来：沿海航行的船舶越来越多；富裕的宁波人家在上海商埠开办的银行越来越多；山西中部钱庄汇款的越来越多，他们几乎包办了公款的来往；福建的茶叶和江浙的丝绸经广州出口的越来越多；一年比一年多的鸦片烟从国外进口以满足吸毒者的需求，这本身就是一种败坏人心的病症。

但是，贸易的增长，并没有打破政府垄断商业的批准模式和定额征赋税，而不鼓励发展投资的有限目标。让我们举些例子。

如果我们指出一种今天美国差不多人人需用的商品，可以汽油为例，在旧中国，那就是盐。凡是吃粮食和蔬菜而很少看见肉的人，吃盐是必需的。做个类比吧，如果今天达拉斯的美国石油大王碰上了18世纪的扬州盐商，可以认为彼此是对手，因为他们的阔绰生活方式是当时人人艳羡的。因为扬州商人在政府之下经营，而不是独立于政府之外，所以他们的历史可以拿来比一比。

追根溯源，政府垄断盐是自古沿袭下来的。19世纪初，盐是在海岸从海水蒸发后生产出来，或从四川成百上千的深盐井（有的深达千尺）中用竹管子汲出盐水煮成的，也有的取之于内地盐矿或湖泊。盐的生产全由垄断的商人经营，那是富裕大户的世袭权利。这种权利叫作"盐引"，即盐的专卖权，那些垄断者有了"引"，便可将盐分给中转商人，这些中转商人实际办理"引"，运盐到指定地点，交给政府盐仓，它们再零售给当地居民。每一省的大盐商拥有自己的复杂的官僚网络，在主要的出产和分配地点征收执照费和销售税。北京的户部衙门从这种专卖（垄断）的全部收入中得到大约1/6。19世纪90年代，田赋和关税估计各为3200万两白银，盐的收入估计为1300万两。

食盐专卖是在商人和官僚贪污中饱的同时积累商业资本的极好办法。苏北盐产区出身的学者型官吏魏源，曾经建议改革，由此可以想见这一制度的生命力。1832—1833年的改革方案是在大的"引"商垄断权之外，补充以国家出售较小批量盐票的办法，以使资本较少的小票商也可以做这个买卖。即使这样，公盐到销售市场时，经过一次一次的佣金、运费、储运开支，加上官府照例层层盘剥，盐价增长很多，这就使走私大大有利可图。大约全部盐产量半数都是由大批盐枭非法生产，转弯抹角私销出去。政府收入的大部分用到缉私方面。另一方面，盐枭们也无法从政府的食盐获利中拿走钱。于是官吏和盐枭同时并存。

盐商全盛时代组织有他们自己的行会，建筑自己的庙宇，在地方上如扬州、汉口一带成为社会的领导阶级。最富有的商人阶层不少也干着慈善事业；遇到水灾，或当国防和其他公益事业需要时他们也会捐款。19世纪初盐票制度的改革，给规模小的私人企业家开了个门户。官僚垄断（公卖）在太平天国战争时期大部分都收缩了，以后盐业的一般趋向，逐渐像罗（Rowe）氏所说的"私有化"了。

假定你家的商行在19世纪三四十年代属于宁波茶叶公会，那么你的最好的茶叶来源将是福州口岸闽江上游的武夷山茶区。当然中国南方很多地方出产茶叶。一家可以有一个私人茶场。但是武夷山茶区的土壤和气候，加上年轻妇女手指灵巧又有祖传技巧以及采摘、分类炒拌（红绿茶分别处理）的工艺，使得这种茶叶不仅可让全国各地嗜茶的主顾购买，而且经过广州远销给欧洲东印度公司。外地巡回的客商从当地茶农手中买去成块成"坨"的茶，销往外地。到收茶季节，运茶的人用扁担挑着列成长队，休息时也不让茶篓贴着地面。一位生物学先驱者罗伯特·福琼在19世纪50年代为英属印度收集茶的品种，曾化装查访，亲眼见过这个场面。英国政府后来终于通过特许制度使印度茶叶在世界市场上挤掉了中国茶。

再比如你的宁波茶行已经在飞速繁华起来的上海商埠建立了营业基地。宁波是更古老的通都大邑，自中世纪起就是和日本交易的一个口岸。宁波像广州、福州、上海、天津一样，位于出海口上游许多里远，不大容易受海盗劫掠。随着贸易的发展，宁波的茶行，像宁波银行家一样，在上海国内商业界的势力越来越大。

　　如果你运一船茶叶溯长江而上，经500英里而到达一个商业中心，譬如汉口，你大概就可以从长江下游的商业船泊中得到一个泊位。到汉口几天以后，你可以看到长江和从西北来的汉水间形成的半岛上有一个极繁忙的口岸。长江南岸是有城墙环绕的省城武昌，即今日武汉的一部分。在汉口你就可以找到代理商或捐客卖出你的茶叶。在东印度公司垄断时期的最后年月，经过广州的茶叶出口额一年多达2000万英镑。然而你很难断定说，出口贸易是唯一得到发展的领域。假定一个小康的人一年消耗一磅茶叶，中国国内市场一定有2000多万以上的小康主顾。

　　18世纪以后中国国内贸易的一个秘密是水路运输。广东北上时水路，穿过一到两处要隘，再经过一段短程陆路运输，便可到达江西和湖南水系。即使在贫瘠的北方，沿汉水航行数百英里也可抵达西安，而在华东方面，大运河既是南北粮运的航道，又是私商的孔道。如使用较有效率的水上运输，中国的人力资源可以大大减少陆路长途搬运货物所需消耗的成本。

　　再研究一下汉口这个武汉三镇最商业化的部分，它是中国各地区商业往来的焦点：(1)经过湖南的湘江运来的香料和经由广州来到中国的其他热带特产，以及英属东印度公司因为气候太热不得不交给中国行商销出的一些毛呢料子；(2)汉口以西长江上游四川由各种船只运来的大米，经汉口或宜昌转运到长江下游，到19世纪末期四川的木材已让位给四川的鸦片烟土运往上海；(3)茶砖由汉水水运到西北，经陆路运载和俄罗斯贸易。汉水下游是产棉区；（4）当然汉口的主要贸易是运输湖南湖北的大米，帮助供应长江下游城市需要，同时还提供大米，经大运河漕运到北京。从长江下游又经由扬州，把上海以北沿海出产的食盐集中运至汉口等地。大米和食盐是中国人民最不可缺少的食物。

通过汉口的大量交换活动，说明一个论点，就是中国在18世纪，如果不是更早的话，已经有了一个真正的国内市场，任何一个地区的供应品可以用来满足其他任何地区的需要，当然这只适用于某些特定的商品。地方范围内基本组织的自给自足，还是可以说明大部分经济的特征。好比说欧洲文艺复兴的开端，或者说中国商业革命的起步，一个国内市场什么时候崛起的问题，要看你用什么标准来做出什么证明一样。中国国内市场的兴起可以从各种专业化的商人群体的成长来衡量，诸如批发商、零售商、走南闯北的行商，上面都还有层层的掮客和代理人，他们为不同地区间的贸易服务。

商业兴起的一个征象，是18世纪各地方的联合组织，像雨后春笋般地出现，这些组织一般被称为公会，它主要是便利商人们的活动。多数公会代表一个县或一个府，而不是全省。有些公会限于一定的行业，也有些是两者兼而有之。例如宁波的茶商公会就是如此。公会提供旅舍的便利、开会的会址、承认一个会员的会籍、组织罢业或登记申诉。公会的另一种职能是仲裁商务纠纷。商业公会当然还提供货栈库房。它们都是非官方机构，虽然政府官吏可能会承认它们的存在。

公会会所或许有几套房屋，外面围上一个院墙，跟一个衙门差不多。走进大门是开会或议事的大厅，两厢是办公和住宿用的。公会的文化职能，包括向本行业圣祖的宗教祭祀或祭拜本公会尊崇的什么历史人物。汉口的徽州商会祭祀它的圣祖朱熹，绍兴的商会则供奉王阳明。可见商人也尊崇这些士大夫阶级的偶像。

公会或会馆有时不仅为过路的人提供住处，还为准备科举考试的人办学授课，以及办堂会唱戏。公、商会也可代替当地政府制定商业规章。有些情况下，整个商会会出面行动，如制定规章或实行罢业。事实上公、商会除了工业生产以外差不多什么都办。英国的扶轮会（Rotary）或美国的基瓦尼斯会（Kiwanis）如果在旧中国的商业中心活动起来，一定会给人留下很深的印象。

公会或商会的财政来源靠会费。它们也在地产方面投资，也可以发债券凑钱。从店铺或其他产业收的租金可能相当可观。汉口的山西、陕西公会有一座精致的庙院、一个旅馆，还建造了市内一条街道，从而收取相当数量的租金。太平天国起义后，所有建筑设施都改建过了。

公、商会对公众的服务是多方面的。慈善事业是重要项目——供给穷人食物，改进供水办法，维护公众交通要道，修筑桥梁，协助消防，包括开通火巷以便消防队员提水灭火。在需要时它们献款帮助地方国防事业，所有这些都代表了儒家的"天下为公"思想。所以公、商会组织把市政服务当作它们的一种责任，它们至今还是私营商业公团具有实力的另一征象。

地方组织和行业组织之间存在着极其复杂的和内部极不相同的结构。在19世纪期间，行业公、商会的创立是这种组织系统的主要发展方面。随着时间的推移，地方性与行业性公、商会和同一地区中的其他公、商业联合起来，成立了较大的组织。例如在汉口这种公、商会大量出现的地区已成为酝酿已久的国内发展的重点地区。

自然，整个公、商会机构总是在争取官方的承认和庇护。实际上它们的福利少不得靠公家的来往关系。许多商人取得士绅地位就是靠"捐买"资格，而不是经过考试。一个城市的主要公、商会组织因世代相袭或者业务关系自然而然地形成了更大规模的联合。公、商会联盟对于经济政策的影响，例如必要时举行罢市，作用极大。所有这些使商会几近于一种市政府，特别是有共同需求的时候，例如太平天国起义（1850—1864）时就是这样。

从这样的背景不难看出，20世纪初期纷纷结合起来的中国商会，作为新生事物，是比原已成长起来的商绅市政组织，更前进了一步。这样，我们就可以断言，虽说19世纪90年代来自西方的冲击，而使社会日趋动荡不安，但在那以前，国内已有一个私营商业社会组织自然地成长起来。这个趋势中包括了国家对于从商业方面来的财政收入日加依赖，同时对于商业的限制也就日渐松弛。后面放松限制这一条，使省级官吏从不断扩大的地方商业努力中增加了收入。

19世纪的商业组织已经超出家庭商号范围之外，真正的合伙制乃至接近股份制的公司，也已纷纷成立。这种商务不得不对中国杂乱的金融制度特别注意，因为每一个地区和每个行业都有它们自己的记账单位，白银斤两重量不同，记账也大不相同。经济学家喜欢统计数字，可是在1800年找不到这些。我们能够找出国内市场发展趋势的实证，但我们缺乏总的统计数字，来称量中世纪和现代之间究竟相差多少。

英美商人在通商口岸（自1864年太平天国起义被扑灭后蓬勃出现）把他们的势力作为世界市场的臂膀而夸耀，说贸易的发展应归功于它，那是不足为异的。这种看法和外国人通常把眼光只局限于他自己对中国绘画的小图是同样的谬误。但是，事实上19世纪末期通商口岸商业的兴起，在很大程度上是太平天国起义前中国已经蓬勃发展起来的商业生活的复兴。

举例说吧，近世纪来对俄罗斯的茶砖贸易是早在宋朝就有的"茶马互市"的一种继续。茶叶在东印度公司经海上运来以前，早就是出口给蛮族的主要物产。作为一种属某些地区的特产并为大家都需要的商品，茶叶有一个时期为政府所垄断。在帝国时代晚期，中国官吏的自然本能，就是用一种牌照管理制度，确定一些专卖商人替他们去收税。中国的茶叶专卖商人和新的自由贸易时代的外商当然是格格不入，并且成为外国领事馆同中国当地官员之间很多交涉的题材。茶叶的"样品"同实际收到的批量订货，可能大不一致，因此质量的控制是一个主要任务，而这事是由茶叶公会自己掌握。他们的职能就是维持这个行业的标准，保证正常的手续，与西方大亨们"立地致富"的作风恰恰相反。中国政府不插手干预，不保证茶叶在全国范围的统一标准，结果就让日本和印度在20世纪把中国茶叶从世界市场上挤出去了。但是回顾一下，中国的这一失误，看来好像是中国经济生活非集中化的结果，换言之，是商业控制在私营公、商会之手的结果。无论怎样，在公、商会下面商人组织的成熟发展，并没有产生向工业生产投资的企业家。恰恰相反，它大概成了欧洲式资本主义的逆反倾向。

工业投资的一个要素，是信贷的方便。中国在这方面虽有所发展，但很有限度。便利于中国国内商业的信贷结构，开始于最低级的当铺和高利贷者。当铺老板和高利贷者有时是同一个人，他只向有需要的人提供小量借款。在外国人来到以前，最上层信贷的转让以及地区间公款的转让，是由钱庄经手，这些钱庄集中于山西中部汾河流域的一些家族。山西银行常靠亲属关系在全国设立分号，把款子从一个地方转给其他地方的分号，为此收取一些汇水。

在上层和低层之间还有几类大大小小的外国人称为"地方银行"的钱庄。小钱庄可以只服务于它们所在地的社区，大的钱庄则常和分布在通都大邑的地方银号有往来。这种连锁关系，譬如在浙江的宁波或绍兴的同乡之间，很容易建立起来。他们的银行往来又可从上海伸展到长江上游或沿海城市，这种城市间的银行网络随着商业的成长而扩张。在公开竞争中，当北京没有发行法定通货以前，许多银行可以发行自己的钞票。换言之，地方银行靠发行它们的钞票向商家甚至政府官吏提供信贷。当然他们知道，必须保留一部分现金作准备金，但是他们发行给一个顾客的钞票额，可以大大超过他在银行里的存款。银行钞票的票面价值总是标志出银两或铜币数目的，持钞者可以到银行如数兑换。当然这一套制度常引起人们在信贷上投机，并可能造成债权人乃至投机者破产。但是在这些现代设施出现以前的时代，即使有警惕性的政府也没有把居民编号登记下来，一个诈骗的银行家只要把店门一关就溜之大吉了。对于这种银行制度的政府监督和对投机诈骗的处罚，通常就看政府官吏对待公民们的控诉如何尽责了。一种主要的管制办法是按中国传统担保的方式，就是有实力的人为某一个开银行的做保人，像担保别的商人一样。同时银行公会为了共同自卫也通过会员关系设法阻止诈骗。银行公会与此同时还插手监督信贷，包括制订当地不同银两单位的差价事项。这些办法无非是为了调整信贷市场的无政府状态。

19世纪最初十几年间，中国商业就是采用汇兑、银行存款转账、存款人之间周转、过期贷款以及各种信贷转让等新式办法通融运行的。银行业是那些"古老的中国风俗"在通商口岸开放之前已有很快发展的事业之一。

但是，这种生产和消费的增长，似乎没有怎样改变个人的生产力，而个人生产力的增长才是发展过程的关键。从日常消费中抽取出资本，用之于改进生产力，本来是可以从基础建设着手的，例如电讯交通、公路乃至于铁路的建设，或者可以直接用于需要大批基础投资的重工业。这就是明治维新时日本所做到的，但清末政府，甚至各省的领导人，没有这样做，虽然他们中有人试了试。我们只能得出结论，中国太墨守成规，其表现是人口、产品以及交换数量的增长，而不是构成每个人生产效率的增长，可是只有这种增长，才能转换成资金投入到机械化类型的经济中去。人口和商业的增长，无非是生产更多的人口和商业,有许多事实的确证明经济生活中的私营部分是在增长,信贷系统也有一定发展,可以集中起来作投资之用,但是同时,人口越多,劳力资源越多,机器的用处就越小了。廉价的劳动或许就是对抗急剧革新的一种消极因素。在廉价的劳动力之外,还得加上一个因素,即大量实行公卖(垄断)。贪污腐化、铺张浪费——而不用于生产投资。

  如果我们拿中国和19世纪初期的欧洲比较,立刻会看出一个鲜明的对比。不错,两个地区在18世纪中人口和商业都有很快的增长。但是18世纪90年代,法国革命风起云涌,接着又是整军经武,力图革新,而中华帝国在1795—1804年间则主要陷于白莲教起义中,那一个纯粹传统的以农民为基础的起义,除了导致帝国的衰落外,别无任何新事物。同时代的欧洲又积累了产业革命的构成因素,机器大大提高了资本和劳动的生产力。有人努力寻找中国是否有一种和欧洲的"原生型工业化"相比拟的进程。但是这种调查摸索得不到事实来证实中国有相同的进程。例如一个商人仅仅把茅草屋里生产的商品"摆出来卖"的办法,同现代中国早期的新发展比起来,差得太远,无论如何,那不能必然导致经济组织向更高一阶段发展。相反,中国始终停留在现代化以前靠体力推动技术的高度劳力集中的循环反复之中。经过一定时间过程,可以想见,商业化能够导致工业化,可是中国没有这样做。

  不过,承认在19世纪四五十年代外国在不平等条约之下侵略中国以前中国商业和私营经济的增长,是一个有意义的发现。这使我们用新的眼光去看西方使中国"开放"的说法。它把外国侵略者的身材缩小到他实际的尺寸,减轻了长期以来"西方冲击"说的重量,如实地看到晚期中华帝国不是一个停滞的、而是一个动荡的社会。首要的事实是:经济的增长主要(如果不是全部)在于私营部分,政府的位置因此就比过去显得落后而且浮浅了。正如我们一贯所猜测的,中国的重心在内部,在中国人民中间,中国革命的构成因素也是在那里积累起来的。

第5章

中国社会内部的问题

经济的增长自然会带来社会和政治后果。这显然见诸失业的知识分子多了，农民移民多了，官吏贪污多了，人民中间的社会裂隙多了。

促成清政府倒台的一个因素是在19世纪初期，它没有配合人口和商业的增长适当扩充政府的机构和人员。例如政府没有增加省的科举考试及格入选名额。原来这种名额是为了维持某种地理的平衡而订的，免得让长江下游各省中举的人数比重过大——多少有些像美国众院议员须在全国各地都得到安排那样。但是才能出众、能够中举人数虽然增加了，入选名额却死不增加，使许多想参加政府的才智之士不得其门而入。于是一个结果是设法以"幕宾"、"委员"或"候补"之类名义把这类人才纳入官府，但这样做增加了攀亲结故的竞争，而不能增进行政效率。政府的组织机构，在19世纪末以前没有扩大。仕途上进的门路一被堵塞，不计其数要找事做的年轻读书人，只得在衙门口垂头丧气，徒唤奈何。因为职位已满，竞相钻营，自然造成各种贿赂贪污行径。个人之间亲近疏远，开始搅乱行政程序，并否定了儒家忠于原则的理想。个人党同伐异和恩怨的网络开始推翻了考试、租税和司法等秉公办事的制度，以致搜括成风。各省官吏通常向农民收粮敛税，就是为了完成收入定额，超额的余款归入个人私囊，官吏们心狠的就拼命榨取人民。他们横征暴敛，造成了民间的无限痛苦，终于引起造反。

商业发展并不意味农民生活有任何改善。相反，人口众多地区贫苦失业者多了，常向多山的西部和西南边远地区移民，那些地方政府官衙稀疏一些。著名而很少受到研究的白莲教起义，就是这个趋势的一个例证。中国人口的爆炸，导致农民移居到边远地区，像他们移居到满洲新开垦的地方那样。中国中部的移民到湖北、陕西和四川交界的山区会合，把中国水稻种植范围扩大到那些不大丰产的边远地区。在这一带地方发生的白莲教起义带有某些古典的特征：启发他们的原来是一个信仰西王母的佛教民间秘密会社。不过领导武装起义的头目很多（有些是妇女），派别分散，对于一个自称王母化身、能够恢复明朝天下的人不能形成统一看法。所以白莲教始终缺乏一个统一的核心领导，只是一批松散的会社。他们在自己的山村周围筑起营寨，抵御清政府收粮征税的官兵。他们的一个口号就是常说的："官逼民反。"但是白莲教似乎不是一批因反抗征收重税而起义的被压迫的农民。在某种程度上白莲教倒像是要起来取代政府，那些边远地方的官府没有尽到它们管理公共事务的正常职能，如自古以来就有的管理官仓粮廪、办理跃跃欲试的读书人的科举考试等。到1800年左右，满族的八旗队伍在一定程度上由于很多长官借军务开支贪污中饱而没有能力剿灭这些叛民。后来新的皇帝嘉庆发现满族指挥官腐败无能后，利用汉人民团接替满族旗兵作战，才结束了这一叛乱。在善观世代兴衰之迹的学者看来，清朝国运似乎已成强弩之末。

在对帝国统治机构的活动最完善的记录中，对贪污腐败的那层厚厚的外壳的描述是非常之多的。就拿那个把长江下游大米运往北京养活首都的大运河运输网来说吧。忽必烈在13世纪末期把运河北段伸延到他新建的京城北京。明清两朝一直利用它为南北商运的一大动脉,它比绕山东半岛的海路,既少暴风肆虐又免海盗的袭击,安全多了。一个由两位总督统理的庞大行政机构掌握这个"漕运",管理几千粮船每年通过运河闸门(一种中国的发明)经山东北运。30英尺长的粮船,年复一年地由10名水手摇橹拉纤,在海拔140英尺高度航行1100英里,运载40万吨大米到北京仓库。它们也还运载私人货物。

运河交通有一个问题就是必须跨过黄河。几百年间黄河防汛总监建立了一个和运河两个漕运总督衙门相匹敌的庞大官僚机构。工程人员沿河修筑堤防,耗用了国家大量银款,看上去修筑得完美无比,但只管得几年。关键就是大量国家堤防开支中饱了官吏私囊。

与此同时,运河的粮运除了一个庞大的官僚行政机构外,还拥有成千上万的船工水手。这些船工水手从他们的祖辈起,代代相传承袭职位,结果实际劳动却另外由许多非世袭的散工去做。这大帮的官员、船工、水手,靠贪污中饱,轻易赚下很多钱,绝不愿轻轻放弃。19世纪初期运河由于堤坝崩溃、河床淤塞,功效降低,于是改由绕道山东半岛海运的老想法抬头了。海运不但省钱,而且功效高。在1826年一次危机中,这种粮运实际是雇了商船经办的。但是漕运制度的既得利益者势力强大,海运的办法很快放弃了。低效能终于操了胜券。

人口膨胀,削弱了政府的能力,其危害之大,难以尽言。在经济生活中,因为劳力供应非常充分,节省劳动的办法反而不经济。如在欧洲,人们会筑起坝来截住河水,利用水力推动纺织;而在中国,劳力便宜得一钱不值，何苦去筑坝呢？肩挑背驮，只要有路就行，何必用驴车！摇橹划船，非常省事；独轮车到处可通行。无论旱地或水路，改用机械都会碰上强烈的竞争。

　　甚至于兽力都处于不利地位。人用锄头耕种还是比用兽力拖拉的办法划算。所以，在西方农民很自然地把兽力拉拽转变为自动机械拖拉，而中国依然不喜欢这样改变。结果，什么播种机、锄草机、收割机、打捆机，通通用不上。生产被牢牢地拴在筋肉动力的技艺水平上。

　　从社会上说，人口泛滥造成的毒害更为可怕，因为生活越来越变成你死我活的搏斗。慷慨好义和慈善为怀变成家庭成员无能为力之事。作为起码的生存单位，家家都得注意米坛子，有的人为了逃避租税，想方设法找富有的地主，给东家提供姑娘、仆役、打杂、护卫。自给自足的自耕农苦不堪言，时刻寻找庇护，好对付官府衙门的爪牙、大户人家的恶霸家奴以及从流离颠沛中出现的土匪。

　　随着人口的繁衍，不仅社会秩序，个人道德也日趋堕落。水旱瘟疫等自然灾害，因为受患者越来越多，情况日趋严重。人们对未来失去信心，对劳动道德没有把握。德不一定以德相报。靠投机生活的人反而过得好些。谄媚、欺骗、男盗女娼、走私偷运、暴力行凶，在争斗中各有其用。儒家的品行常常成为公开的伪装。1800年以后公众道德的败坏，首先表现在低级官僚、衙门走卒小吏和一般士兵中也吸起鸦片来，后来中国内地大种罂粟，连农民也沾染上了。

　　在很大程度上因人口激增而造成的这些弊害改变了

中国人民生活的性质,它变得粗野和令人捉摸不定。诚实的官吏在贫穷中死了,会被举为"完人",因为他们的例子太少了。同一个社会,在宋朝甚至明朝,对于品格优秀的个人会不管关系如何,便予接纳嘉许,现在变得对一切明显良好的动机人也要猜疑,害怕陌生的人,不慷慨待人。为生存而斗争意味着一切理想都像日常生活一样危险。这种对于祸福和道德捉摸不定的态度,以前也是有过的,但到了晚清,和欧洲比较起来,却成为一种更基本和系统的弱点了。

首先拿书法作例证吧。能使中国、日本、朝鲜和越南学者相互交流的汉字是一种极普通的联系渠道。说相互间听不懂话的广东人、上海人和山西商人之间,写出字来什么都明白了。最近调查表明,常用字(区别于古汉语)的识字率,大约男人为30%到45%,女人为10%到20%,和17世纪的英格兰差不多。换句话说,普通人在"够用就行"的要求下就成为"识字的人",常能用简单的文字表达自己的意思或记账。

但是,一个人是不是"文人",绝不像"怀孕与否"那么简单。够不够"文",决定它的比率数。在旧中国,真正的分界线在于古文学——不仅几千个繁复的汉字,还有许多世纪中积累下来的不同层次的词义,最后是对经典原文和评注的知识。精通这样的经典,才使一个儒生与文盲及普通识字的人区别开来,单独成为一个阶层。一个学者能进入上层阶级享有特殊身份,这一条就使他和他的同类人过起不一样的生活。将要做官的人说的是一种文雅的北京方言,即"官话",谈话中引经据典,用的词儿不但农民听不懂,即使一般识字的人都听不懂，才是一个儒生的标志。这个区别还因一个铁打不动的老传统而固定下来，就是：有学问的人不使用他们自己的四肢，甚至除写字之外连手都不用。中国文化人分成经典的读书人和半文盲两部分人，这一事实使统治阶级地位牢不可破。科举考试不过是保持并使这个大的社会分野的形式合理化的办法而已。

另一个社会分歧是在两性之间。让我们注意一下中国人把妇女束缚起来的特种发明而不要用沙文主义方式去称颂两性的区别。

中国历史有很多侧面还没有经过探索；使妇女处于屈从地位，是一个最少被研究过的事。妇女被"阳""阴"对称的原则固定在社会和宇宙秩序（它们是一个连续的统一体）中。一切明亮、温暖、积极和优越的东西都属于"阳"，而一切阴暗、冷漠、消极、女性和容让的东西都属于"阴"。这种看来像昼夜更替、日月轮转似的二元论，是一种把妇女牢牢束缚起来的现成模型。像中国其他许多成就一样，使妇女处于屈从地位是一种高明和完备的制度，而不是像原始部落的男性用臂力强迫女性生孩子那样的偶然现象。两性之间的不平等，有哲学基调作为支持，是长期社会实践的积习。妇女处于次等地位的标志是她在新婚的初夜就指望一个陌生的男人给她戳破处女膜，这是一个她从未见过面、由她的家长选择的丈夫。尽管事实不是这样严格死板，这个理论是牢不可破的。

在这种理论和风俗的复合体——中国人的世界由此获得了持久和稳定的秩序——中有一个最受到忽视的现象，就是妇女缠足制度。这个风气开始于10世纪的晚唐宫廷，渐渐传播到宋代的上层阶级中。到1368年以后的明清两代渗入到广大汉民族群众中。这个风气是如此普遍，以至于19世纪的西方观察家认为它不仅在上层阶级，而且在整个农村人口中都普遍推行。

　　缠足是作为一种文雅和上层阶级身份的标志而传播的。小脚是一种体面表现，以至于姑娘没有小脚就不能得到好的婚姻安排，而且受到公众的鄙视和讥笑。总之，缠足变成了一种"规矩"，是唯一替自己女儿着想的正当的事；一个母亲为女儿大了结婚和生活幸福应尽的义务就是这个。缠足是一种必须。只有部落民族，或者特殊人物如满洲统治者，或南方的客家汉族移民者，要不就是极少数在公众面前不出头露面的最下等人，才可以免去女儿缠足。

　　小脚叫作"金莲"，在男性热心者的诗词散文中多加歌咏。早期宋代诗人苏东坡（1036—1101）有词为证：

　　　　菩萨蛮——咏足

　　　　涂香莫惜莲承步，
　　　　长愁罗袜凌波去，
　　　　只见舞回风，
　　　　都无行处踪。

　　　　偷穿宫样稳，
　　　　并立双趺困，
　　　　纤妙说应难，
　　　　须从掌上看。

宋代哲学家强调妇女地位低微是社会秩序的一个基本因素。伟大的朱熹将中国的宇宙观以经典的文字做论述，正如和他差不多同时代的托马斯·阿奎那斯（卒于1274年）论述西方基督教世界那样。朱熹在福建任官时曾提倡缠足为保存妇女贞操之"本"，并将其定为男女间之"大别"。

　　到了明代汉族妇女绝大部分有人为的小脚，满族皇帝多次在谕示中申斥缠足恶习，但毫无效果。正如14世纪这篇歌颂缠足的艳丽诗句所显示的那样，男性欣赏玩弄这一主题的兴致依然不减：

玉楼春

心娘自小能歌舞，
举意动容皆齐楚，
紧裹金莲掩翠裙，
只怕掌中飞燕妒。

　　毫无疑问，裹足是性的物欲心理推动的。中国的色情图书中将小脚作为色情物的描写是绘形绘声的。各种方式——用手揉搓，用嘴、舌头、嘴唇玩弄——都有分类的记载。许多情节以高级色情笔调如实描绘。同时，小脚穿着绣花鞋给人的美感，是文学极力赞赏的。缠足女子迈着颤巍的步子被视为女性柔媚勾魂的特征，当然事实也是如此。事实上缠足当然是贞操的保证，因为它把妇女束缚在家里，使她们不能跑出家门。莲花式的小脚像"贞节带"一样形成以后便不能放开。只让男子身强体壮,自然是保证男性优越地位的一种很具体的方法。

虽然天足运动在19世纪90年代已经开始,但到20世纪20年代还在盛行缠足,这就生动地表明了中国现代社会革命的速度和规模。这对于美国白种男子,不像对于美国白种妇女,特别是美国黑人妇女那么容易理解,因为中国妇女在20世纪里才从千真万确的奴隶状态解放出来。

虽然缠足一事在诸多外国关于中国的书中都提过,但都不过把它看作一个奇异的细枝末节轻轻带过。我以为事实不是这样,它是一个颇为重大的色情发明,是中国社会工程学的另一种成就。使女孩子们痛苦地终生致残,只为着吸引可心的丈夫,而这些丈夫不过迷恋于一种自我满足的神话,例如说什么缠足使阴道更狭小,更紧韧一些,什么莲花式小脚是色欲敏感的焦点,是真正的性欲发挥区,女性功能在这里净增加50%,等等。性享乐专家告诉我们,天足是性感发育不全区域。不过不能不承认大脚确是有点难摆弄,不像莲花小脚容易紧紧握住,揉搓,舔,吸吮,轻轻地咬,啃。18世纪初期曾任康熙皇帝宫廷画师10年、爱说闲话的意大利天主教神父马国贤(M. Ripa)写道:"他们的嗜好偏到特别意外的程度,我认识一个医生,他和一个女人同居而从来未和她发生任何肉体关系,只是欣赏和玩弄她的小脚。"金莲把全部神经末梢紧压到一个小区里,是比——举例说——一个日本武士道者所欣赏的女人后颈更为勾魂动心。它们毕竟是人工创造出来为男子欣赏的。既然每一个正派女孩都这样做,哪一个新娘会说她的牺牲、痛苦和不方便是不值得的呢？在旧中国一个没有小脚的新嫁娘就像今天在美国一座新房子没有现代化设备一样——谁要它呢？所以在20世纪三四十年代人们还看得见妇女在田间劳动时蹬着脚后跟摇晃着走路，她们就是这一古老风俗的牺牲者。

把一个女孩的脚裹小——最好裹到三寸为止——是把四个小趾压到大脚趾下头或脚掌心，同时用力把大趾和后跟一起压紧，使其缩短，这样脚背就成弯弓形。结果最后弯弓的脚背就会破裂，脚除后跟外全不能支持任何重量。这一套程序如果小女孩从五岁开始，还不算最严酷，但是贫农家庭为了叫她们多做些家务，有时把天足留到8岁、10岁再开始裹，就更难忍受了。

> 我7岁的时候（一个妇女向普鲁伊特说），我的妈妈给我洗过脚后擦上些明矾，剪去脚指甲，然后把我的几个脚趾压到脚掌心，用一尺长二寸宽的布裹住，先裹右脚，后裹左脚。她……命令我走路，可是我一走，就痛得受不了。那天……夜晚我的脚像火烧似的痛，睡不着觉。我一哭，妈妈就打。以后几天，我老想躲藏起来，但妈妈强迫我用脚走……过了几个月，除大脚趾外，几个趾头都压在脚心上了……妈妈打开裹脚布，擦干脚上流出的脓血。她说，只有把肉去掉，我的脚才能变得娇小可爱……每两个星期给我换双新鞋，每次新鞋都比前一双旧鞋小一两分。……夏天我的脚因为脓血关系臭得要命；冬天两脚因为血液循环少，又觉得发冷……四个脚趾弯得像死毛毛虫一样，过了两年才

达到三寸的模式……我的小腿细了，两只脚背拱起，又难看又臭。

头两年过后，痛减轻了。但是把脚压缩到三寸长，只是苦恼的开端。在这之前，实在说来，那只不过最私下里的事情，需要天天留意、洗，同时总得包紧，日日夜夜别打开。趾甲没有修剪好，就会长到肉里，裹得太紧又妨碍血液循环，造成血毒或败疽症。常常按摩和用冷热水洗，可以减轻痛苦，可是不论走多点儿路都困难。脚趾下面还常生茧，要不时用刀刮。因为全身重量都压在脚后跟，它有时前倾，有时后倾，因为小脚不像天足那样有弹力，因此使人又累又不稳。

总而言之，缠足开始时是一种体面而阔绰的表现，使一个女孩在家务上用处不大，更多地靠别人帮忙。可是这个风俗一旦在民间流行起来，金莲小脚就被认为是找好丈夫的必要条件。儿女婚姻当然都是由家庭和专业的媒人安排的，这一行业把女方脚小看得比面庞或身材好看与否还要紧。当19世纪末期反对缠足运动开始时，许多做母亲的和女儿们顽固地墨守老规矩，避免出头露面，怕人看见大脚难看。两脚纤小是全家以及牺牲者本人的社会夸耀。从头到尾，你可以估算一下，在这个风俗通行全国的1000年间，至少有10亿中国女孩子惨遭缠足之痛，从而赢得夸耀和喜悦的奖赏。

关于缠足有三点值得重视：第一，它居然被人发明出来——这样一项物理、心理和社会学综合工程的绝技；第二，一旦发明出来以后，它居然广泛渗透和持久延续在通常讲究人情和实际的农民群众中间。我们现在仅是开始了解这个现象。上层阶级一种色情的奢侈习惯，居然渗透到旧中国的农民中间——对他们说来那只能降低生产力——这一事实，表明旧社会是一个十分特殊的同源体。

最后，男人笼络着妇女，使她们残伤了自己，表面上达到性的满足，实际则永远实行着男性的统治，这真是一种独出心裁的创造。新嫁娘离开她们自己的家，以最低的身份进到她们丈夫的家，做婆婆的仆役。丈夫是从未见过而由别人替她们选择的。他们可以干婚外冒险的浪漫事，并且如能办到，可另娶妻妾。但是一个妇女，只要许配给人，哪怕丈夫夭亡时还是个孩子，也要守一辈子贞节。毛泽东说，"妇女能顶半边天"，但是在旧中国，她们连抬起头来都不行。像人们今天看到的中国妇女，她们的才华，过去是没有机会成长和施展的。这使现代社会的基础非常脆弱。

这样，到19世纪中期和西方的接触越来越多的时候，中国不对头的事物，除了人口的压力和腐败之外，就很多很多了。如果4/5左右缠足的妇女自认为她们身残体弱是命该如此，那么种地的男子也就有4/5左右处于显然不平等地位。

佃农制度在中国南方天热多水、土地产量较多的地方是比较普遍的。北方农村自耕农占多数。但是不管什么地方，人口压力提高了土地价值，就使当地主成为理想的投资形式。财产的价值靠的是治安。穷人多了，就越来越容易参加阶级斗争去反对那些依靠政府维护治安的富有者。政府摇摇欲坠，叛乱接着起来，于是就有一

中国社会内部的问题   89

太平天国的创建者洪秀全,他以拜上帝教招募追随者。

个新的朝代——不管是中国的还是外国的——来恢复国家和社会的复杂的平衡关系。但是1840年以后新的思想在中国蔓延开来:首先是民族主义和平均主义。前者打击的,是外来的满族统治,后者打击的是儒家统治阶级。两者都表现在太平天国起义之中。

太平军运动在许多方面沿袭着过去农民起义的模式——它作为一个宗教会社争取了追随者,把他们组织成军队,举起一个新政权的旗帜,然后以暴力突击方式向广大地区扩大。这个模式乍看起来和此前或此后的起义很相像,但是具体人物表现不同,实际发生的事就全然不同了。首先，创建者必须靠他的人格威望集合一批忠诚的追随者。朱元璋在14世纪五六十年代正是这么一个人。以一个战士队伍的领导人出身，他打败了长江上下游的所有敌手，建立了明朝。他以南京为根据地，据有整个南方，继而将蒙古驱逐出北方，以700年前唐朝的模式建立了他的政权，一步一步成为至高无上的巨人。

太平天国的创建者是洪秀全。他宣扬的教义是他自己编的根据基督教耶稣《旧约全书》来的，他的"太平天国"在南京统治11年（1853—1864）。但是许多事一开头就注定要失败，中国社会好像是准备好了要诞生一个新的朝代，不过19世纪的外部环境，却造成了一次流产。一个新的民族生命机会失去了。

洪秀全于1843年在广州科举考试落第之后，对于满族统治中国极为愤怒，于是读了一些耶稣教传教士的经书，其中似乎解开了他早年神志不清时的幻觉：天父上帝召见了他，要他拯救人类，而耶稣是他的长兄，洪秀全本人变成了一个唯一侍奉真主上帝的战斗的福音传道人。他在1847年和一个名叫杰科克斯·罗伯茨的浸礼教会的传教士一块住了一个月，他教他怎样祈祷、宣讲、唱诗、做宗教问答、忏悔、洗礼以及其他种种耶稣教的原旨教义。洪秀全一直相信基督教的那些经文是一个叫梁发的早期广州入教者写的，他在《旧约全书》中看见一个故事，说有几个上帝选定的人在上帝帮助下起来反抗压迫。梁强调了耶和华的正义的愤怒，而不多讲基督耶稣的慈爱心，给了洪秀全在神学方面的指点。可是洪有了两个最初的信徒后就创造了一套反传统的一神论。他的这一套教义倒也形成了太平军的信仰，但外国传教士认为过于亵渎神明，不予支持，另一方面它又特别强调了"真主上帝"，同三合会等秘密会党也合作不起来。同时它又离经叛道，不能赢得士大夫的首肯，而这些人通常是建立一个新政权少不了的要素。

这个秘密教派自称"拜上帝会"，开始时在广州以西的广西山区活动，那里各地住着瑶族以及和洪秀全一样的客家汉人。他们是几百年前从华北移民过去的，还保留了北方方言和其他民族习惯，如反对缠足等。作为华南的少数民族之一来说，散居各地的客家人习性特别坚强，有干劲，惯于保卫自己。

洪秀全怎样变成半个中国的叛民之王，这是一个和拿破仑或希特勒相似的故事，其中充满罗曼蒂克的戏剧性、神秘的机遇和从来争论不休的个人与社会因素。归从他的人相信上帝命令他们推翻满族统治，在上帝的子民中间建立一个兄弟姊妹间团结友爱的新秩序。首脑部由六个积极分子所组成，他们结拜为盟兄弟，以洪秀全为长，主要的军事领袖是一个不识字的烧炭工杨秀清。他有一种本事，就是使上帝附体，并以他（上帝）的口音说话，说的时候连洪秀全都哑口无言。其他几个领袖都是文化程度很低的儒生，而不是单纯的佃农。他们从古老的经书《周礼》中学到政治军事制度。他们的运动有很高的目标，有高度的组织性，过着严酷的清教徒式生活，最初甚至男女分居。

太平军的基督教义一半是从外国借来，一半是为了适合中国人而创造的，有一全套祈祷、颂歌和礼拜仪式。他们宣扬人类都是唯一真主上帝的兄弟和姊妹。不像道教主张的消极无为或佛教的"来世"之说，耶稣教《旧约全书》则提出用击鼓吹号激励人们战斗，勇猛前进，对抗他们的压迫者。广西客家人中的真正信徒编成的队伍，是战斗中最勇敢的，他们对普通百姓关怀备至。毫不奇怪，洪秀全的教导创造出一个为战争而组织起来的新的中国人教派，它使用1800年间基督教史中行之有效的真正技术，激发每一个人的虔诚信仰并保证他（和她）言行一致。太平军的基督教是专为战斗行动而创造出来的一种东西方特异的混合体，除了100年后中国借来并加以汉化了的马克思列宁主义以外，那在中国是史无前例的。

　　洪秀全大概没有说过"星星之火可以燎原"，但是毛泽东可能从拜上帝会成功的故事中得到这个思想启发。1850年广西远离北京，很少驻扎满族军队，而同时由于英国海军巡弋，西江一带鸦片烟犯和海盗大批涌入内地，大大冲击广西。治安混乱，激起当地人民纷起自卫，民团与土匪同时蜂起，两者同样靠人民吃饭，百姓又无其他出路。拜上帝会的成员和其他民间组织一样，武装起来自卫，只不过他们是秘密活动，并有一个较远大的目的。到19世纪50年代后期，差不多两万信徒响应洪秀全号召动员起来，和朝廷派来驱散他们的军队作战。1851年1月21日，洪秀全38岁生日那天，宣布"太平天国"成立，他自己是这个新朝代的"天王"。

　　太平军富有斗争精神的信仰激发着一支所向无敌的军队，这个军队早期严格遵守道德纪律，和普通人民十分友好，并以他们的虔诚信仰吸引了大批新的依附者，吓坏了反对者。他们打出形形色色的旗帜，部分原因是为了识别各单位。太平军不再留那满清作为忠君良民象征的辫子,而蓄长发,从而被称为"长毛",那个样子比大约100年后西方反文化的学生造反派分子还吓人。

在中国,1850年到1864年这15年的内战,对生命财产造成极大的破坏。大约600座城垣易手,大屠杀常常伴随而来。19世纪60年代初期美国的内战是工业时代第一次大规模抗争,以火车轮船和瞄准的武器为要素;在中国,太平军对帝国主义的战争可算是前现代时代的最后一次这类战争。军队用腿走路,就地吃饭,没有医疗队,缺乏现代地图和电报,偶尔在攻城时用枪,常用的战术是在城底下挖个地道,埋火药爆破。在长江和大湖上有使用木船和舢板的海军,轮船几乎没有。虽然有了滑膛步枪,但拼杀还是用刀、剑、长矛、棍棒打交手仗。这就需要战斗激情,而不是技术训练。一支进攻的军队可以从征募新兵或改编俘虏来补充伤亡的兵员,但是指挥官不能总是靠着他们,更不能单靠他们杀敌制胜。皇家将领们招募了满族和蒙古世袭军人,但他们不习惯于潮湿的南方生活,而且骑兵在稻田无用武之地。战斗主要在汉人同汉人之间进行。官方报告军队两万三万,有时20万30万,叫人莫名其妙他们实际上吃的什么,走的什么路线,因为那些地方一般没有道路可走。军队总数老是讲大概数目,实际上少得多。

1851年太平军猛然北进,占领了武汉三镇,并于1853年初沿长江而下,夺取了南京,定都为"天京"。他们的战略正是一个烧炭的文盲率领一个雄心勃勃的委员会所能做到的那样,对外面的世界懵然不知,把上海让给清政府不打,也不发展任何对外关系。他们被胜利冲昏头脑，派了不适当的部队同时分兵北伐，想攻打北京，又想西征恢复华中。两路出征都失败了。指挥官多半靠自己作战，既无情报交通，又没有相互配合，只是随机应变。太平军领袖们除了聚精会神于宗教和战斗外，对经济、政治和全面规划，一无所能。

因为缺乏训练有素的行政人员，他们一般地都没有做到接收和管理农村作为人员和粮食的基地。他们攻打一个又一个城市，靠掠夺和征收的物资过活，跟皇家军队差不多。所有这些都由于他们狭隘的宗教信仰而来，可是这就使中国的士大夫阶级同他们敌对起来，本来这些士大夫阶级是能够替他们管理一个政府的，他们却没有被派上用场。结果是地方上有土地的上层人士在农村稳坐不动，没有发生社会革命。同时太平军最初的信仰和严格的军纪逐渐松弛，也使运动受到损害。

在南京城里，领袖们很快有了各自的军队、宫殿、嫔妃和拥护者。他们花去很多时间过细制定贵族等级、荣誉和礼节的制度。1860年外国传教士觐见太平天国首相时，见他头戴一顶绣金的王冠，穿着和他的军官一样的红黄色丝绸的袍子。原来平均主义只实行于士兵之间。

到1856年，最初的领导者自己毁灭了自己。当时的行政和军事统领东王杨秀清阴谋夺取天王洪秀全的王位。洪则密诏北王韦昌辉暗杀杨秀清及其部属。韦醉心权位，遭忌被杀。翼王石达开恐累及自己，脱离南京，率大军西去，留下洪一人和一些无能的亲信坐以待毙。

后来，国民党和共产党都试图从太平天国反对满清的民族主义和社会改革的活动中取得某些历史经验。太

太平天国男女过着清教徒式的生活。这是他们一同在做礼拜。

平军反对一切旧的恶习——赌博、鸦片、吸烟、偶像崇拜、通奸、娼妓、缠足，特别赋予妇女自由，她们支持甚至服务于军队，并管理宫廷事务以代替太监。但是太平新历和根据他们的教义和洪秀全著作而实行的科举考试，并不比老的好；把25户人家连成一个大户的理想，一直没有在农村实行。最后一任首相，洪秀全的侄子洪仁玕①，虽同传教士相处几年，有一套西方化的纲领，却也未能实施。同时太平天国领导的昏庸无知、排外自封，既没有经济纲领，又没有创造性地建立起自己的军事权威，导致了中国百姓惨遭涂炭，民众叛乱在中国很少有好结果。现在这次也给基督教带来一个坏名声。

---

① 原文如此。应为洪秀全族弟。——译者

洪秀全借用基督教起事，不管出了多少毛病，是1890年以前中国从西方取来的最大一项挪借。太平天国的耶稣教对于违犯"十诫"的人，处以死刑。当那个顽固不化的怪物、英国领事米多斯在1853年见到太平天国"北王"韦昌辉时，他向韦背诵"十诫"。韦吓得魂不附体，大声喊叫说："我们正是这样啊！我们正是这样啊！"

当然，耶稣教传教士们看到别人侵犯了他们孜孜不倦的专享物《圣经》时，是痛恨的。那些更抠书本的人对于洪秀全自称是耶稣的兄弟，并且把中国的家族制度塞进基督的天堂，称作上帝和耶稣的妻子，简直觉得是奇耻大辱。洪秀全假借基督教，在今天看来，无疑是把基督教变为中国文化一部分的最好机会。没有中国人自己的先知，什么外国信仰能够征服中国呢？

那些少数贸然到了南京的传教士，虽然受到客气的接待，却有个鲜明的印象，就是太平天国的基督教徒们，并不向他们请教基本的教义。太平天国的中国人都自视甚高，把自己看作"中土"之民，比别人优越，虽然对"外国兄弟"一般说还是客客气气。他们的第六"诫"："你们不应杀人、伤害人"，用中国话翻出来，是"全世界是一家，男子都是亲兄弟"。洪秀全为小孩子背诵而编写的《三字经》讲述了上帝怎样帮助摩西和以色列人的故事，以及耶稣的生活和作为救世主而死的事，还把中国古代商朝和周朝崇拜天帝之事与之并列（无意中沿用了耶稣教的说法）。但是讲到秦、汉、宋代的统治者，又说他们迷失正轨了，直到1837年他被接入天堂、受命驱逐满族魔鬼、拯救世（中国）人，才改过来。这真是一种文化上的种族杂拌学说,但是对于外国传教士说来,很少人听得进去。所以他们失掉一次机会。同时,天主教的法国反对太平天国的耶稣教,认为它是马丁·路德放出的魔鬼又一次露头了。

太平天国像迦太基一样在历史中消失了——只是留下个名字而已。现有的记载都是有偏见的,因为帝国主义毁灭了所有太平天国时的文献,除了主要为外国人保留的外(有些是20世纪在法国和英国图书馆里找到的)。太平天国到最后几年出现了有才干的领袖,但为时太晚,一个这么多人为之奋斗而牺牲了生命的事业,必然有很多贡献,但也只是和满族统治下衰老的秩序比较而言。

对于错误领导下的太平天国运动的镇压,完全取决于满清帝国方面能否通力合作,这也不是一件容易的任务。但是,尽管差不多每个省都被太平军侵入过,据守过,而清廷方面仍在若干地方保守州县官僚机构收税甚至上缴税款。对于省内过境贸易,还征收了一种新税——厘金。鸦片生意自1858年英国要求合法化以后,也征税了。

经过动乱频仍的10年,清廷国库空虚,朝政危殆,1860年一个新的儿皇帝(同治)登基,1861年北京终于发生了一次政变。简言之,1856年以来和英法作战毫无战绩的死硬的排外派,被一个新的满族领导所取代了。新政府采取了一个两面政策:对外,接受不平等条约制度以绥靖外国列强,对内则给予汉人以统率权,借以击败叛乱。这就开始了清朝的"中兴"。

战败太平军的新统帅是一个湖南出身的儒家学者曾

国藩。他真正靠孔子经典起家，并且实行得很有成效。1852年，他奉旨在家乡创办民团，曾对太平军的异端做法极为愤慨，自己搞团练自卫。他按照传统，召集了一批性格相似的指挥官。这些人不仅忠于他本人，同时也挑选了他们手下的军长，这些人再一个一个地征募士兵，这样建立起一个官兵之间互相熟悉、互相支持、一心作战的网络。它是一种将符合身份地位、活跃家族制度、互相承担责任的原则应用于军队的办法，结果证明行之有效。士兵从合适的家庭中选拔出来，待遇好，训练严。

曾国藩在长江上建立起内陆海军，创办兵工厂，经营各种后勤。太平军中南方来的客家战士战斗意志开始疲敝，曾国藩的水师则打起胜仗来。原来对汉人怀疑的满族人，不得不冒风险信任汉人会忠于旧秩序。曾国藩能够把他的副将们当作省督使用，动员他们在华中一带协同作战。他巧妙地诱使太平军从长江上游下来，在两湖首府武昌作战。武昌曾六次易手。然后他又诱使太平军从长江下游移师西上。这时英法两国于1860年派兵进攻了北京，迫使中国签订不平等条约后，终于放弃中立，帮助满清政府守住上海、宁波地区。

镇压是一件血腥的勾当，对于战俘，没有东西给他们吃，更谈不到使用他们。长江重镇安庆被围困一年以后，太平军终于投降。接受投降的指挥官在日记上写道：他请示了他的长官曾国荃（曾国藩的兄弟），曾说：" '凶狠的叛兵太多了！我们怎么处理他们呀？'我答道：'最好是屠杀。'曾说：'就是屠杀也须想个什么办法。'我回答说：'营房门慢慢地打开，叫叛匪一次进来10个，这样半天都可以杀完。'曾说:'这个,我实在不忍心,可是你就这么办吧。'我就做了准备。从早7时到晚7时,一万多叛兵都被杀死了。然后我去汇报了。"(当然,"一万"表示很多很多。即使以令人难以相信的速率,一分钟杀死10个叛兵,而且只能用手,没有现代化的机关枪之类,12个小时内也只能杀死7200人。)当曾国荃写信报告担任总司令的曾国藩表示懊悔时,曾国藩这个典型的儒家完人回信道:"你统军打仗,杀贼是你的使命,杀多了有何懊悔?"

这种情景在当时是经常发生的事,因而估计太平天国战争期间中国人口减少2000万是不过分的。洪秀全病死后不久,天国败亡,南京陷落。遭受大肆掳掠之后,长江下游各省经过30年之久才复苏。

太平天国起义只是那个时期最大、最著名的反叛运动。厦门和上海也有秘密会社,另外还有攻击广州的事,所谓捻匪在北方造成恐怖,云南、陕西、甘肃的回族汉人纷纷揭竿而起,贵州则有苗族人起义。千百万无辜人民惨遭杀戮,战火蔓延至不可收拾。人们估计,1850年中国人口约为4.1亿,在太平天国起义,捻军、回民和其他小的叛乱之后,到1873年大约减少到3.5亿。

这样,西方炮舰对中国的侵扰,甚至于1860年英法联军攻占北京,和19世纪中期席卷主要各省的战乱比较起来,不过是短暂、小规模的和次等的灾害而已。在中国新的通商口岸获取了特殊权益的欧洲人和美洲人只处于这个社会大混乱的边缘,而不是它的创造者;对某些中国人说,它们代表一种新秩序和新机会,但对大多数人说，它们是不重要的。

太平军没有能使中国按照他们的古怪方式基督教化，这一点不应使我们同意那种陈腐的老生常谈，以为中国人从来不能接受外国宗教。事实远非如此。佛教在公元一二世纪初期征服中国和基督教在西方的崛起，是同一个时期的事。两者都同样被说成是"野蛮和宗教"的结合（用E.吉本的话说），它们分别取代了汉朝和早期的罗马帝国。佛教在中国的历史，自4世纪中叶至8世纪末，经历了佛教在宫廷享有尊崇地位和印度佛教经义得到普遍的汉化，以致形成独特的中国佛教的过程。在这个过程中佛教繁衍成五六种中国的宗派，同时还出现了大批寺院，这些寺院很快变成大土地所有者并且成为中国国家财政管理上的一大棘手问题。可是当欧洲分裂为新的民族如法兰西、西班牙、英格兰时，在中国，唐朝（618—907）却重新建立了一个统一的帝国，它的官僚机构不久就把整个佛教，包括它的人员和财源掌管起来。

基督教对现代中国的冲击，还可以拿另外一件事来比较，就是中国对伊斯兰教的吸收。伊斯兰教最初是经过海上传到唐朝和宋朝的南方口岸的，福建的泉州就是阿拉伯的宰屯。泉州和广州都有阿拉伯人商民聚居区和他们的礼拜寺，这是7世纪及其以后大批伊斯兰教徒向各地移居的一种结果。反之，基督教最初是经由陆路、以一种叫作"景教"的异端教派形式进入中国的。这事在1253—1255年天主教方济各修道士鲁布洛克到达成吉思汗宫廷以前，就在蒙古人中传播开来了。当然，在那以前，伊斯兰教已经立足于中亚细亚，并在蒙古人生活中起着一定作用。到了元朝，成队的伊斯兰商人经营公卖的货物贩卖给中国的蒙古首领。基督教到16世纪才从海上来到中国。

由于伊斯兰教从亚洲西部沿着通商路线进入中国，它在中国的西北甘肃和陕西农民中首先落脚。据估计，它随着蒙古人侵入中国的西南地区迂迴到南宋的左翼，扩展到云南和贵州。伊斯兰教各宗派间的关系，常和欧洲的天主教与耶稣教间的关系一样紧张激烈。伊斯兰教修正主义好像18世纪上半期美洲的第二次"大觉醒"运动一样（那次运动把耶稣教传教士赶出大西洋共同体之外），在性质上是极端原教旨主义；他们的领导人常常是《可兰经》的真正信仰者。这些人已经朝拜过麦加，认为自己是被真主召唤来肃清信徒中所有腐败自私自利者的。例如那克什班第亚教派在19世纪初期挑起对喀什与和阗的神圣战争，就是如此。

相比之下，19世纪50年代太平军创造了一个被歪曲的耶稣会，不久就被消灭了；而随后70、80年代的穆斯林叛乱却基于中国人民根深蒂固的宗教信仰。

用中国人的眼光看，大概基督教和伊斯兰教的最大差异在于：早期从西亚传来的商业和科学风气对于儒家帝国建立已久的秩序威胁很小，而19世纪的基督教却是欧洲现代工业和军事力量的组成部分。中国统治阶级感到直接受了威胁，因而排斥了这个外来的宗教。这样，把基督教带到中国去的西方扩张本身，使它在那里不受欢迎。

关于中国的传统看法也改变了。过去的看法是：英国在1839—1842年鸦片战争中的胜利打开了太平天国之类的灾难道路，从而开始了中国现代史；而太平天国是欧洲的卡尔·马克思一代人所听到的鸦片战争之外第二件大事。现在的看法就不同了：国内的发展已使老的帝国秩序分崩离析；新的社会力量脱颖而出并终将使中国的生活革命化。

　　西方基督教的影响经过太平天国运动，在中国狂热的叛乱者手中变成一幅讽刺画。如果在通商口岸开放后西方通过正统的商业渠道对中国施加商业影响，结果就会不同了。

第6章

西方的入侵

在第5章中，我们注意到中华帝国政府的原有机构怎样变得不能适应它的需要，如满洲八旗制度，食盐公卖，大运河漕运，黄河防汛，科举考试等，都出现紧张情势。在清朝对外关系的进贡制度上尤其是如此。

在掌握政权的人看来，中国的大革命开始于19世纪50年代。中国在世界上的位置好像突然从里面翻转到外面来了。2000年来，帝国的重大安全问题都在亚洲内陆的边境——怎样对付长城以外干燥草原上一跃而起的部落骑兵的打击力量。对于那些部落民族来说，中国的劳动密集型农业从来是无法替代游牧狩猎经济的。不管什么时候，只要这些部落有一个伟大领袖，如13世纪初的成吉思汗把他们动员起来，中国就麻烦了。北京的每一个政治家都知道来自亚洲内陆种种威胁的历史故事，许多中国的战略家都曾为此筹谋对策。

但是到19世纪30年代，情况倒转了。250年来，从海上来的欧洲人购买中国特产的手工产品，特别是丝绸、茶叶，还有瓷器、漆器，景泰蓝和各种各样的古玩。与欧洲进行的这种贸易往来一直平安无事，不过一向不容易达到平衡。耶稣教传教士来了不少，但他们并非从事进出口贸易。不管怎样，到了18世纪中叶，他们来中国的必要性已降低到零。对英国的输出靠进口卖不出去的毛呢、印度棉花和硬币来平衡。不过，到30年代印度的鸦片烟很快成为主要进口货。这个东西麻醉了不少人，又使许多人成为它的奴隶，有如现时畅销的大麻或海洛因。更坏的是，英国官员第一次在广州登台露面，就要求承认他们是外交官，代表一个主权国家和天子平起平坐。最糟的是：除了这种放肆态度之外，他们又拿优良的海军大炮进行威胁。向来只面对亚洲内陆的中国战略处境，突然转了一个身。外来的威胁现在呈现在帝国的另一侧面——东南沿海。这就好比北大西洋公约组织和五角大楼不得不在一夜之间把瞄准点从对准莫斯科变为对准火地岛和开普敦——人们从未考虑过会有什么危险从那里来。

鸦片战争的发生意味着中国拒绝在外交平等和对等贸易的基础上参加国际大家庭，结果导致英国使用了武力。英国的胜利把中国皇帝的国际地位整个颠倒了，他从一个文明顶端的宇宙统治者，降为一个半殖民地不合时宜的人物。

在制定有关海洋问题的政策方面，北京处于不利地位，因为它没有先例可以参照。从前有关海上安全方面的问题是属于省政府一级处理的事务，多数只限于剿灭海盗之类的事。过去的先例包括16世纪从九州（当时还不是日本中央政府所管辖）来的日本海盗袭扰长江下游和浙江沿海，其中有很多中国沿海的海盗。这些袭扰属于地方警备的问题，与国家间的关系无关。明朝援助朝鲜反对16世纪90年代日本丰臣秀吉的侵略，那是借口支援一个向中国纳贡的邻邦。那次行动消耗了明朝廷，而没有了结与日本的争执。1601年以后，德川家康统一日本并采取了闭关锁国政策。中国和长崎之间继续贸易，但不属于国家与国家间的关系。1644年满族征服中国后，中国反满的领袖郑成功父子据守台湾至1869年，但这仍是一个边疆问题。清政府的政策是封锁边境，疏散沿海人口，禁止对外贸易，使异己分子无法取得食物。与此同时，荷兰人却被认作进贡的商人受到接待。所以广州的贸易还保留在消极的、防御性的纳贡结构之内。

　　清朝处理国家对国家的外交关系，唯一的经验是和俄国的往来。这种往来不但在亚洲内陆边境进行，而且在北京进行。和俄罗斯的关系200年间一直局限于纳贡体制内，但在清朝档案中，有关中俄关系的记载要比广州地方同英国和其他海上强国交往的记载多得多。俄罗斯在清朝全盘战略中的亚洲内陆地位十分重要，英国则不然。

　　满清的对外政策和满洲人本身一样，很少被人研究过，但事实上这是个很生动、有趣的题材。清政府从未忘记它自身对中国的征服，因此总是瞪大眼睛注视着边境外的对手。19世纪30年代，道光皇帝面临的主要边境问题不在广州，而在亚洲内陆，特别是在中国历史中记载很多的西域地区。一个世纪又一个世纪，它是帝国政策的主要焦点，比朝鲜和越南都重要。北京的战略家们自然把脸朝西，而置海洋于背后和脑后、眼后。除了沿海的盗贼外，海洋没有出过什么问题。

　　同亚洲内陆的关系自然首先从蒙古人开始。明朝推翻元朝统治后，按照自己的需要把蒙古部落划分为盟，重新厘定它们的边界，给他们的亲王以至高荣誉并严加监督，密切注意。伟大的康熙曾于1687年对蒙古亲王们说："你们一向对我尊敬、崇拜、听话，像对父亲一样……你们今后只需仰望皇帝以同等的慈爱对待一切人。"

　　到了1839年，关于以父亲的慈爱统治子民为核心的孔教学说，曾被文人歌颂得天花乱坠，就是天主教教皇听了都会感到嫉妒。下面是清代地理学家李兆洛（1769—1841）描写皇帝对待蒙古人时的情景：

> 他晓喻他们像天和地的关系一样，他抚爱他们像父母一样，他像日月一样照亮他们，他像雷电一样震惊他们。当他们饥饿时，他供养他们。当他们遇到困难时，他拯救他们。他估量了他们的能力，任以官职。他按照他们的等级和土地区别对待他们……他教他们识字和修养。他用规章制度扩展对他们的管理。天子从一个平民的小小一块土地上，分文不取……他改进他们的教育，而不改变他们的习俗。他规定他们的整体，而不改变他们的价值。……如果他们造反，皇帝使他们就范。如果他们潜逃，他宽恕他们。如果他们回来投诚，他不追究既往。

唯一的麻烦是西域在19世纪30年代离蒙古很远，不大听从孔夫子关于恩惠和报答的道理，倒更倾向于伊斯兰教的激情。他们不久以前才被征服，对于它的新的满族统治者，就像刚被征服的印度对待喀喇昆仑山那边的英帝国主义者的态度一样。在英国越过大海到印度寻找财富的几十年间，满族人则在亚洲内陆为保卫中国而进行征战，这就是为什么这个地区在北京眼中如此值得重视的原因。

英国把对中国的贸易看作其对印度贸易的延长——这一点我们早已知道了。但是如果要想了解中国方面怎样看待中国现代史，我们必须把我们自己放在道光皇帝的位置上。他从北京看广州边境的欧洲人，从战略上讲和看待在中国西部边境的喀什地区同中国做生意的同样洋里洋气的穆斯林是一样的。但是英属东印度公司多容易对付呀！道光知道那些计算得很精明的商人，只要一禁止他们做生意，他们就没有办法了（因为他经常得到的报告，都说他们"唯利是视"）。而穆斯林则不然，你如果伤害他们的宗教，他们就会变成桀骜不驯的人。事实上如果道光和他的同时代人W. 本迪克公爵（1828—1835年曾任英国驻印总督）交谈过，他们对于统治穆斯林问题会有共同的迷惘感觉。

满清驻西域督办面临的第一个问题是距离。东南面隔着西藏，东北面隔着蒙古，这个地区又被天山从中间分成两块。再往北去是伊犁河谷草原，那里至今被称为中国的"远西部"——正像美国西部一样，有的是牧牛童、大草原和部落居民，其中有些是相互有远亲关系的美洲印第安人——那里离北京3300英里远，用骆驼队跋涉山川沙漠，才能接近常年积雪的高山。若用美国过去的快马邮驿，回到东方来要六个星期。

在另一方面，那里可远远不是一个没人知道的新边境。早在罗马共和国以后，中国军队就曾越过沙漠到达亚洲内陆。中华帝国在汉唐强盛时期已看到西域是一个重要的军事侧翼，从那里可以利用蒙古迤西草原地带的各部落作为杠杆，通过天山北路进入"西域诸国的门户"伊犁。13世纪成吉思汗创建帝国时，这个地区曾经是他们的交通控制区（察合台汗国），后来满族视之为控制西蒙古人的关键地区。事实上满清王朝在18世纪中叶的一次大战绩就是18世纪50年代远征伊犁，从而保证了中国西域的稳定。伊犁曾有13000名满清驻军。

天山以南是塔里木盆地,因有塔里木河故名。这里的居民多散住在山麓与沙漠以及山上流下的雪水还没有渗入沙漠而留下来的水草地之间。每一片水草地养活着一个个通往中国、印度和西亚的商业路线上的城市。吐鲁番、喀拉沙赫尔、库车、阿克苏、喀什噶尔、叶尔羌、和阗和一些其他古代中心形成了天山、帕米尔和昆仑山脉弧形中塔里木河盆地的一串项链。通常这里就叫作喀什地区。汉代中国丝绸运到罗马,以及中世纪旅行家马可·波罗父子叔侄慢慢走到忽必烈的夏都,都是走的这条水草地路线。

19世纪30年代,中国对于这个广袤干旱地区各种不同的经济和社会,已经建立了一个政治军事控制的网络。这些水草地只有大约30万居民,驻军不多,免得他们供应困难。这里的民族有乌兹别克、哥萨克、吉尔吉斯。他们受土耳其、伊朗文明的影响,信仰伊斯兰教。他们代表中东广大穆斯林文化向东方的延伸,在宗教狂热方面和中国人民之间隔阂极大。

中国在纪元第一个一千年间,已把来自印度的佛教加以汉化了。中国在中世纪,然而又在17世纪,接受了基督教传教士的一些东西,在19和20世纪也要这样做。但是伊斯兰教以其独特性吸引了西北和西南地区大批居民相信它。一心朝拜麦加的中国穆斯林,并没有融合到儒家帝国中。怎样对待中亚细亚非汉人中战斗性强的外来信仰,是一个真正的挑战。

我们知道满清是通过它委派的地方官统治他们的。但是管理西域时,这些穆斯林地方官把一切法律案件都交由伊斯兰宗教组织按伊斯兰法律办理。居民一般用的是伊斯兰日历，他们的宗教、教育和文化生活都由在教的领袖掌握。北京的清朝政府只收税——特别是商业税——和维持治安。但是他们的传统儒教并不能融合他们，而只能有时候容忍伊斯兰自给自足、一应俱全的秩序——伊斯兰是国家中的国家。所以宗教的起义是满清的主要问题。

伊斯兰教的先知穆罕默德或其他早期领袖的后裔家族，在人民中有很大影响。其中一个家族在17世纪50年代满族进占中国以前就有一个时期统治过西域，后来被驱逐到帕米尔高原的浩罕一带。这个家族的一个后裔张格尔在道光登基后不久就出了问题。

张格尔反对满清的圣战是由宗教信仰与商务两方面的原因的。简言之，由喀什噶尔往西的贸易原来都由浩罕商人掌握，浩罕领袖向清廷纳贡。这种办法早已成为中国边境周围地区为便利对外贸易而实行的常规。中国统治者告知那些渴望做生意的外国首领，他们要想同中国做买卖，可派使者到北京来磕头就行了，就是这么简单，不纳贡就不贸易。

因此浩罕也称臣纳贡并曾经将张格尔扣押起来。清廷每年给以大批赏赐，作为他们效忠的回报。但是浩罕的商人在喀什噶尔这个主要商场的势力越来越大，他们就要求更多的特惠待遇，譬如降低他们商业的捐税，委任他们的人做浩罕人在喀什噶尔经商者的监督人。他们要求随着商业而挂起旗帜来，很有点像后来英国人在广州要求的那样。

当清廷于1817年拒绝这些要求后，浩罕就释放了野心勃勃的张格尔。张立即宣布圣战，要夺回喀什噶尔。经过许多混战之后，张于1826年大举侵占了中国的西域，造成很大破坏。清廷派了一支22000人的远征军前往救援，经过一个又一个水草地，终于在1827年收复喀什噶尔。这个远征军的指挥官之一是贵州人杨芳（1770—1846）。他15岁从军，在镇压1801—1804年的白莲教和1813年三合会的起义中功勋卓著，被封为侯爵和三省总督。通过各种阴谋诡计、贿赂收买，张格尔被部下出卖，被杨芳俘获，1828年被押解至北京。道光皇帝把他先祭于太庙，然后按他的叛乱罪状处以分尸死罪。

  清廷在武力敉平叛乱之后，迫令浩罕放弃他们的特殊权益要求，禁止他们在西域的一切贸易，并没收了他们的茶叶和大黄药材。可是1830年浩罕再次入侵西域，实行报复。清军予以抵抗，例如，代表清军的蒙古军官毕昌在叶尔羌击退浩罕四次攻击。但是浩罕的商业实力和军事骚扰仍不容忽视，清廷终于和浩罕谈判，于1835年达成协议，规定：(1)浩罕在喀什噶尔派驻一个代表，另在下面的五个城市里派有商务代理人；(2)这些官员对于该地方的外国人（其中多半是浩罕来的）有领事、司法和警察权力；(3)他们有权向这些外国人征收货物税。此外，清政府还赔偿一切没收之物。

  道光应付英国问题，就是以他处理西域这些伊斯兰边境军队和商人的经验为背景的。在1839年和英国发生鸦片战争后，满清在上次边境战争中的胜利者想用同一办法对付新的问题，道光又派杨芳去保卫广州。杨那时已70岁，耳朵相当聋了，他没有办法击溃英国炮艇。

一群人聚在一起吸食鸦片。鸦片已成了强烈的毒剂。

他们把1830年在叶尔羌打过防御战的蒙古将军毕昌所写的书拿来研读,而且把毕昌本人于1843年调到南京,任打开上海和外国贸易之职务。

清政府在1834—1842年间的对英政策要根据它在1826—1835年中亚细亚商业边境的经验来制定,这是非常自然的。西方对于这个事实的无知,强化了已经够严重的"中国独一无二论",现在这种谬见可以不攻自破了。对于道光和他的朝廷来说,1835年关于西域同浩罕的协议,是一种驯服蛮族的操演,就是拿地方性的商业让步换来一个稳定的边境。1842—1843年同英国订立的鸦片战争的协议,与此是很相似的,就是试图把在亚洲内陆取得的某些经验教训,应用到华南沿海。

西方的入侵　113

道光皇帝的大臣林则徐，他主持了禁烟活动，是最好的官吏典型。

这种关于"中国的开放"看法，在西方自由主义者和革命的马克思列宁主义者的通常思想中，都是想当然的。这两种对鸦片战争的看法都强调工业化英国的扩张。他们指出大致从1760年到1834年之间欧洲贸易在广州的增长，特别是英国人对中国茶叶的渴求。为支付茶叶货款，必须向自给自足的中国售出一些东西。除了白银和印度棉花之外，在1800年以后，唯有鸦片的需要正在不断增长。

最初吸鸦片实际和吸烟叶一样,即将烟叶切成碎片浸在鸦片泡的水里,干了后放在烟斗里燃吸。那种烟只不过含0.2%的吗啡,颇为温和。但到18世纪末期,吸鸦片的人开始把纯鸦片烟膏捏成一个个小球放在烟枪中对着火焰边烧边吸那带水的鸦片蒸气,含量大约有9%到10%的吗啡,即强烈的毒剂。进口的鸦片——主要由英属印度政府官方生产——在1820年以后飞速增长起来。英美船只按照他们自己的法律将鸦片合法地运到中国海岸,然后由中国走私商违反中国法律贩往中国内地。他们是贿赂了地方官吏、甚至送了大量银钱给皇亲国戚的半秘密的走私网的一部分(鸦片生意不像后来的香烟业那样,无须登广告)。

道光皇帝的禁烟令行之无效,直到后来连官僚阶层,甚至宫廷的太监都吸烟成瘾。军队中也染上了,结果有些已不能值勤。到1836年,鸦片进口造成大量白银外流,中国发生财政危机,以银子计算的租税要用不那么贵重的民间通货——铜板——来支付。这些政治和经济的考虑,一旦加在皇帝的道德义务上,就启动了反对鸦片的运动,而林则徐则成为它的最正义的卫护者。

林则徐是最好的官吏典型,忠诚而有原则,但是他对中国以外的世界懵然不知。他作为一个"能干"的行政官已有显赫的声望。当道光于1839年派他到广州禁绝烟祸时,他即以一个打击外国威胁的中国爱国者的身份而载入世界史册。他迫令广州的英商交出所有鸦片存货后,亲自监督那些鸦片当众掺进石灰,然后在1839年6月打开船舱,全部倒在海里。当时有一位外国观察家、第一个派到中国的美国传教士、出身于马萨诸塞州贝尔柴顿的裨治文提出警告说,英国会报复。但林则徐回答道:"我们不怕打仗,我们不怕打仗。"战事打起来时,道光最初是支持他的。

大家都认为1839—1842年的鸦片战争是一次典型的非正义战争。鸦片必须出售给中国以平衡广州的茶叶运到伦敦、伦敦的货物和资本投向印度这样的三角贸易。以怡和洋行老板查顿(W. Jardine)为首的英国对华主要鸦片商人,协助当时英国外相巴麦尊(帕默斯顿)措置军备、规划战略,把船只以至于领航员和翻译都提供给英国舰队,并以自己继续不断贩卖鸦片积累的白银作为英国远征和在中国开支之用。所以,这是地地道道用鸦片染成的战争,尽管根本问题是北京愿不愿意和英国订立平等国家关系的问题。道光拒绝放弃祖传的优越地位,结果背上了不平等条约的包袱。

这幅图景究竟错在什么地方呢?无非是多少有些内疚的自由派(他们直到1917年才结束印度的鸦片生意)或马克思主义者(他们不能不正视鸦片的分销者是中国境内的中国人,而且不久后变成了鸦片的主要生产者这个事实)的反思。对关心道光和他的大臣们当时实际怎样想的那些历史学家说来,这幅图景则稍有不同。清廷在中英沿海交战后所做出的让步,同几年前在中亚细亚向好战的浩罕所做的让步非常相似。

正像卓越的中亚细亚学学者、已故的约瑟夫·弗莱彻所指出的,英中南京条约以及后来其他条约所包含的条款如:(1)治外法权(外国领事对外侨的司法权),一种中国老做法的升级;(2)赔款;(3)低关税以及与外国收税人保持接触;(4)最惠国条款(中国对外人"一视同仁"的表现);(5)与外来者自由贸易,无垄断专卖(在喀什噶尔行之已久)——所有这一切都是以1835年清廷与浩罕所达成的协议为先例的。此外,指定贸易地点(通商口岸)是中国老早就有的边贸习俗;免除磕头的平等关系,也是在离中国内地遥远的浩罕和中俄边境同样实行过的。

满清的政治方针在东西两面边境是一致的,但是有两个重大区别:第一,英国、美国和法国是从另外一个世界扩张而来的海上列强,它们醉心于海上霸权、暴力、法律和条约权利,而且对它们来说,1842—1844年的第一次条约协议,仅是侵略的开始。帝国主义随后便接踵而至。第二,清朝为稳定远在中亚细亚的浩罕一喀什噶尔关系而作的让步,虽有损于清朝的威望,但只施之于中国本土。而满族自进北京接收政权后,继承了中国的中央优越感传统。无论谁在那里统治,作为天子就有接受外来者朝贡的天职。所以不平等条约是一种随着时间流逝而日益增大的失败。清廷的失败使满族威信扫地,也引起内地士大夫的批评,从而导致汉民族意识的觉醒。归根到底,满族统治者不得不使中国人民接受鸦片灾害,是把他们的王朝利益放在第一位的。

满清的现实主义—机会主义方针,从道光皇帝对爱国总督林则徐的态度上表现得特别显著。开始时他支持林禁烟,后来看到战争结果徒然造成英国胜利,不但自己毫无所获,反致英舰队迫近天津,于是道光改弦易辙,谴责并罢黜了林则徐,另派可信任的满族大员前往谈判议和以息英方之怒。新派去的钦差大臣琦善为阻止英方再度攻打广州，先将香港割让给英国（清廷认为琦善擅自丧权，又将其撤职，递解回京并没收他的私产），后又改派满族大臣耆英，不仅与英国议和，并于1844年与美法订立条约。

耆英主持和西方关系六年（1842—1848）间，采取一种着重个人友谊的政策，变成了一个驯蛮子专家。归根到底，英国在印度的统治，也和满族在中国的统治一样是历史的伟绩。耆英不轻露笑容，而英国公使璞鼎查爵士则以长期驻印而著名，他们是能够彼此了解的。据说他"熟悉土邦宫廷的一切诡计狡骗，绝不上当受骗"。即使如此，他对耆英也不胜惊异。耆英像对待一个蛮子老弟似的对待他。他和这位英国钦差通信中故意用汉语音译英文"intimate"（亲密的），把它写成"因地密特朋友"。他于1843年6月以钦差大臣身份乘英国炮艇前往英国的新殖民地香港。他拥抱着璞鼎查，"表现出一个老朋友为我们再一次会见而激动得无以复加的热情"。耆英在香港盘桓了五天，四处看看各种设施，然后交换南京条约的批准换文，在宴会上猜拳，还唱了几句京戏。璞鼎查在印度过了30年，没有遇到过这样的场面。耆英说他自己没有儿子，想认璞鼎查的儿子做他的干儿子。他还说服璞鼎查和他交换各自妻子的相片。他向道光解释说："英夷重女而轻男。"

1844年耆英安抚西方侵略者的工作达到成功的顶点时，曾向皇帝报告他所使用的方法："我们一定要以诚挖制他们，但更重要的是用巧妙的方法控制他们……对于这一类连称呼和礼节都茫然无知的化外之民，以空泛的名义和没有实质结果的方式敷衍他们，在制服和安抚他们的重大事务中是无益的。"

道光谕示说："唯有照此办理。"可是过了14年，当1858年谈判天津条约耆英再度出现时，英国翻译把在广州从他的档案中搜查出来的他的上述奏折当众念给他听，让这个老头大为丢脸。皇帝送给他一条绸带子，叫他自缢而死。在不同的文化关系中打先锋，从来是危险行当。

回过头看，禁烟主要是中国、也是满族为了拯救人民的一种政策，但当事实证明英国不可战胜时，绥靖政策便成为满族拯救王朝自身所必需的了。从这时起，满族对中国的控制开始松弛下来，虽然他们还极力争取外国的支持，苟延残喘到1911年。在此期间，英印和中国的鸦片贩子得其所哉，大发其财，两方面的行政官吏也都为财源畅通而谢天谢地。

你在中国做生意，又不会说中国话，不懂它的货币，怎么办呢？当然只有像所有进入中国生活边缘的外国人一样，去找当地帮忙的人。

最初在广州出现的买办是一些替东印度人购买船舶的小代理人。替东印度船队进行大批丝绸和茶叶买卖的是经过特许的所谓"行"商。但是到1834年，随着外国私人商店像雨后春笋一样发展起来，他们就不得不和公会、商会、银号以及一般商务制度打交道了。外商雇用的中间人叫作买办，可是他们现在经办的是在华外商的各方面事务，实际上已变成他们不可缺少的中国伙伴。按照合同，他们当然是西方征服者的下属。他们不属于同一个俱乐部。上海俱乐部（号称"全世界最长的酒吧")的外国会员如果知道中国商会的豪华生活,他们会感到吃惊的。买办们凭他们同外国人的关系和保护,变成了中国第一批现代经营家。他们投资到通商口岸的各种新兴事业,有时候比他们的外国老板还要阔绰得多。

在新开的商埠(如广州、厦门、福州、宁波、上海),外国商人面对着许多苦恼问题。条约试图把按商业法组织起来的自由企业嫁接到中国原有的经济上去,而后者是由沿袭寻常程序的在官方登记注册的商户组成的。

例如,在外国人眼中,通商口岸的商业出现在昏暗的中国不过是文明的使女,开始时似乎对中国国内经济无足轻重。当然,19世纪的外国人无法知道中国商业化的程度。1864年以后,中国海关统计主要涉及对外贸易,只有从观察家观点看,才涉及土产贸易和木划子贸易。负责管理早期条约体制的英国行政官员极力鼓吹当时盛行于英国的自由贸易。他们主张发给外国商人一种过境证,让他们除了付海关税外到内地去不必再交税。同样,一个外商在某一口岸没有卖出他的货物,可以退回税款,把这批货运到另一个口岸去卖,不再加付关税。这种为方便外商进入中国市场的特惠办法,几乎立刻被中国人利用了去。中国人不仅大量投资到外国商行(例如罗素轮船公司,它的1/3资本是中国人的),他们还开设冒牌洋行,就是利用商埠中某些洋行的外国"小开"出面领取过境许可证,实际运的是中国货。虽然上海俱乐部里英美老手对此中真相模模糊糊知道一些,但他们在中华帝国商业中的确已被广泛利用了。

需要指出的是：西方意义上的中国商业生活现代化之所以姗姗来迟，至少部分地是因为它已经在商业生活中有着相当大的适应性，正像科举考试制度和政府的官僚制度之间已有相当好的契合，以致可以避开或缓期进行"现代化"一样。我们只能再一次断言：中国之所以如此"落后"，是因为她太先进了。

过去人们通常认为中国官僚国家不关心甚至敌视商业，这种看法此时已得到重大修正。在19世纪，中国官方已作出努力来方便商业，原因很简单，这可以给他们增加收入。有一种估算是，1753年国库收入的74%来自田赋，而1908年田赋只占35%。这再一次告诉我们：因袭下来的旧观念一经修正，就可以使我们看到，中国对于19世纪的商业化采取了一种比较现实的态度。

英国领事们一到通商口岸（商埠），就在实施"过境税"问题上和中国官吏们发生冲突。"过境税"是一种对过境货物课以少量税款的应用广泛而复杂的制度。隶属于户部和工部之下的海关行政，在全帝国的重要商业点设有29个分支机构，每一分支机构每年规定一定数额的税款交给北京，总数为430万两——一个不小的数目。每一个分支机构在商运路线上还设有征收点，它们在一个中心地点，如杭州、南京和其他长江口岸汇集，这些口岸后来大多变成通商口岸。1854年中国海关成立以后，原有的清朝制度，外国人称为"当地税关"（1901年后统归海关税务司管，因为它们的税收被作为庚子赔款用）。但是在19世纪中叶以前，"当地税关"是一个由北京掌管的行政机构，专门征收货物和船舶运转的税收，后来又叫"土海关"。海关税务司经管中国的外贸税收，但是内地商务和对外贸易的关系，自19世纪40年代条约签订以后就成了问题。当外国船进入中国口岸贸易时，那些船上的人多半是中国商人。一般的处理原则是按"土海关"办法征税。但是中外商人在货主问题上伙同起来捣鬼，把事情很快复杂化起来。有关的中国官吏非常关心于向税务司报税，并将税款如数转交给北京。可是地方收税机关归当地省政府管，它的官员把定额收够后，多余的款项全归他们自己处理。中国省级官吏要把中国贸易置于土海关税则之下处理，而英国则鼓励中国商人在外轮上运货，付出比条约规定低的税。

外国和当地不同的商业模式和机构共生的现象在许多方面都可以看出。首先举地方船舶的航运为例。

在18世纪商业扩张时期，沿中国海岸和内河湖泊中增加了成千上万不同形式的船舶。例如航行在长江三角洲水域的一种叫作"苏商"的船，船尾很高，是可以航海、常常油漆得很漂亮的大船。像中国所有船舶一样，它的舵就像比欧洲人早1000年用过的那种舵。船身有六个不透水的舱，那也是中国的一种古代发明。还有两个桅杆，有绳索可张帆，乘风破浪而行。其他类型的船专用于内河航行，有的是拖到长江或其他内地水域而建造的。建造它们的目的不在时速，只要求耐用、经济和运货效能。

当19世纪蒸汽轮船开始航行于中国的主要江河时，中国的木船队伍也扩大起来，以应付华中和华南内地江河水上货运的增长。总而言之，中国利用风力和体力推动的水上运输系统并没有因为有轮船而被取代。实在说，它看来倒更增长了，因为人的体力是如此之便宜、廉价。

　　与此同时，中国商人的事业也在发展，他们也很快经营起他们自己的轮船了。近海和长江上的货船挂的旗子主要是英商怡和、太古洋行的英国旗，这些是外国人知道的，且与国际来往有关。同时，虽然程度不敢确定，蒸汽机已开始在完全由中国管的各种小船上使用起来。蒸汽动力已经广泛应用于内地水上运输，而不需花费修筑铁路的钱。一句话，我们可以作出结论，蒸汽运输简单地并入了已有的商业网络中。在这里，和在许多其他方面一样，不平等条约不像外国人想所的那样给中国带来那么剧烈的变化。

第7章

现代化的努力

如果我们在评价1842年通商口岸的影响以前需要先回顾一下中国的经济发展，那么，坦率地说，这种情形同样适用于中国早期的现代化。那些试图搞现代化的学者型官吏吸取了什么智慧？他们的才能是什么？盲点是什么？让我们先看看他们接受的遗产中某些不适当的东西——管理国家事务的行政传统，经典学术中的新事物以及刚刚向西方学习。

中国进行西方化的努力，有一个古典的名词——"自强"，以强调中国的自主和首创精神。推动力来自几个不同源泉，首先是学者型官吏们讲究治国之道的传统，强调"经世致用"的知识。讲究治国之道的人开动脑筋，想法解决怎样把经运河运来的南方贡米弄到北京之类的问题，诸如运河壅塞不通，黄河、淮河不时溃决成灾，官僚的冷漠作风盘踞了漕粮行政机构，世袭的押运粮船军队腐败叛乱等。19世纪20年代国策的答案是，运往北京的粮船改由海上绕过山东半岛。这是可行的，但是既得利益者极力阻止，使它继续不下去。（1872年以后的解决办法是开了一条中国自办的轮船航线，对运米实行垄断。）

治国方略的实用主义，引导林则徐督办采取英勇但无益的努力，企图在1839年禁绝鸦片。但是林对中国以外世界的无知，导致他恰恰在巴麦尊开始执政时盲目地挑起和英国的战争。林氏努力寻找使他蒙受这次打击的原因，可惜太晚了。他的朋友魏源利用林所收集的一些情报编纂了一本世界地理书——《海国图志》，从而打开了中国人的眼界。

魏源表现出的治国方略传统，在明清两代已有一个

现代化的努力   125

林则徐之友魏源编纂了一本世界地理书——《海国图志》，希望为朝廷提供治国方略。

很长久的酝酿期了。简单看一看这个传统，对于中华帝国晚期行政人员掌握所谓"洋务"的长处和短处，特别是他们的创新能力问题，可以有些了解。

简单说来，18世纪的经济发展和知识界的发展同时并行，而后者与同时代在欧洲发生的"启蒙运动"可成为鲜明的对比。中国的古典学术界，对于西方读者说来，常常是个不透明体，就像教堂的神甫一般。但是近代的研究使我们看到，中国的经典学者在闭门不出象牙之塔后，开始触及中国的现实问题了。（是否可叫作"原始启蒙主义"呢？我想不是。）

这种学术界的成长，发生于18世纪中纷纷成立的书院。典型的书院是一座生活设施一应俱全的居住单位,最理想的是在农村环境中,有古树和群山,"山清水秀",像中国山水画描绘的那样。古典学者的生活靠近自然界,过孔夫子那样严格朴素的日子。例如杭州的敷文书院看来就是这样一个书院:一层楼房子,在一个山谷丛林中,高低几重院子。康熙皇帝和乾隆皇帝先后于1685年和1754年敕赠给它许多藏书。皇帝给予它的赞助表现了满族统治者关心汉族士大夫在他们羽翼下的存在。

满清还承袭明朝一种学校形式,就是在省、府、县各级设立学校。这种"学校"和住宿的书院不同,是专为经过科举考试录取的儒生在那里自学,准备参加更高一级的考试而设的。政府对于知识分子进行监督,赋予其官方的身份,有的甚至还有经济补贴,目的在于扶持正统,并防止像明代末期在政治上闹事的党争那样的事态重演。

中国学者对满族的征服长期怨恨不满。清政府开始时禁设书院,禁止一切政治议论。但是文学团体和诗社之类不是容易取缔的。18世纪初期,清政府许可在官府监督下由私家自办"义塾"。1733年北京开始许可恢复书院,但仍由官方控制,以帮助学者准备考试。1750年半官、半自主的书院开始在高级官吏主持下纷纷成立。这种书院里学习的东西,无非是训诂和经书。到1800年,特别在长江下游各地,成立了几十处这类书院,还对学员提供津贴,设有图书馆,在官方直接控制之外从事严肃的历史和经典研究。

这种多半自主的学术事业,成长的关键是高级官吏的赞助。他们的财力足以吸收一些有才能的学者作为他们的"幕宾"来编纂学术著作。代表这种趋势的楷模人物是阮元——一位精力充沛的藏书家和编纂家，曾任湖广、两广、云贵总督、体仁阁大学士，在广州任所曾建"学海堂书院"，主持编纂了很多有意义的书，例如《皇清经解》共360卷，重刊了清朝75个作家的180部评论经典的著作。阮元刊刻这类经籍、注疏、辞书等，雇用了一大批学者，用的资金一部分来自从事外贸、家资殷实的"行"商。

　　这一批批学术著作提出了什么新的见解呢？简单说来，18世纪的复归经典古籍是为了对抗宋代以来占统治地位的理学的枯燥无味的哲理道德说教。这种以新面貌出现的学说被称为汉学，以区别于宋代理学；它的特点是在缜密的考证基础上对经典著作给以文字语言学的批判。例如考证发现《尚书》中不少章节是后来伪造的赝品或从其他书中插进去的。这的确是新闻，好像基督教圣经研究中发现《死海书卷》和《圣言录》一样。它打破了儒学正统的束缚。特别是汉学研究者使用了"今文"经书，就是后汉时发现的老版本。

　　重视考证工作刺激了强调道德原则的宋学的复兴。在清代汉学家中产生了一种汉、宋时代学术中的折中主义倾向，使19世纪中叶以后的学者不仅关心和外国接触后发生的问题，而且更重要的是关心这个时代命运显然日趋危殆的问题。

　　魏源是一个有汉学渊源、面向西方、讲求治国之道的卓越学者，所以他的生平是颇令人省悟的。从1813年到1821年八年间，他靠政府俸禄在北京学习，后来他通过自己对经典著作的研习，参加了"今文"学派对古代经典的重新解释。与此同时，他也接受了宋代学者主张的历史以有高尚道德的领袖的意志为转移的论旨。1825年，他开始编纂清代关于治国的主要著作。清朝官吏和他们的幕宾（顾问）们的文章谈到了行政管理上各种棘手的问题，特别是财政方面，诸如食盐税，或田赋或运河的粮运系统等问题。在国运显然衰落时期，道德方面的领导和行政管理同样重要。魏源在应用这一学说的过程中，参加了运到北京的贡米不再经过运河而绕过山东改用海运的努力。魏氏还协助改良食盐公卖制度，以使海盐从长江以北海岸运销至内地。为了防止走私，降低了盐价。

他钻研的另一个问题，是乾隆皇帝进行的十大战役（"十全之武功"）。自1829年起，他撰写了一部乾隆的军事史。这件事引导他关注海防问题。所有这一切背景，帮助他为写《海国图志》一书做了准备。这是一部有助于战略思考的、有广泛影响的地理著作。清朝的国策家们过去总认为，对外贸易和对外商的管理仅限于亚洲内陆，现在开始注意起沿海来了。这就使魏源成为林则徐在广州控制鸦片贸易时的莫逆之交和盟友。不过魏源关于海外诸国的著作，虽然注意到欧洲通过海外贸易和海军炮火对东南亚的入侵，但他似乎接受了割让香港给英国的处理。他认为这是清朝对英国的有用的绥靖（安抚），而不是英帝国插进中国的一个楔子。要使他想到海上列强的问题，那时还不是一件容易的事。

当时还有一个人比他的工作做得更好些，他就是福建巡抚徐继畬。他利用外国传教士手中的地图和资料，于1848年编写了一本关于各国历史地理的系统记载。他写道,英国在明朝中期曾在美洲殖民,后因课税过重丧失了那块殖民地,但它保住了印度,又侵入东南亚。"英国人口繁密,而粮食不足。他们不得不进口粮食。……有49万人从事纺织,纺织机器为铁制,由蒸汽推动,故可自动运行。"英国600艘战舰中有100艘蒸汽轮船。他还说:"蒸汽机正在美洲利用起来,甚至用之于铁轨上拖拉车辆。"

对普通的中国读书人来说,徐继畬关于地球的见解比核物理对我们都新奇得多,而且是同样令人惴惴不安。在统治阶级中间,那些懂得外国事物的人们和大多数仍然埋头在经典和科举考试的人们之间的差距日趋扩大。有些显赫的官吏罗致了一大批能干的年轻专家,有的出国留学,学会了外语和各种学问。

这种努力开始的时候,正碰上大灾难来临的时刻。从1860年开始的40年是中国革命明显的孕育时期——旧的制度似乎又要运行起来,西洋的方法有些已采用了,而中国的进步比较起来是如此之迟缓,以至于变成一只在更大的外国侵略面前坐以待毙的鸭子。帝国主义列强互争雄长,到1898年达到可怕的高潮。这一时期以1900年八国联军占据北京而告终。显而易见,这40年中国耽误了时机。当日本终止了她的闭关锁国政策,巧妙地开始西化,废除了不平等条约,准备变成一个世界强国的时候,为什么中国没有这样做呢?

这个问题在整个20世纪中都像幽灵一样纠缠着中国爱国者的心灵。最初是在社会进化论(达尔文主义)中找到了答案。简单地说,中国在各国争取生存的斗争中打了败仗,这部分地是由于她的迟缓,没有及时结束这个古老的帝国。问题出在内部。

但到1920年,马克思列宁主义提出另一个更令人满意的解释。问题出在外国列强的资本主义、帝国主义。它们侵略了中国,在不平等条约下取得了特殊权利,剥削了中国的市场和资源,压制了中国资本主义的成长。既然很多外国人都公然声称他们就是这样做的,所以各方面都没有异议。这几十年中又看到中国外缘的殖民主义势力接踵而来。缅甸和马来亚被英国攫去,越南被法国、台湾被日本占领。外国的侵略和剥削明显之至,不容否认。

这些不同的解释性理论,在20世纪80年代两代人中争论不休,终于以"既有……又有"的两可公式告一段落,就是:内部的疲弱招致了外国的入侵,正如2500年前孔子早已说过的。真正的争论在于两者的比重和它们影响的先后因果。随着学术研究的深入,我们对中国内部的知识多了。我相信时间久了,马克思列宁主义主张的说法会逐渐失去凭借,但是没有人能否认它在许多重要方面的说服力。

这种看法怎样应用于1861—1894年时的情形呢?这个时期开始时是满汉两族共同领导的局面。在北京朝廷和地方各省,都同意一个总的方案:一面绥靖英法侵略者,一面镇压国内的叛乱。很难找到变疲弱为强大的事例,虽然有一些,但那是以牺牲中国百姓为代价的。

在19世纪60年代的中期,太平军一度恢复攻势,深入长江三角洲,进占杭州和苏州,威胁上海;而在同时,英法联军以200艘舰艇迫临天津,进一步攻打北京。面对这个双重的灾难,满族领导执行了一个干净利索的双重绥靖主义：他们终于授给曾国藩镇压太平军的最高指挥权，废止了不让汉族文官指挥外省军队的老规矩，同时接受了英法两国进一步开放中国对外贸易和允许外国传教的要求。正如他们在最高御前会议所说的，叛乱是"疴症"，洋人不过是四肢的伤患而已。（当然，后来蒋介石在20世纪30年代和20世纪40年代对于日本的侵略和共产党的反抗问题，也类乎是这样说的："先安内，后攘外。"）英国人所要求的，无非是做买卖，所以就让他们的鸦片买卖合法化吧。他们要求在长江内地通商，一旦太平军平定之后，也都答应了。太平军顽固禁烟，故应加以消灭。

美国和英国的雇佣兵如马萨诸塞州塞勒姆城的华尔之流，被雇来使用轮船和洋枪洋炮，并以水陆两栖战法在上海与太平军作战。英法的要求在北京得到满意的答复后，就放弃了中立政策，听任他们的军官如戈登之流攻打太平军。尤其重要的是，外商把快枪和榴弹炮卖给清军。英法联军糟蹋了北京后，回师保卫上海和长江三角洲，于是帮助清朝免于灭亡。

清朝就是这样在19世纪60年代在外国协助下得到复兴，同时仍旧鼓吹道德统治的传统意识形态。曾国藩除在上述屠杀太平军俘虏时保持镇定之外，仍以他的令人羡慕的品格和专心致志忠于孔子正心修身的理想为准则，定下了复兴的调子。

他在1862年写信给他的接班人李鸿章说："夷人的事是难于处理的，但根本原则不外孔夫子所教导的四个字——忠、信、笃、敬……信者仅仅是不说谎话而已，但做到却极不易……

"孔子说,'如你能治好你自己的国家,谁还敢侮辱你?'如果我们是团结的,严格的,清醒的,而且办法很多,洋人自然不会侮辱、欺负我们。"(显然可以把王朝的命运托付给他了。这样一个用孔子的道德教育出来的人。)

"你和洋人交往时,"曾国藩告诉李鸿章说,"你的风度、神态,不可太高傲;你要做出轻松、随便的样子。他的侮慢、欺骗、蔑视一切的态度都被你知道了,而你还做出愚蠢的样子,好像并不知道似的。"

还有什么比这些话更好的教导——教人把骄傲掩饰起来,安抚一个侵略者呢?在朝的满族人引据古人的话说:"当暂时迫不得已时,要讲和平和友谊;你的实际政策是战争和防御。"王朝和它的汉族统治阶级是一丘之貉。

曾国藩于1872年死后,30年中继任洋务的是李鸿章。他身材高大(六英尺以上),是一个绝顶聪慧的现实主义者。他热心负责,善于掌握权力。他致力于可能办到的事并在那个限度以内工作,因而成为当时首要的现代化人物。李鸿章本人虽然到1896年他的晚年才到外国转了一圈,但他从他的部队得到洋枪一开始,就懂得了洋玩意儿是中国国防和生存的关键。他成为北京100年后邓小平副总理称之为"现代化"的首要主张者。

李鸿章的父亲是1838年与曾国藩同科取录的。李鸿章会试中贡士后,至北京拜曾为师,1847年殿试中进士,19世纪50年代初回家乡合肥组织团练,与太平军作战,效法曾国藩在湖南所为,后组成淮军。1859年参加曾国藩幕府,作为曾的秘书长,起草他的文书。

当清廷于1860年最后不得不将最高指挥权授予曾国藩时，李的机会就来了。

李鸿章在曾国藩支持下以曾的湘军为模范组成淮军后，1862年用流亡绅士租的七艘洋轮运送他的军队到上海，39岁时擢升江苏巡抚。当时的上海正是中外关系的支点。他在上海发现那里是英法军事根据地，外国军队比中国军队装备训练都好。这样的军队是可以接管中国的！他真的害怕"官民的心早已归附洋人"了。他觉得自己"如履薄冰"。上海能不由洋人接管么？他急忙购买洋枪洋炮，武装他的淮军。在两年间他有了4万军队、1万支步枪和使用36磅重炮弹的洋炮。他取得西方和他共同反对太平军的合作，但他不张扬。

李鸿章就是这样在晚清的基层活动中崭露头角的。他首先取得一个士大夫的资格，然后赢得指挥军队的信任。他的淮军协助包围和扼杀了长江下游的太平军，接着在19世纪60年代后期消灭了造反的捻军，后者的骑兵曾在整个华北扰攘不停。他继续购置洋枪，设立兵工厂，训练新军，从此使清朝政府对不满的农民处于压倒地位。同时，英国在香港和长江商埠的炮舰和驻军，几乎也变成中国实力结构的组成部分，为了外国的商业利益而协助满清政府维持政治秩序。

由曾国藩推荐的长江各省督抚代表新一代忠于清朝的汉族官吏。他们指挥军队，使用洋枪洋炮，利用各种西洋办法强化中国这个国家，同时防止各种叛乱。太平天国和捻军变乱以后的一个时期中，满汉之间、中央与各省之间，保持了新的平衡。中国的各种创新活动都是在满清王朝掌握着官吏任免升迁的特权和国家财政大权的条件之下进行的。

在同一个时期，清王朝的利益和英国在东亚的非正式帝国的利益，被一个很讲效率又不麻烦别人的爱尔兰人赫德联系在一起。这个人建立起管理中国对外贸易的帝国海关税务司。1842年以后，外国商人享受中国法律管不了的治外法权的特惠。清朝税务官员看到与其勒令外国人向皇帝交税，不如跟他们同流合污、分享利益更合算些。这就使条约规定的关税成为笑柄，外贸则听任中外合伙营私舞弊。但是1854年，上海的外国领事们安插了一批外国检查员在清朝的税务司里。他们认真地估算税收。根据条约规定，这种制度要扩大到所有条约口岸。在1863到1908年期间，赫德总税务司负有估算和汇报全部关税的责任。他雇用了一批外国职员（大部分是英国人）做这件事。这么一来，倒使北京有了可靠而且逐年增多的收入，比它自己的官吏更靠得住一些。

赫德是一个个头不大、文雅的年轻人，头脑聪敏，有文化敏感。在1854—1858年四年间，他在不大热闹的宁波任副领事兼翻译，作为见习生，他学会了中国话和同中国官吏打交道的规矩习惯。后来在英法联合会通过1858年被俘留用的倒霉的中国官员管制广州期间，他被调去担任该会秘书。1863年赫德辞去英国官职，到北京任总税务司，当时赫德刚28岁，已是一个能接近清朝廷枢府内部的人物。儿皇帝的叔叔、掌握政府实权的恭亲王刚30岁，这两个年轻的非汉人（虽然来自不同的世界）发现他们自己共同面对着中华帝国的问题。当时英国的公使巴夏礼是依靠炮舰外交对中国人吹胡子瞪眼睛的"上海通"洋人的宠儿，也是有名的帝国主义积极分子。赫德跟他不一样，是一个专心支持中国利益（当然按照他的看法）的人。虽然他是海关税务司的独裁者，他却不忘记自己是清朝的雇员，并且具有曾国藩教导的一切正当行为的品德，首先是在北京最难做到的——保持缄默。

他自然成为各种各样外交危机的调解人。例如，1864年那个英国"常胜军"司令戈登，在苏州接受了八个太平军指挥官的投降，答应保他们不死，可是他的上司李鸿章很快采取他的通常惩戒措施，将他们斩首了，从而降低了戈登的信誉。这当然是一件很尴尬的事；赫德就分别找到两方面，奔走说项，既维护了英国的荣誉，又挽回了中国的面子。常胜将军又回头干他的事了。

1864年5月11日，戈登向常州炮轰了一个上午，然后他说，"城里的乞丐们"一定认为"他这一天的事干完了"，于是下午1时他发起了进攻。赫德和李鸿章站在山坡上观看。戈登率领三个小队冲锋，他自己还亲自带着一个队从火力的狭窄空隙穿过。常州陷落，但李鸿章和曾国藩都不许他们的西方盟军在结束太平天国时占领和抢掠南京。

从1870年到1895年，李鸿章任直隶总督兼北洋大臣，但仍统领他的有现代装备的淮军。他按照朝廷谕旨，处理一个又一个外事危机案件——天津杀害天主教修女案；日本霸占长期向中国朝贡的冲绳岛案；将另一朝贡国朝鲜纳入同西方列强缔结的条约中，以对抗日本与俄罗斯的领土野心；由于法国占领另一朝贡国安南

（今越南）而引起的长期军事外交纠纷。最后一案非常混乱，因为不仅李鸿章，还有北京政府和中国驻巴黎的公使都出面参与其事，四届法国内阁以及法国海军也都参与其中。最后赫德通过他在伦敦的代理人和巴黎秘密谈判，终于在1885年达成和议。19世纪80年代，为结束法国侵占越南与中国作战的交涉长期拖延不决，有如尼克松与基辛格在20世纪70年代为结束美国对越南的战争那样。不过，在那个规模较小的中法战争中，死的人却少多了。

李鸿章担任北京事实上的外交大臣这件事，象征着北京政权的落后性。对外事务依然被看做边疆事务而不是中央政府的事务。这时仍没有一个外交部，只有"枢密院"的一个委员会，叫作"总理衙门"，讨论一切报到北京来的问题。李鸿章被任命主管对外事务，坐在北京遥控。

李鸿章的外交策略是2000年前的老法宝："以夷制夷"。中国这一个防御特技，本来是全世界都习以为常的起码知识，虽然一般说法不是这么灵巧。例如美国在不侵占中国领土的同时，口口声声讲和平与友谊，甚至有困难时还"出面帮忙"，看来是可以利用的"好洋蛮子"。1879年，当美国前总统格兰特做世界旅行经过中国时，因为日本强要中国把一个纳贡的小国琉球让给它，李鸿章请他出面说项。可是这位滑头的老将军提出了一个交换条件：李必须同意不反对美国禁止华人移民。而当格兰特到东京时，发现日本在法理上和立场上都牢固得不可动摇。后来李鸿章又请求美国在朝鲜、法属安南和1895年与日本订约问题上出面调停，全都无效。

李鸿章的外交努力给他带来很高的名气，西方新闻记者有时候吹捧他是"东方的俾斯麦"。把这两个人对比一下，倒有些裨益。李鸿章（1823—1901）具有和他同时代的德国人俾斯麦（1815—1898）的许多才能，这是无疑的。他身材高大，是一个机敏的外交家和强有力的行政官，凡能做到的事就做的实践家，在40年间，他扮演了中国的主要角色。但是，俾斯麦在1862年与1890年期间策动并打赢了三次战争，创建了德意志帝国，称霸中欧，而李鸿章面对的却是导致清政府衰亡的国内叛乱和边境的外国入侵。俾斯麦构筑了欧洲实力的新的平衡，李鸿章则不得不应付那一度给东亚提供一种国际秩序的清朝纳贡制度的瓦解。铁血宰相掌握中央行政大权，他统治的国民已经走上现代科学、工业技术和军国主义的道路。李鸿章从未掌握中央大权，只不过是一个代表北京的总督。他的势力完全凭借他对两个儿皇帝的摄政——慈禧太后的忠诚，而这个太后是一个聪明却无知、不惜任何代价要维持满族统治的妇人。李鸿章对他的统治者的忠诚不得不表现在大量的献礼和不容置疑的谄媚上面，以至于在1888—1894年间他的北洋海军同日本海军扩充军备的竞争过程中，挪出资金为慈禧修建夏宫颐和园。俾斯麦有布雷克罗得尔那样的人在财政上扎扎实实地供应他，李鸿章只能把他用老办法即克扣公款搜刮来的私蓄投入使用。1896年他在谈判缔结中俄密约以后，收下了600万卢布的私人赠款。有人说他聚敛了4000万元的私产。他做了一些不错的事情，但他在清末领导实行现代化的努力，不过是在无可救药的环境中不断地修修补补和玩弄权术而已。

这是一场两条战线的斗争：既要找出西方列强的实际秘密，又要使那些顽固不化的同僚相信效法西方是必要的。例如，曾国藩曾赞成建设江南制造局。这座兵工厂建造了一条轮船，曾国藩甚至还冒险坐这条船航行了一番。但是他反对建设电报、铁路和使用其他西方技术，理由是那些东西可能有害人民生活并且扩大外国人的影响。李鸿章只能采取迂回曲折或间接的方式前进。例如，曾国藩曾告诉他一句孔子格言（也可以说是废话）："决定战争的，不是武器，而是人。"（一句老生常谈，但今天经过毛泽东思想润饰过了。）李鸿章对答时描述了他参观过的英法战舰说：想到中国武器的低劣，"我深觉可耻。每天我都警告和教训我的军官要谦虚谨慎，记住这种羞辱；要他们从西洋人那里学会一两件秘密武器"！

如果我们回想一下美国人公开讨论冷战问题的时候，总要首先向听众重申"共产主义，我们的敌人，是我们不能接受的"，那么，我们就会同情李鸿章面临的问题。他于1863年呈递给北京朝廷一个奏折说："中国一切文武制度，每一项都优于西方。只有武器方面，绝对赶不上他们。为什么呢？因为在中国，制作机器的方法是只使儒生懂得原则，叫艺人动手去做……这两者绝不能互相商议……但外国人则不同。……我已了解到，西方有文化者制作武器时使用数学作为参考。"

李鸿章又指出日本在学习轮船领航和制造大炮方面取得了成功。如果中国在军事上能够自立于不败之地，他预言说，"日本人就会附属于我们"，但如果不然，

"日本将效法西洋人并与西洋人一道获利"。

1864年李鸿章奏请在科举考试中增加科学技术的试题。从今天看来，这无疑是中国适应现代世界的起点，但这一想法没有机会实施。有人建议，由总税务司赫德出资在北京设立的译学馆中招收科举考试录取的儒生学习西方科学，在广州、上海官立小学中开设科学课，这些也都被一概置之不理。

当时，一位担任皇帝老师的蒙古族汉学家倭仁是北京缙绅的领袖，他曾这样说过："立国之道，尚礼义不尚权谋，根本之图，在人心不在技艺……且夷人吾仇也。咸丰十年，称兵犯顺。"他又说，他们入侵北京，焚毁夏宫，杀我人民。"我们怎能一天忘记这个耻辱呢？"他又问道，"为什么要去寻找雕虫小技，奉夷为师呢？……议和（1860年）以来，基督教盛行，我无知国民半数（指太平军）受其愚弄……现在如果才智之士都改变他们的正常学习，变而从夷，那就会驱使亿万中国人民去归于夷不止……我们还要扩大他们的影响，在火焰上加薪炭吗？"

这种情绪，同每一个教授经典的老师以及每一个钻研经典的年轻人的既得利益是相吻合的。现代学科，直到1905年最后废除科举以前，始终被排除在科举考试范围之外。

这样，中国的现代化就成为少数高官玩弄的一种游戏。他们认识到现代化的必要性，因此也试着筹措资金，罗致人才，在一种虽不能说不友善，但毫无热情的环境下拟订规划。个人的利禄和权力的希望引导他们前进，而慈禧太后的朝廷跟日本的明治天皇不同，不给他们切实可靠的支持。相反，慈禧认为让那些意识形态的保守派扼制住革新派，才更能使她掌握平衡。尽管中国南方一向生机勃勃，勇于寻找新的机会，那些发展很快的通商口岸城市更是如此，但19世纪末期探索多，根本改革很少。现代化只有少数地方高级官员去干，一半因为这适宜于中央与地方两者的平衡——朝廷可免得出钱和负责任，一半因为只有那些和外国人接触的商埠官吏，才看得出机会，并能取得外国的帮助。

在这种零打碎敲的基础上，李鸿章在一些广东的事业家中物色到了同盟者。这些人因为长期和西洋人来往，因此找到了向上爬的途径。例如有一个住在澳门10英里外的唐姓人家，原来是在当地制造和贩卖虾籽酱油发财致富的。这个家族在19世纪中有几个成员在本地和本省的乡试上榜录取，于是声望逐渐增高。而唐廷枢（1832—1892）打开了一条新的渠道。他在一个教会学校读了英文，先后在香港警察法庭和上海海关当翻译，1863年后充当了怡和洋行的买办头目，成为富翁。他从投资当铺、银号开始，直至投资轮船公司、保险业甚至办报纸。同时，朝廷正在出卖科举考试录取资格，他花钱买了个进士，取得做官资格。从1873年起，李鸿章得到了唐在实业发展上的襄助。

李鸿章发现，与其在知识界和他的那些儒家同僚争吵，不若和外国在中国的经济事业相竞争还容易些。中国私人手中的商业已经在积极扩展中。他沿袭一个传统方针，就是招揽私人商业资本发展事业，所谓"官督商办"，多少有些像盐务那样。归根到底，中国国民收入经过政府和那些贪污官吏之手的比重，毕竟还很小。

现代化的努力　　141

江南制造局炼钢厂。中国第一个派往耶鲁大学的留学生容闳为其购买机器。

1872年，李鸿章开办了一个股份制的轮船公司，索性叫作"招商局"，很快找到唐廷枢当经理。但是私人商业资本来得很少。1877年美国经济恐慌时，波士顿市罗塞尔公司的船队让李买去了。这个公司曾在中国商人协助之下开办了长江航线上的运营，现在大部分资金不得不来自官方。1885年赫德不得不让他手下的一个年轻的税务司马士给招商局当顾问。马士发现该局人浮于事，利润多入了私人腰包。它靠运输进贡的大米到天津以及和太古、怡和两个英国洋行在运费上打交道过活，这两家洋行在不平等条约制度下控制中国国内水上运输达50年之久。

李鸿章于1876年开办了位于天津以北的开平矿务局。为使招商局的轮船可在那里加煤，同时可运开滦的煤到上海，李任唐廷枢为开滦的经理。唐聘用十多个西洋工程师，装上现代的水泵、电风扇、吊煤机；不久又办了一个机械厂，设置电报和电话，建造了专用铁路，年产煤25万吨。开滦事业如此之兴隆，以致北京不甘心袖手旁观，于是朝廷另派来一个贪污专家接替唐廷枢的位置，弄得开滦赔累不堪，主要靠借外债过日子。1900年义和拳之乱爆发，一个叫赫伯特·胡佛的美国矿业工程师代表一个英国公司接管了开滦。中国在伦敦的法律代理人后来控诉这次接管，说它差不多等于犯了侵占财产罪。1912年以后，开滦各矿改由中英矿务总局经营。

李鸿章做出的各种尝试中还包括最早派留学生出国的事。这是另一个广东人建议的，此人就是唐廷枢的同学容闳。容曾得到教会资助，到耶鲁大学读书。他是耶鲁1854年级第一个中国毕业生。他一心想回国成为一个有用的人物，因此接受了为上海兵工厂（江南制造局）购买机器的任务，其后在1872年任留美学生监督，10年中选派了120个穿长袍的中国青年赴美留学。唐廷枢选派的第一批留学生中有他的七个亲戚，第三批留学生中有他的侄儿唐绍仪。

容闳依照康涅狄格州教育局长的建议，在哈特福德设置了一个办公室，但耶鲁大学校长博特尔主张学生吃住在康涅狄格州附近的私人家庭里。不久，他们都把辫子挽起来压在帽子里，并且学会了踢足球。容娶了康涅狄格州阿翁市的凯洛格女士为妻。可是容闳的一个同事——另一位留学生监督，一个地道的长袍学者——一看吓坏了："这些小伙子都变成洋蛮子了！"1881年这个计划终于被取消。30年后，中国又派出留美学生，这回他们不再是十多岁的小青年。他们不仅剃掉了辫子。也不念四书五经了，这时清朝已经完结。

哈特福德方案的120个学生，在1900年以后中国的外交关系和现代化事业中留下了痕迹。如果这一方案自1881年以后一直实行下来，中国的现代历史会有所不同。

随着时代的演进，李鸿章培植的一些人，甚至他的对手，陆陆续续以官僚资本家身份进入工业企业界。他们仍然采用"官督商办"、有时是"官商合办"的方式，成为纺织厂、电报公司、钢铁公司以及现代银行的东家或股东。企业的官方和私人利益相互重叠，有时如此之错综复杂，以致发生利害矛盾时，无法理清是非曲直。他们对企业的领导更趋向官僚化、垄断化，而不愿创新和担风险。他们投下的资金不多，管理也不精明。在19世纪末期全球资本主义大发展的时候，中国却停留在一潭死水里。她既没有像殖民地一样得到大量的投资，也没有发展大量的出口贸易。英属印度和日本都在使它们的本国产品标准化而向全世界提供茶叶和丝绸，经济突飞猛进，走在世界前列，但中国却没有这方面的领导。

李鸿章曾有两个对手，一个在他一生事业的早期，一个在晚期。左宗棠（1812—1885）来自湖南，40岁以前是一个对农业和地理有广泛实际兴趣的学者，经过三次到北京参加会试而没有被录取，他就不再考试了。1852年以后他以一个军队指挥官的身份崭露头角。在曾国藩推荐下他升任闽浙总督，从南面扼杀太平军。后来他被派到北方同捻军作战，最后又被派到西北和新疆，和作乱的回民作战。

这时离张格尔入侵喀什噶尔以及清政府同浩罕作战与媾和还不过一个世代（30年）。满清在华中地区镇压叛乱的软弱情况，照例激发了在西北以及喀什噶尔的叛乱。在19世纪70年代，一名叫作阿古柏的浩罕将军在天山以南摆脱了清朝的控制，与此同时俄罗斯又占领了天山以北的伊犁地区。这个遥远的地区似乎整个失守了。

这时，李鸿章看到日本在崛起，朝鲜处于危殆之中，因此他极力为加强海防和建立海军筹集资金。有什么必要消耗有限的财源来收复那些靠不住的中亚细亚的草原和沙漠呢？不过左宗棠却很顽强、坚决。他说服朝廷：在18世纪，中亚是三代皇帝最关切的地方，而且现在仍然是战略要地，朝廷必须出钱远征，收复这个地区。经过五年征战，左宗棠于1873年平定了西北。在朝廷支持下，左继续建立他的前进基地，训练军官和六万军队。到1876年，他冲过沙漠到达西域（遥远有如从美国的堪萨斯城到洛杉矶），漂亮地平复了现在称为新疆的地区。俄国人到1876年也同意撤出伊犁。北京的达官贵人们对于中国显然有能力平息穆斯林叛乱者并对抗俄罗斯也有了深刻印象。

李鸿章的另一个对手在这个大家高高兴兴的时刻崭露头角，他就是张之洞（1837—1909）。张是一个精明的学者，一个先对抗俄国、后对抗法兰西侵略安南的雄辩家。他是躺在安乐椅上的战略家中的"清议"派中的一员，这些人要求严惩一切洋夷。1884年李鸿章同法国谈判议和时，那些安乐椅上的战略家们上书47次，攻击李鸿章软弱无能。那都是对于误国渎职行为的合理谴责（只是不敢谴责当权的慈禧太后）。可是那些"清议"派碰上张之洞就毫无办法。因为他不但是诚实、清正的正人君子，信奉孔孟之道的鸿儒，而且是在现代化方面富有理想和干劲的人物。

张之洞在广州开设了一个造币厂，后任两湖总督18年，在武汉修筑铁路，开办了中国最早的钢铁联合企业——汉冶萍钢铁厂。最主要的是他提倡教育：在广州创立学堂，办印刷所，印刷清朝经典著作，在武汉创办一系列学校，训练新军。张是一个非常忙碌的、保守的改良主义者，谄媚地忠于当权派，以推广"中学为体、西学为用"这一口号而著名，并自欺欺人地相信"旧瓶能装新酒"，在旧基础上可以实现现代化，恢复孔孟之道可以实现现代生活，站立不动可以前进。当然，他面对着一个问题——满朝文武还在为皇帝宝座工作，怎么样才能做到实际上非改变中国机构不可而又显得不威胁摇摇欲坠的统治权？

"自强"的努力到了1894—1895年中日甲午战争一爆发就完结了。从战争规模看，赌注是整个中国。但是李鸿章的看法不同，他试图推延战争。中国从19世纪70年代就开始建立海军。有一个时期赫德正在为海关缉私建设一个防御性的舰队，他私下里以为有可能被委任为海防总监。可是这个差事却在高级官吏之间瓜分了——特别是李鸿章自己。19世纪80年代李鸿章买了两艘钢甲巡洋舰并从英国聘请了顾问。招标时，德国克虏伯公司中标，阿姆斯特朗公司没有得标，结果中国添了两条较大的德国战舰。可是1880年年末，建设中国海军的资金竟通过官方的密谋可耻地挪用去建造慈禧太后新的夏宫颐和园了。根据赫德的估算，"海军可有3600万两白银余款（折合大约5000万美元）。可是，哈哈！一文莫名了"！1894年9月，他发现"克虏伯的炮没有炮弹，阿姆斯特朗的炮弹里没有火药"。在同日本作战时，只使用了李鸿章的北洋陆军和舰队（华中和华南的都未用），有些炮弹里面尽是沙土而没有火药。

中国的满清王朝经过"中兴"后30年，在战争中对抗明治维新后的日本时，双方的主要人物是李鸿章和新日本的奠基人伊藤博文。这两个人在1885年为了朝鲜问题曾经会过面。那时两方面各自支持朝鲜国内互相斗争中之一派。李鸿章曾说过："10年以后，日本的财力和实力将大可羡慕……此乃中国将来之祸源。"

一点不错，当1894年日本表面上为平息朝鲜的叛乱而插手时，他们一举消灭了李鸿章的北洋陆军，并在鸭绿江口外初次海战中打沉了他的舰队。这支舰队的统帅是一个老式骑兵将军，他命令各舰排成像骑兵冲刺时一样的队列，而日本海军则分两路包抄，将它们击沉。今天当旅游者站在颐和园湖边参观那条大理石舫时，一定可以在想象中看见一条标语："纪念：原来可以充作前清海军之物在此。"

1895年李鸿章到下关求和时，他和伊藤博文有一段客气的对话，这段话有英文记录。李说："中日是最近的邻邦，而且使用同一种文字，怎么能够成为敌人呢？我们应建立永久的和平与协作，不使我们亚洲黄种人受到欧洲白种人的侵略。"

伊藤说："10年前我告诉过你，要改革。怎么到现在还没有一点变化或改革？"

李只能回答说："我国的事样样都囿于传统，我不能按我希望的事去做……我希望的过分了，而没有实行的能力，自己深以为耻。"

以我们今天的眼光审视，中国第一场现代战争的指挥权落在一个省级官吏的肩膀上，好像这不过是保卫他一省的边境似的，未免令人惊异。当然满清政府这种缺乏民族气概的怯懦无力是该责备的，但是问题不仅在于这是个非汉族的朝廷，而是有更深的根源。显然，毛病在于君主帝制本身，在于它的行政虚有其表，它没有建立现代中央政府正常运行的机制。清王朝经受住了中国人民的多次反叛，但是现在它把握不住对外关系了。日本胜利后，中国在10年中处于帝国主义在远东竞相争夺之中。为了赔偿战败损失，中国对欧洲国家负债累累；为了抵挡日本，中国把俄国请进了满洲——直到1905年日俄战争后俄国才退处满洲北部，日本则雄踞南满和朝鲜。与此同时，俄、德、英、法1898年都在中国瓜分势力范围，一般都有一个海军基地，一条通往内地的铁路和沿线可以开发的矿山。总而言之，中国看来已经奄奄一息。一个新的世界必须出来挽救它了。

1840年到1895年这55年显示出中国得的是内忧外

患的老综合征。这个王朝苟延残喘,靠的是牺牲人民,绥靖外国人,以取得他们的武器,镇压长江下游、西北、西南以及中亚细亚的叛乱。外国列强把(中国)周边的纳贡国家一个一个蚕食了去,不仅有伊犁地区,还有琉球、越南、朝鲜,甚至缅甸。这个时期除了对法国和后来对日本作战外,还有西方势力的广泛入侵。轮船和电报加快了运输和通讯的速度,主要商埠的城市化培育了文化变革的幼苗。19世纪50和60年代人口虽然丧失很多,但后来又新增加不少,并带来新的问题,现在政府尝试用各种办法补救时艰。清王朝以恢复皇权来增加自身的活力,然而,这样做又使它的统治基础发生了变化。汉族官吏借着忠实于个人的地方军队在各省争得领导权,而北京则与英国和其他外国合作,开始谋求军队、外交关系和对外贸易的现代化。最有意义的是人数逐渐增多的上层阶级的多样化,城市(特别是商埠)里不受官方控制的各种专业人士崭露头角,地主、及第的儒生同商人间继续不停的大融合。此外,农业的商业化也在前进之中。

对西方的研究已经开始,有些学生已被派到国外留学,但是清廷不是强有力地领导现代化,而是在中国积贫积弱的形势下小心谨慎地加强权力控制。随着基督教会和其他外国势力的不断扩张,中国社会开始向外来的现代化影响开放门户,但是王朝对于非中央的行政首脑部门的垄断管理体制,改变得极其缓慢。

19世纪60年代清朝的"中兴"到底怎么样?答案不一。从王朝的观点看来,帝国政府经受了几次叛乱,皇帝仍然享有高级官吏的忠诚,有权任命和罢免从中枢到县级的首长，以勒令、谕旨发布对他们的擢升、降级、奖励和惩罚。一句话，官吏制度继续保持不变。在这个体制表面上一仍旧贯之中，权力却从满人滑落到汉人、从北京滑落到各省、从各省的高级缙绅（会、殿试入第的举子、官僚、大地主世家）滑落到中下人士手中，而他们也许是通过"捐官"、贿赂或大官的推荐而进入这个阶层的。到1895年，由王权的国家、社会的孔孟之道和满族统治构成的综合体，已开始分崩离析。现在各省的高级官吏都是汉人，他们以地方的商业税收来养活他们的地方军队。连绵不断的战争已酿成地区性动辄使用暴力和军阀势力的趋势。进入20世纪以后，这个趋势愈演愈烈。帝国政府的财政收入比过去任何时候都更多地依靠商业税。封疆大吏使用私人幕宾协助他们进行统治，并同外国领事办理地方外交；有时也借助于朝廷海关税务司同事的力量。名义上国家主权在北京，但通商口岸（这时已是主要的城市）的主权则不在北京控制之下。现代化的方案多半由那些幕宾经手，而他们常常中饱私囊。"官督商办"的大门不再向私人企业开放，而是向一种公开贪污的高级形式——"官僚资本主义"大开方便之门。

这种对于中国现代化早期踟蹰不前的消极评价，反映出在日本和西方突飞猛进时期通商口岸对中国落后形势的嘲弄。进一步的研究应该揭示出中华帝国晚期以前预见不到的重大变化。

第二部分——

晚清帝国秩序的变革
1895—1911 年

第8章

改革与反动

改革与反动

　　任何国家的历史都是民族主义的——就是说，它总是要把在这个国家的外国人的活动过滤出去。不错，中国的历史首先是汉族人民创造的。但是外来的人，诸如蒙古和满族征服者也在其中发挥了作用。在同样意义上，基督教教会也产生了影响，特别是在不平等条约签订后的一个世纪（1842—1943）中。因此，谈到改革运动不妨就从基督教对它的贡献说起。传教士按他们的职业论都是热情的改革派，而且他们的活动一开始就和中国的体制发生了矛盾。

　　耶稣教传教士和中国的地方士绅是天然的敌人，就像狗和猫一样。两者都享有特权，不受官府压制。两者都是宇宙学说的导师。他们势不两立是无可避免的。

　　在地方士绅看来，在中国的传教士是来自外国的谋反者。他们的不道德行为和教义是以炮舰为后盾的。保守的爱国人士憎恨且害怕这些洋鬼子。不过随着时代的进步，顽固派越来越不吃香，于是留下来的记录主要出自胜利的传教士之手。记录表明：中国人改信基督教的人不多，但是教会做的好事产生了广泛深入的影响。关于教会运动对中国生活的贡献问题说法不一，争议很大，这是不难理解的。成千欧美青年基督教徒在中国工作了一辈子，以各种离奇古怪的方式帮助他们所遇到的人。他们写了很多很多的报告给他们的教区，但是他们对自己在中国扮演了什么角色却不大清楚。中国新的马克思主义学者对传教士，不如对他们的孔孟之道的先行者那么热心。

　　中国信教的人少，其原因很简单。举个例说，1866年一个叫戴德生的34岁的英国人创立了"中国内地会"，因为他在中国"看见每月有100万人无上帝而死"，即注定将死于永恒的地狱之火。戴德生说："他们从头到尾都是拜祖先的人。"一切拜祖先的人的命运"都在火的湖泊里"。19世纪90年代"中国内地会"共有600个传教士工作。他们在内地同中国人一样生活，与天主教神甫相竞争。一个澳大利亚人注意到他们的问题。"他们告诉一个问道的人说，他的没有入教的父亲，因为从来没有听见过福音，所以已经像孔子一样永恒地消灭了。"换句话说，一个人入了基督教，他的父亲和他的子子孙孙就可以不必用硫黄烧死，不必死于"地狱之海"。自然不会有很多人接受这种劝告。

耶稣教会在中国的活动经过几个阶段。开拓阶段是一个名叫马礼逊的英国人于1807年来到中国后开始的。他作为英国东印度公司的职员来到广州——这是当时进入中国的唯一途径。另外几个英国人跟着来了，主要是在东南亚的华侨中做开拓工作。美国人从1830年开始来华，到1860年也同样限于通商口岸和他们被许可去、并能当天回来的附近郊区农村。那时传教士们发现的大敌是信奉孔孟之道的士绅，而受教育较少的普通民众，特别是农村的，比较听得进讲道。这并不是说他们容易改信耶稣教——几十年也收不到100个新教徒。

第二个时期是从1860年到1900年，传教士仰仗不平等条约和治外法权慢慢渗透到每一个省。内地居住权也通过一个虔诚的法语翻译塞进一个条约里。在"中国的基督教占领区"（1907年有人这样很不聪明地称呼它）中，传教士把他们办的小学校和一些普通医药带进大城市里，有时还把传单递给准备参加科举考试的儒生手里。不过那些原来在国内也住在农村的美国人，在中国农村感觉生活更合得来些，觉得他们和孔孟之道竞争希望更大些。耶稣教的发展不快，但稳步增长。中国信基督教的教徒1900年发展到10万人以上，这个数目同中国人口比，不过是沧海之一粟。但是耶稣教传教士是伟大的事业家，他们在自己的院子里建造起洋房子，请中国仆人管家，不久又办起学校和医院或公共卫生诊所。他们最初为基督赢得的中国人一部分是他们的病人或同他们一块工作的厨师或散发传单和圣经的人，但不久就包括了一些有才能、有理想的人，那些对外国方式生活印象好并愿意接受洋教的人。19世纪许多中国的改革者相信基督教，部分原因是在他们看来，实业、基督教和民主这三位一体是西方富强的秘密，也是救中国的最好途径。

　　传播基督教的道理给中国人是很困难。19世纪初期，中国最初以为耶稣教徒不过是佛教的另一个宗派，有一套信仰，有一个救世主，相信精神罪过和忏悔赎罪——这是大多数宗教共同有的一些因素。人们以为基督教大概是佛教在西方派生出来的一个分支。不管怎样，初期的传教士看来是以他们特有的一套教义和规矩倡导的另一种宗派。过去大多数宗派在中国都被禁止，例如"白莲教"，它们都被认为是秘密组织。自从17世纪西方个别耶稣教士到中国有过惹人注目的接触后，1724年雍正皇帝宣布基督教是邪教，对社会治安是一种危害。

　　传教士要学会中国话，并创造出一套传播他们的信仰的名词，这本身就是一场长时间的奋斗。一种办法是创造一种便于模仿的经典。例如他们参照中国原有的宣传孔孟之道的《三字经》，自己也编了一本普及基督教宇宙观的中文三字经。直到19世纪70年代，传教士们还管他们的代替物经典叫作"圣教"，这在基督教徒听来好像不错了，可是在非基督徒听起来，又有一点孔孟之道的意味。中国的宗教教诲是很高深的，他们老早使用一整套语汇以表明上帝、灵魂、犯罪、悔罪、得救等。教会翻译家不能不感到矛盾。如果他们用现成的语汇——通常都是佛教语汇——他们就不能突出基督教；可是如果他们用一种新的语汇，他们又不能使人们容易理解。这个问题最尖锐处是"上帝"这个对基督教徒来说最中心的名词。经过很长时间的争论之后，天主教徒们归纳为称"天帝"，耶稣教徒则叫"上帝"，又有人叫"圣灵"。事实是出版中文圣经时僵持了很久，各派传教士在他们这个宗教的基本标志称呼上争执不一。

　　这个名词跟中国佛教和道教久已存在的宗教崇拜对象混淆不清已经够头痛的了，除此之外，另一个偶然因素又闯了进来，它给在中国的基督教平添一个大问题，那就是我们述说过的、扰攘了半个中国的太平天国起义。起义者开始时打的是"拜上帝会"旗帜的基督教小宗派，并且利用《圣经》的翻译本作为他们革命运动的宣传工具。有些传教士最初听见太平军的情况时，以为基督已赢得了中国，但后来传闻多了，他们才知道太平军教义混乱，行为又不够文明，决定不支持他们。由于类似的原因，太平军也没有得到地方上尊崇孔孟之道的士绅们的支持，因而清廷在各省消灭了他们。一个重大后果是：不仅长江各省受到涂炭，还破坏了耶稣教的形象。1864年以后，传教士费了好大力气才让中国儒家学者接受基督教能够给人一种新生命的思想。

由于人基督教的人多了——主要在通商口岸——于是他们开始形成分散的聚居点。1868年扬·艾伦（林乐知）的开始出版中国版的《中国教会新报》，不少中国教徒写信投稿给它。早期传教士很早就发现中国读者对于西方的地理和风俗有很大兴趣，林乐知和一些人就创办了一个《万国公报》杂志，从1875年到1883年以周刊形式、从1889年到1907年以月刊形式向中国知识界传播世界新闻。这个杂志的中文编辑以优美的文言文编写文章，成为在这个领域里第一个使传教士与中国学者和官吏直接联系的渠道。这些学者和官吏正在摸索外间世界的问题。19世纪90年代最能干的传教士（如威尔斯曼·理查德）研究出一个联系学术界的方案，对革新运动起过重大影响。

天主教神甫和耶稣教传教士不一样，他们穿中国衣裳，对于现代化兴趣不大。美国天主教徒在1915年以前虽有一个玛立诺教会，但一直不大活动。他们在中国也很少有商业兴趣。

耶稣教徒和天主教徒都承受了中国从17世纪以来反对基督教运动的压力。孔孟之道的老学究从一开始就诋毁基督教，并在民间散布外国人干出极不道德的事和会魔术等传说。在19世纪，老学究们还利用这类传说煽动城市里的盲从群众，捣毁基督教建筑物。特别是19世纪90年代，外国列强的威胁刺激了对教会工作的抵抗。只是到1901年以后，这种气氛才渐渐消失。

在1895年北京的一个高级学者会是一个什么样的人？让我们同一个世纪后美国同样的人物比较一下吧。你如果是一个进士，一个老式中国的民主考试的高中者，那就好比你大学毕业并被选入议会，你就算进入永久的历史人物行列了。你对你的国家前途负有一种责任。你必须站出来，让人家传你的名。

再假设你的国家被一个外洋强国打得惨败不堪，而你认为这个强国在面积和文化上都不如你的国家，尤其令人难堪的是这个胜利者代表着一种邪恶势力，譬如纳粹或者什么反对基督教的势力。坏家伙们把你战胜了，眼看你将被投入无法言喻的灾难中，也许美国成为支离破碎隶属于外国总督下的附属地。在中国，这不仅是被一个其他文明国战败的问题，而是真正被西方国家所代表的黑暗势力所奴役和强制改变。设想一下西洋人的动物式的道德吧，男人和女人握手并当众亲吻（不知为什么不性交）。这个外洋世界发明强大机器，把人和自然界创造文明和美好生活的秩序都弄得天翻地覆，混乱不堪！

当然，历史不可能重演一遍，但是我们知道日本在1895年（甲午）的胜利对于那些感觉对他们的社会负有责任的士大夫，是多么惊天动地的震动啊！作为科举考试录取的儒生并接受高级官吏职位的举子，他们都觉得的他们首要职责是向君王提出自己的忠告并为挽救局势尽一臂之力。

1895年好几个因素一齐来了。第一，外国的威胁，沿海以海军炮火打了三次仗，三次都打败了。这些洋兵用的是新式战争武器，有难以令人相信的破坏力。第二，这些外国列强除武力外，还有那种洋脑筋，不但能打仗，还在实际生活技艺方面搞发明创造，如把蒸汽机放在船上和车上使运输快得无可比拟，各种公用事业如柏油马路、煤气炉子、自来水和警察制度，在上海和其他商埠都有现实的表现。第三，因为许多人觉得工艺和技术是根本道德和理智的表现，于是他们就以为外国人表现出来的这些品质，传统的中国似乎根本没有。不错，西方已经从古代中国学会了数学，还借去了诸如瓷器、丝绸、造纸、印刷、炮火、指南针等中国发明的东西，但是很显然，西洋人不仅仅是模仿者。他们的数学和其他知识才能还大大地发展了，以致能有石破天惊的威力。

这些考虑所产生的危机和羞耻心，导致人们不可避免地得出结论，中国必须大变。中国有些事从根本上出了问题。因为中国普通人民对政府无所贡献，而大多数士绅囿于习惯势力，不能提供思想领导，因此只有知识分子能解决这个问题。

"我在大彻大悟之中，觉得自己是一个圣贤"，康有为这样写道。他出身于广东一个世家，这时21岁。他不但潜心于四书五经，并懂佛学，熟悉当时能够接触到的西洋书籍译本。他的老师曾告诫他"不可有过高的优越感"。后来最了解他的学生和同事说：康"有一种极强的自信心……他绝不以自己的见解来适应现实，而常引据事实来支持他的见解"。康有为"能融合各种思想于一炉"和他的"绝妙的自信心"，使他能根据中国当时的各种思潮开出立足于孔孟之道而又适应中国当前需要的处方。这样他就领头打开了一个现代化的突破口。

1895年中国军事和技术的落后已变成有目共睹的事实，凡有知识的上层阶级人物无一能够否认。三年一次集中来北京应试的几千儒生更是人人皆知。李鸿章1895年4月17日在下关（马关）签订和约把台湾和南满割让给日本的消息传来，立刻引起轰动。不错，在俄、法、德三国干涉下，日本不得不放弃南满，但是，欧洲列强这种干涉的结果还是令中国的耻辱。

康有为领衔签字、联合。1200多参加科举最高级考试的儒生，上呈给皇帝一个"万言书"，这是对国策几乎完全一致的主张，即使高级官员之间平时也不敢议论的。虽说是激于民族主义的意识，但"万言书"表现的正义的忿激和崇高的道义原则，反映了手无寸铁的儒生一旦有机会，可以给当权者的政策多么强烈的抨击！

"万言书"要求废止和议；首都由北京迁移到内地，以便继续抗战；实行各项改革以延揽人才，制止腐化；提倡现代学术，建设国家经济。

抱着热切希望的改革项目，多得不可胜数。五十多年来著作家、学者前仆后继，从鸦片战争时的魏源到李鸿章的几个秘书和顾问都有建议，加这一行列的还有外国传教士、太平天国人士、去过外国的外交家以及早年香港和上海的中国新闻记者。

改革自然是清朝末期的事，学者们提出的治国方略涉及政府衙署和大清律例规定的各种事业——各种税务，盐税，田赋和行政管理机构管理的其他事务。在这些人看来，西方国家以及当时的日本提供了取之不尽的适合中国需要的办法。他们谈论最多的是国会，都认为这是统治者和人民之间的坚强纽带；他们同时也懂得了政府实行专利和奖励制度能够促进发明创造，修路有助于商业贸易，冶炼可以改善矿业，农业学校可以增加生产，翻译可以扩大教育——项目之多，数之不尽。每一名学者都喋喋不休地向掌权者提出长长的单子，开列拯救中国的方案。

但是任何一种改革运动要想在中国得到广泛的支持，首先必须借助于外国，改变老一套方法，并在哲学上找到根据。这种根据还得从孔孟之道里去找，因为那仍然是中国统治阶级信仰的命根子。这就需要一个为天下服务的大政治家。只有一个内行人、一个后代的圣人，才能完成这个把孔子之道更新起来的思想工作。这就是康有为的伟大贡献。他善于从中国的古典传统中找出先例，来适用现在的需要。

康有为首先做的是开展"今文经学"运动。清代学者早已攻击了宋代理学派所根据的"古文经学"。这个题目错综复杂，和基督教关于三位一体和宿命论等一样，不是任何简单的结论说得清楚的。今天我们所应知道的是："今文经学"是西汉定本的，而"古文经学"是东汉时期定本，后来宋朝哲学家综合成为理学。摈斥古文经学，支持今文经学（今文实际上是更古老的经学），可以使人们脱开理学的枷锁，重新解释传统。

1891年康有为发表了他著的《新学伪经考》。他的结论是"宋代学者所尊崇、阐释的，绝大部分是伪造的，而不是孔子的书"。这一颗炸弹很有学术价值而且十分可信（虽然当时还不被普遍接受）。1897年康有为发表了又一部引发一场轩然大波的著作《孔子改制考》。

他说孔子不仅编辑而且亲自撰写了主要的经典著作,目的是从古代事实中找到制度改革的根据。康又引据今文经典论证三世说,即第一是据乱世,第二是升平世,第三是太平世即大同时代。世界正进入这一进程的第二时期。实际上这是一种进化的理论。康的思想多半来自魏源和新闻记者王韬,但他独创一格。这样他就把进化和进步的思想——正风行于全世界的思想——同中国的古典传统结合起来。

康有为和他最好的学生广东人梁启超(1873—1929)实际上都在19世纪90年代接受了社会达尔文主义。他们已经写了些书介绍墨守成规的国家如土耳其和印度遭受的厄运以及俄国的彼得大帝与明治维新后的日本为适者生存而奋斗的成功故事。总之,激烈的改革派都是激进的民族主义者,但他们仍然希望清王室可以领导中国不致危亡。康在1895年还写道:"中国在道理、制度和文化上是世界最高尚的……只因风气不开,人才缺乏,不得不备受侵略与凌辱……中国危在旦夕……人心惶惶……我们自己如不团结一致……则呜呼!我们的神圣种族将不可言,全然不可言矣!"

这个时期耶稣教会常向士大夫阶级发出特别呼吁。康、梁以他们为例,也利用各种现代手段如报纸杂志和学术研究团体、以文字或会议方式公开讨论局势。康有为甚至主张把崇拜孔子列为国教。但他的主要希望还是传统式的,即争取统治者听到他们的声音,而实行自上至下的改革。

1895年终于机会来到了。这时每一个帝国主义列强都要求划分一块势力范围,眼看中国要被瓜分了。从

1889年起，理想主义的年轻皇帝光绪被许可"亲政"，而他的婶母慈禧太后（人称"老佛爷"）则一直坐在新整修的颐和园监视着他。光绪皇帝爱读书，对一个傀儡皇帝来说，这是有风险的。他的年老的师傅、李鸿章的对手翁同龢向他推荐了康有为。

康有为在1898年1月会见朝廷大臣时，一位大臣带头发难："祖宗传下的各种制度不能改变。"康有为回答说："祖宗的天下我们都保不住了，他们的制度有什么用呢？"

李鸿章问道："我们要废除所有六个部和取消现在的一切规章制度吗？"康有为回答说："法律和政府制度……已使中国软弱，将要灭亡。这些毫无疑问都必须废除。"他显然是一个激进分子。

可是，随着1898年危机的日趋加深，皇帝对康有为的信任也增加了。皇帝第一次接见康，长达五小时。康说："中国快要灭亡了。"皇帝答道："这都是保守派造成的。"康说："陛下要靠他们来革新，那是缘木求鱼。"康于是大肆攻击科举制度，因为它使官吏们不知道外国。皇帝说："不错。西洋人都在研习有用的学问，中国人却学些没有用的东西。"

从6月11日到9月21日，在整整100天中，光绪发布了大约40道旨在使中国的国家、行政、教育、法律、经济、技术、军事、警察制度现代化的谕令。不幸，1898年的这100天不像1933年罗斯福实行"新政"的头100天，中国激进的改革措施大部分停留在纸上，大臣官僚们都在等待观望"老佛爷"怎么办。等到差不多全部朝廷官员人人自危的时候，她一下子发动了军事政

左图：公车上书的领衔人物康有为，后转为保守。
右图：曾游览美国的著名改革家梁启超，他的个人与国家不能两全的主张对毛泽东有直接影响。

变。她把光绪囚禁在中南海南边的一个岛上（70年后另一个国家首脑刘少奇几乎关囚在同一地方），杀死了她能抓住的急进派。康、梁逃到日本。1898年的戊戌政变清楚地说明：中国不能实现自上而下的改造，至少不能很快改造。

在1898年短暂地处于权力中心边缘之后，康有为成为一个政治组织者。他在华侨中办报，鼓吹以光绪皇帝为首脑的君主立宪制。他的政治运气没落之后，他偕女儿周游世界各地，对天文学和地球在天体中的位置（就是现在人们所称的科学故事）感到极大兴趣。与此同时，他创立了一种平均主义的乌托邦理论，这种理论如果当时公开的话，会吓坏中国的知识界。在他死后出版的著作《大同书》中，他幻想着一个消除一切界限，特别是孔教道德规范的乌托邦。在这个乌托邦里，妇女和男子有平等权利，结婚只要订一个简单的契约，离婚也同样简单，世界各地之间都没有分界线，谁愿去哪里，就可去哪里。财产、家庭和国家都不要了，技术的发明改造由政府按法律处理。这个乌托邦是中国的无政府主义者所追求的，但是在20世纪初显得太遥远、太惹人忌讳了，所以没有正式提出来。

关于康有为的"天下一家"思想，有一点是值得注意的：它是把全人类包罗在一个新的社会文化秩序之内的世界观。康氏代表了民族主义势力，他的思想却超出民族国家。他所设想的乌托邦至今还是世界上伟大的理想之一。它适应了一个要求，就是任何一种新的中国的世界观，必然是一种适用于全人类的世界观，而不是地区性的或一个民族、一个国家的。

康有为的乌托邦论有革命的含义。它首先是重新解释了孔子的经典。其次，1902年写出的《大同书》攻击了孔子的等级论以及依据等级而确定的品行标准。把《大同书》和《共产党宣言》拿来比较一下，可以看出两者都同意废除私有财产和以私有财产为根据的资产阶级家庭制度，都同意社会化的公立学校教育、妇女的解放、限制（如不完全取消）民族主义以及一切生产由国家集中。没有证据证明康有为曾经读过马克思的著作；同时，康有为同马克思在激烈的阶级斗争和改良之间也是见解各异，但是在乌托邦理想上则是两人所见略同。

康有为的思想没有成为改良主义思想的主流。1860年以后西方化运动就已被定论为精神和物质不可偏废的二元论，导致张之洞提出著名口号"中学为体，西学为用"。还有一些别的说法，但主要意思无非是中国文化有自己的生命机理和价值体系，而西方的技术只涉及社会实用的和机械的方面而已。随着时间的演进，二元论的附和者在不同的旗帜下都是存在的。实在说来，时至今天，文化和技术的争论在我们周围还在喋喋不休呢。

1898年改革运动之后，跟着来的是反动。慈禧太后下令组织民团，拒绝了意大利"我也来一份"的势力范围分赃要求。她只听满族中最顽固不化的王公们的话，这些在宫廷中养尊处优的人根本不知道外边的世界，而且自以为最了不起。他们之中有些人变成了农民秘密会社义和团的赞助人。一般说来，秘密会社都是反对王朝的，其所以秘密就是因为如此。这回满清朝廷给予秘密的迷信的义和团以积极支持则是铤而走险行为。这也暴露了满族顽固派缺少起码的常识。

义和团运动直接从过去的历史，即1813年的八卦教叛乱沿袭下来，好像这中间没有历史间隔似的。它代表盲从的农村群众一股强烈的绝望心情。19世纪90年代末期，它以义和拳的名义遍及华北，意即它是代表正义与和谐的一种古代拳术；虔诚地遵照它的仪式，就会有神灵附体，可阻挡枪弹穿身。

干旱、饥荒、走投无路，再加上外国的威胁，例如德国探矿的人在山东省的粗暴行径，好像激怒了"风水"的精灵，弄得人民惶惶不可终日。修铁路威胁着祖先的坟墓，并使赶车划船的人失去职业。最遭殃的是中国的基督教徒。义和团的标语牌上写道:"天主教和耶稣教徒辱没我们的神仙和圣人……和洋人阴谋串通,毁坏我们的佛像,掠夺我们的坟院,以致天怒人怨。"

1899年年初义和团的标语还是传统的"推翻清朝,驱除洋人",但同年晚期,就变成了"扶清灭洋"。于是满族王公,甚至"老佛爷",觉得他们听见了老百姓的呼声,这呼声是中国政治的最后裁断者。他们主张同义和团合作,而不再反对他们,并借此一举解决外国帝国主义问题。

虽说社会变乱时常是复杂而且神秘的,但在这次变乱中有几种因素却是显而易见的。外国对中国统治阶级(满汉同样)的挑衅,自1830年以后愈演愈烈,到1898年达到高峰。对改革采取半盲目的对抗的主要是满清朝廷,这种对抗正和中国的保守主义和排外的骄傲态度相契合,因而爆发是难以避免的。在事件发展过程中,双方的作为互为因果。1900年公使馆的卫兵跑出使馆,枪击义和拳,吓唬他们。6月13日和14日义和拳开进了北京、天津,杀死基督教徒并加以抢掠。6月10日2100个外国军人从天津出发,要去保卫北京使馆区,但只走到半路就停了下来。6月17日外国兵舰向天津外面的海岸炮台开炮。6月21日慈禧太后和宫廷当权派正式下令同所有列强宣战。她说:"中国是弱,我们唯一指望的是人心,如果我们失掉人心,我们怎么保全我们的国家?"(她说的"我们的国家",当然指的是满清王朝。)

在1900年漫长炎热的夏季发生的义和团起义成为19世纪最著名的事件之一,因为自6月20日至8月14

日8个星期中，北京使馆区内那么多外交官、传教士和新闻记者被步枪不停的射击围困着，其中共有约475名外国居民，8个国家的450名军人和3000名中国基督徒，还有大约150匹竞赛玩的小马（这倒提供了当时买不到的鲜肉）。经过争吵后一个国际混合兵团来搭救了他们。慈禧太后偕光绪皇帝坐着骡车平安逃往西安。八国联军把北京彻头彻尾洗劫一遍。恺撒·威廉二世派了一员大将，把周围城镇（据说那里死了几千中国基督教徒）弄成一片恐怖。华北有250个外国人被杀死，大部分是传教士。报仇之声不绝于耳。

但是中国致力于自强运动的各省督抚们现在开始着手控制局势。广州的李鸿章，武汉的张之洞和其他人物在6月就决定立即不理睬北京的宣战通告。他们宣布整个乱子只是义和团叛乱，只要外国人不让军队和炮艇介入，他们就保证中部和南部中国平安无事。这个允诺当真起了作用。帝国主义列强得到赔款，又保留了现成的不平等条约系统，它们也满意了。这样，1900年（庚子年）的战争，19世纪清政府与西方列强打的第四次也是最大的一次战争，就只限于华北地区了。

1901年（辛丑年）9月间满族亲王和李鸿章同11个外国列强签订的和约，主要是惩罚性质：10名高级官吏被处死，100名官吏受罚，45个城市废止科举考试，北京使馆区扩大、设防、驻军，通往北京的铁路也设防，约25处清朝的炮台被拆除。这次赔款是大约三亿三千万两白银，40年付清，利息可达全数一倍以上。唯一半建设性的条款是根据条约规定的进口货关税提高到5%（当然，保护关税是不被允许的）。

谈判这个和议是李鸿章生前最后一次履行公务，几个月后他就死了。总税务司赫德在北京经历了义和团的围困之后写信给他的伦敦代理人说："可怜的老李在死前30个小时还在办公。他有惊人的生命力，只要他大权在握，他就不随便屈就，就有让别人有说话的份儿！"

1902年1月慈禧太后回到北京时，据赫德写道："她的态度极为和善，向所有拥在前门城墙上看她进城的外国人鞠躬微笑"。后来他又写道："朝廷谦恭得过分了，西太后不但接见公使们的夫人，还接见使馆的孩子们！"有一张1903年的相片照的是老佛爷坐着，握着也经历过义和团变乱、当时站在她身旁的美国公使夫人萨拉·派克·康格的手。

我们怎样来评价这一幕腥风血雨的戏剧呢？对于中国人民来说，它是怎么一回事呢？

最快的答案当然是最简单的。后代的革命者回头看看1895—1900年的事件，可以看到清王朝和外国列强早在1860年结成的带有压迫性和剥削性的伙伴关系在这些事件中已经破产。用不着借重所有马克思列宁主义的关于本国封建主义与外国帝国主义互相勾结的公式，就会看出这个一般模式的形形色色表现。一旦北京接受了外国关于内地居住权、贸易和传教等特权的条约系统之后，外国列强就变成原有秩序的支持者。他们的武器帮助镇压了太平天国和其他起义。他们的技艺帮助了"自强"运动。

但是，只要你仔细看看这个一般性模式的背面，所见到的图景就分为碎片了。外国人帮助了也阻碍了中国的进步。实际上并没有持久的伙伴关系，更没有勾结同谋的事，不管是争取什么或反对什么。李鸿章和英帝国主义狼狈为奸吗？说不上。譬如1893年的一天，李鸿章在上海办的、坐落在公共租界外面不远地方的一家纱厂失火了。管理上海工部局事务的英国商界领袖们整天都不许工部局的消防队开出租界，结果全厂烧光。

　　涉及改革运动，外国的接触和影响起了推动作用。但这不是政策的结果，而是零零碎碎起作用，方法常常不同。例如，香港最早的新闻记者王韬产生改革的思想是他生活在苏格兰（1868—1869）帮助传教士理雅各翻译中国经书的时候。他在苏格兰、伦敦和巴黎各地旅行时，从"当地经验"中得到许多必要的知识，使他成为中国最早的"西洋专家"。他的很多思想后来都被康有为接受了。

　　然而，改革运动是中国思想史的一个篇章，而不是西方思想史的一章。它涉及的是中国的问题，用的是中国语言。在我们简单地称它是外国刺激力的反应之前，我们必须首先承认中国传统的原动力的生命力量。孔教改革的记录刚刚才开始被人研究。

第9章

辛亥革命的起源

1900年以后的中国发生了很大变化。传教士教育家如加尔文·马蒂尔（狄考文）拿19世纪60年代和20世纪初对比说："那个时候一切都是死的，停滞的，现在一切都是活的，动的。"新闻记者笔下写出了一个新的中国、年轻的中国。耶鲁大学的历史学家玛丽·赖特（芮玛丽）讲到了"正在高涨的变革化浪潮"。她看见中国到处闪烁着民族主义，这明显地见之于反对帝国主义、要求修改条约和恢复权利的斗争，在国内问题上则见之于为建立一个中央集权的民族国家而奋斗以及比较次要的为驱除满族而努力。他们的王朝已经濒临"天命"的丧失，但是后继的权威却什么还看不出来。总而言之，20世纪初中国政体的强化产生了一大批互相结合又互相激荡的运动。现代社会已经到来，我们对于事件的分析只能就棋局上的活动加以缕述。

让我们先从传播媒介的成长开始吧。1901年以后中国参与了世界范围的大众出版物的普遍崛起，诸如国际新闻的报道，书籍杂志的大量出版。但是，在我们为中国20世纪现代媒介的发展而表示称赞以前，首先还得承认中国出版书籍的悠久传统，那是比欧洲书籍出版早好几百年的事。一种可以证实的推测是：1750年中国印刷出来的书比欧洲多。中国现代媒介有着深厚的土生土长的根，翻版和改订本比新的创作多。最早出版的是关于中国古老的图书馆的研究、地方志、皇家编纂的集子、诗词、各种各样的民间小说、官方文书和地方新闻报章等。到1900年，城市里的有文化的人已有成百种小说供阅读消遣。主要的新事物是翻译西方的作品，出版新闻和时事评论，并且发行到农村中的上层读书人。

在改革的背景中，特别在上海，新闻出版增长很快，促进新思潮在各大城市迅猛传播。文化传播在中国早有先例，传教士们在19世纪也已开始出版印刷品。甚至在1842年开埠通商允许他们那样做以前，耶稣教传教士就已经致力于用中文书写一些圣经给老百姓看。1896年梁启超在上海创办《时务报》，宣传革新运动的思想。同年商务印书馆创立，成为给广大平民提供新文化的一家出版社。它开始出版教科书和一些宗教书籍，并建立起一个现代图书馆和研究部。后来它逐步使用了新的印刷技术，并在1915年出版了一种新的中国字典《辞源》。商务印书馆的主要竞争对手中华书局创建于1911年。

上海的外文报纸肇始于1850年的《北华捷报》，后来它又出版了中文版。1872年一个英国人创办了《申报》。这家成功的企业在19世纪80年代出了一份《点石斋画报》，用木刻板画报道新闻，解说各种新事物。上海新闻事业发展很快，两三种主要报纸发行量达5万份（20世纪30年代达150万份）。它们参加到现代世界报纸的行列中来，在北京派有常驻记者，以电报传送国内新闻。

蓬勃发展起来的不但有1901年至1911年间满清王朝革新运动的严肃的政治讨论，还有新兴的现代小说。梁启超在日本流亡时出版了几种杂志，鼓吹用小说唤醒人民，改变他们的思想。作为拯救中国运动的一部分，梁创作了中国最早的政治小说。上海报纸还辟有专栏或出专刊讨论教育、科学以及妇女地位问题。它们发现长篇小说连载能够增加读者。城市读者多了，提倡改革的报纸和革命的报纸也有了"娱乐版"。爱情小说、侦探故事、武侠以及初期的科学小说，都开始吸引城市中产阶级读者。

除了传播媒介外我们还应该注意到，基督教会于1901年进入了它的第三个也是最有影响的时期。在义和团运动失败和遭受惩罚之前，拳民们本来是朝廷利用来驱赶所有外国人，首先是传教士的。现在则流传着许多教徒被杀害的故事，在传教士中间创造出一种殉教就义的气氛，而关于义和团受惩处的和约又显示了谁是胜利者。耶稣会在中国社会生活中扮演起日渐活跃的角色。大门终于打开，西方的思想和生活方式泉涌般进来。那些已经在中国建有据点的当地传教士更前进一步，例如原来办普通学校的现在办起大学来了。

没有被义和团杀死的传教士成为显赫人物了。每个省都有他们在工作，传播西方医术，特别是外科医术，吸收女生入中小学，鼓励禁烟和天足运动，教育青年们怎样开会、讨论，并且以他们在外国的经历扩大中国人的视野。基督教会在20世纪初到20世纪30年代是在中国称心如意的时期。虽然他们在中国创造了一个相当能干和有生气的中国基督教会，但恐怕最后追溯起来时，他们间接的社会影响比起他们传播基督教来，会显得更有意义。

不过，尽管外国活动是一种刺激力，不论消极方面也好（如外国侵略），积极方面也好（如外国知识和制度），中国现代史毕竟是"中国造"的，不是外国造的。20世纪初期的主要政治特征是民族主义情绪的兴起。

虽然这一兴起耽误了很久，但它毕竟是蕴藏在社会及其传统内部的中国文化意识的产物。它接受了汉化了的满族王朝，但不能接受通商口岸城市（商埠）中西方事物的存在。由于治国之道的传统，加上外国的榜样，"自强"运动起来了，接着是革新运动，再接着是义和团。但是无论是行政官僚，还是激进的学者，都创造不出一套新的秩序来应付中国的需要。在这方面，农民起义者更连试都没有试过。到了1900年，许多人都洞若观火：打破旧秩序的唯一途径就是革命。

自然，革命是要由民族主义加油助燃的。在世界各国纷纷扑在她的身上时，民族主义要解决的就是如何使中国保持住政治实体的问题。但是这种新的民族主义象征着更多的东西。它准备去迎接外国的挑战并对之做出反应，这本来是东南亚地区海外经商的华侨自中世纪以来就具有的特点，但他们在伟大的农业官僚帝国中通常变成了少数派。只有国势衰弱时期，例如以杭州为首都的南宋时代，一面临海的中国才会认真对待它的海外贸易。其他时候，如元、明、清各朝代，战略兴趣通常总是集中在中亚细亚内陆方面，敌对势力也总是从那边来的。但是在20世纪，首要的威胁无疑来自海外，对付这种威胁的领导力量就从中国沿海地区产生了。

所谓海外力量，在现代中国，一部分由通商口岸（商埠）组成，一部分由东南亚和世界各地的华侨社会。17世纪明亡以后，越南曾接受过中国的难民。大约同时，暹罗以贡米名义向中国南方运销大米，华侨商人在暹罗的对外贸易中取得了优越地位。后来欧洲人占有巴达维亚、马尼拉以及新加坡后，华侨社会飞快地发展起来。特别在东印度群岛,华侨变成了荷兰统治者和广大的爪哇人民群众之间的中间人。根据英国的记载,印度支那的鸦片生意非常发达,印度的鸦片大量流入东南亚各地,其中一部分经华侨之手。

中国人散居到美洲新大陆,是在大量移居到东南亚之后。他们立足的方式有所不同,因为在美洲的环境中他们不能成为商人、掮客或像在东南亚那样做政府的其他助理人员,而大部分限于体力劳动,如帮助修建铁路或在大陆各地发展洗衣业和餐馆业。苦力劳动者在旧金山、温哥华、古巴甚至美国东岸建立起唐人街。在外国土地上建立起来的这些文化领地,刺激起中国人的民族主义,革命者在他们中间很容易找到经济和道义上的支持。

到19世纪末期,所有东南亚口岸的华侨都建立了商会以及他们自己的学校和秘密会社,他们的社会因此而团结得很紧。这样,在19世纪末和20世纪初,孙中山和康有为领导的革命运动得到了海外华侨热烈的拥护。清政府也开始意识到他们从海外回国之后,不应再砍掉他们的脑袋,而是应该教化他们,使他们对中国有利。领事官员开始派出,有时还派政府代表团,同革命者相竞争。

海外中国人在东南亚的情况,现在刚刚开始有人研究。在两个世纪交替的时候,当地已经有了中国报纸和舆论界,它们由商业界主持,具有相当大的自主性。华侨势力发展到大陆,并在实业发展方面起着带头作用,南洋兄弟烟草公司可为见证。随着20世纪革命的进展,华侨中有些会讲英语的人开始崭露头角,如1926年担任武汉政府外交部长的陈友仁，原是特立尼达的华侨。在条约规定的商埠，不少华侨找到了发展事业的机会。例如宋耀如（宋庆龄的父亲）就是从美国回到上海，做基督教的传教士，不久又从事出版和其他事业，同时安排了他的子女在美国受教育。

在洪秀全开始罗致拜上帝会成员50年后，孙中山（1866—1925）成为最卓越的反满革命家。时代变了，外国的——实在说来，是基督教的——影响对于这些领袖的出现起了关键作用。孙中山是在广东省香山县长大的。该县在澳门与广州之间，和外国人接触最早。很多华侨和有才能的人是从这里到国外去的，例如李鸿章的管家唐廷枢，就是从这里到商埠去的。

这个地方有反满的传统。孙中山的少年时代，民间就盛传太平军的英勇事迹。孙中山认为，如果没有英国的反对，洪秀全就推翻满清王朝了。孙中山西化倾向的一部分是当了一名基督教徒。他于1879年13岁时跟他的哥哥一起入檀香山奥兰尼学校读书，并在那里入教。这个英国圣公会办的学校那时的气氛是争取夏威夷独立，反对与美国合并。孙氏以英文班第二名毕业，准备入奥阿厚专科学校进修，这时他的哥哥怕他完全洋化把他送回国内。但是孙氏在家乡反对本村祭祖敬神的迷信，因而被驱逐到香港。1884年他在那里受洗礼，参加公理会，并入何启博士办的医学院学习。何凯博士曾在英国学习医学和法律，并娶了英国女子为妻，是一个早期赞助中国改革的人。

在国外的经历很自然地激发了孙中山的爱国主义；同时，他在学医的时期又研习了中国的经典著作。他是农民出身，又有西方的教养。他在革命生涯中充分利用了他和外国的接触；而在领导中国传统的士大夫方面则无成就可言。归根结底，基督教对他的事业犹如对洪秀全的事业一样产生了有益的作用，但是他的根本动机是民族主义。

同19世纪50年代相比，19世纪90年代的中国是迥然不同了（当然世界上大部分国家也是如此，特别是日本和美国）。在中国，商埠城市纷纷崛起，街上到处是人力车———一种日本发明的用齿轮滚珠转动，由报酬低廉的车夫拉着跑的人力车。工厂、火车和轮船上用的蒸汽机通常是进口的。同欧洲的直辖殖民地一样，外国人和他们的设备到处可见。居民区里有英国式草坪、花园洋房、马车和赛跑的小马，有外国银行、商行和俱乐部。侍候这些住在中华帝国的新贵族的，是扩大了的服务行业和职工。在香港，那些洋老爷已经可以用缆车达到雾蒙蒙的山顶别墅。从孙中山的革命目的来说，中国社会现在出现了新的通过别的途径上升的人物，首先是那些替外国人服务、在商埠的洋行工作的仆役或买办，或者是拉人力车的、传话的、看狗的。很可能后者引出了后来上海外滩公园门口设立的"华人与狗不得入内"这个人们常常提起（但从未拍过照？）的告示。那个告示的目的，至少是防止外国人的狗在没有看狗的中国仆人牵着时弄脏外国人的草皮。

在旧中国的社会结构中，在原有的儒生—农民—手艺人—商人范畴之外，军人有了新的社会地位；军官学校出身的军官，取得了过去只给儒生保留的一些特权。地主士绅和商人之间的界限模糊起来了。现在商人绅士

辛亥革命的起源 179

孙中山在香港读书期间,常与好友在一起谈论革命。左起:杨鹤龄、孙中山、陈少白、尤列和关心焉。(摄于1888年10月)

也有了一定的地位,正像官吏和商人的身份笼统地称官商一样。廉价的农村劳动力大量涌入城市,从事纺织和烟草制作,工厂工人阶级开始产生,虽然他们还不可能组成无产阶级。最重要的是,科举考试的废除,新的学校制度、教会学校的出现……总的说来,城市生活正在产生一个新的知识分子阶层,他们再也不和四书五经的考试结合在一起。他们中有些人成了新闻记者,这是一种制造舆论的新专业。孙中山本人正在把自己铸造成一个新的角色——职业革命家、政党组织者的先驱。

孙中山作为一个先驱者，表现出为完成他的使命所需要的一切灵活性。有时候他和三合会之类秘密会社的强人通力合作，有时候同日本的扩张主义者合作，有时候跟美国传教士、中国留学生、华侨商人、共产国际代理人以及军阀合作，总之跟任何肯听他的话的人合作。他太真诚，所以不做一个简单的机会主义者；他又是太实际，所以不执着于一种意识形态。他遗留下来的著作平淡无奇，他的演说却不错。他追求的究竟是什么呢？

答案看来简单得惊人。孙中山身体单薄，个子中等，他似乎知道他是为了一个比自己高大得多的事业而工作，而人们也是为此而尊重他。他有一种魅力，一种人格的吸引力，在"努力"这一项肯定能得"A"等成绩。尽管他多次失败，国民党后来还是认他为建党人。他们那时需要一个列宁那样的人物。他的《三民主义》演说集是作为一思想理论编辑出版的。凡是编辑过政治演说的人都看得出来，为什么它们不是《葛底斯堡演说》（1863年美国总统林肯提出所谓"民有、民治、民享"的演说）。

归根结底，孙中山在革命界享有年资，即享有由中国人生活中一切关系和威信积累起来的资历。他在进行革命的同时不断学习。1894年，他带着一篇并不惊人的长篇改革建议到天津呈递给李鸿章；但李太忙，没有接见他，于是他转向了革命。

孙氏的第一个秘密组织兴中会，是1894年在夏威夷和100个华侨会员建立的，当时夏威夷共和国刚刚成立（美国合并夏威夷是1898年）。孙氏提出兴中会的宗旨是"驱除鞑虏，恢复中华，创立合众政府"。接着他于1895年在香港成立总会。他希望利用甲午战争日本获胜后国内混乱的机会，发动革命。

作为掩护，他在广州创办了一个农业研究会并利用了一家基督教书店。主要的行动计划是由一群三合会秘密会党的成员，带着写有"波特兰水门汀"字样的炮筒，从香港乘木划子偷渡到广州，于10月26日黎明夺取总督衙门，杀死官吏。同时在附近埋伏的人将前去会合行动。香港的英国报纸通过何启博士事前就知道了这个计划并发表了支持的言论，尽管报道并不具体。当局接到了密报。会党成员们乘划子晚到了一天，警察将他们抓了起来。起义失败，没有被捕的人都躲了起来。这件事给孙氏的教训是：受过教育的基督徒阴谋鼓动群众起义，很容易引起人们回忆太平军的往事。孙氏逃到了日本，清政府悬赏通缉他，他变成人所共知的领袖。"野火"没有烧起来，但可能比过去大了。

孙中山1896年去伦敦时，被人"盯"上了。他很快被逮捕，在中国公使馆禁闭了12天。在他作为一个"疯子"被送上船回国之前，他偷偷送出一封信给他在香港的医学教师。这位老师向伦敦警察局、《泰晤士报》和外交部打了招呼，才把他释放。这个国际事件立刻使孙中山成为著名人物，也使他相信了自己的革命者命运。在英国的九个月里，他也像马克思一样，成天在大英图书馆拼命读书，给报纸投稿，还写了一本通俗小册子《伦敦蒙难记》。在英国这一段经历对他很有好处。香港政府那时和现在一样，不准人们以香港为根据地搞反大陆的活动，因而把孙驱逐出境五年。他可以过境，但不得停留。

1897年孙氏回到日本时,他已是遐迩闻名的人物了。热情的日本青年泛亚细亚主义者正在物色一个他们拟加以帮助的、能使中国革新和现代化的中国领袖。孙氏正是他们所寻求的一个理想的盟友。他取了一个日本人的名字"中山",留一撮小胡子,看上去像个日本人。泛亚细亚主义者中有些日本的扩张主义秘密会社分子,这些人很活跃。他们在1898年也欢迎从北京来的康有为和梁启超。梁和孙开始时似乎可以合作,可是康有为说不行。和这些主持光绪皇帝"百日维新"的著名领袖比起来,孙中山倒是一个后起之秀了。康、梁的"保皇运动"很快和孙唱起对台戏。事实上他们向华侨募捐在中国闹革命,比孙还胜过一等。1900年当举国动乱之时,康、梁的党徒和秘密会社曾计划在汉口起义,但被张之洞发觉后挫败。

孙中山和他的日本支持者在中国南方扎实地工作起来。他们选择了香港新界附近的一个水陆交通都很方便的沿海村庄,集合了三合会秘密会友,这些人都是客家人。但和过去一样,起义功败垂成。原来预定从日本来的武器没有运到,清军先赶到了。惠州战役打了两个星期。农民来参加了,打了军队的埋伏,给了起义者一些武器,但最后还是失败了。孙中山又回到日本,依然把外国军火偷运过来,交给秘密会社打仗,但这种做法始终未成功。

现在,一种具有更大活力的因素在日本出现了。中国新一代儒生—官吏领导人物群集到东京。成千中国留学生——半数由各省公费选派——年复一年地聚居在东京神田区。他们在那里很快懂得了民族主义。日本儿童常常讥笑他们不合时宜的辫子和长袍，他们感到中国的贫弱和羞辱。作为知识分子，他们毕竟是"以天下为己任"的。他们都认为中国应该在世界上崛起，可是他们像在北京一样都有本省的畛域之见。尽管如此，他们形成了一个自觉的团结的社团，对中国的命运都有强烈的责任感。这已不仅仅是借用外国方法的问题，而基本上是一个政治哲学问题。

当时借用西方的、包括日本的思想，并非出于偶然，而是涉及选择什么来适应中国的意识、中国国情的问题。举例说，当严复翻译亚当·斯密、穆勒和赫胥黎的西方自由主义经典著作时，译者强调自由原则的价值不在于争取法律下面的个人自由，而在于通过各个人的努力以创造国家的财富和实力。

同样，集体主义的奋斗精神也表现在梁启超的著作里面。他作为新一代的教师来到东京。他把日本翻译过来的西方学术著作发表在他的中文报刊中，将西方的政治思想和制度灌输给他的那些如饥似渴的读者。他写了些长短篇小说，也是为着一个目的——中国人民的"政治革新"。他强调的"新民"，来自孔子的经典著作《大学》。1898年梁解释它的主要意思就是各个人都参加在群体中，最终成为一个有机的国家。他写道：

> 万其目，一其视；万其耳，一其听；万其手，万其足，一其心，一其力；万其力，一其事……万其余，一其归，是之谓国。
>
> ——《南学会叙》（1897年）

这种通过团结增强力量的号召，是比较自由、比较集体主义的，虽然它要求参加的是民主和民众的主权。

梁在日本的视野逐渐扩大，他把"新民"的意义进一步扩大为"新的公民"。他争辩说，旧中国在家庭伦理方面发展了高度的个人道德观，但一直是不完整的，在公共道德和公民操行方面，即在社会伦理方面是不够的。这样，他否定了儒教中国的狭隘忠诚和以家庭为中心的自私观念，而主张集体的民主和建立一个强大的国家。梁氏有时候被称为现代中国自由主义的首倡者，但他的目标和通过公民自由权实现个人自由是两码事。

梁启超在1903年以五个月时间游览了美国十几个大城市。作为一位著名的中国改革家，他每到一地都受到华侨社会的欢迎。他参观了许多地方机构和美国企业。他受到美国总统西奥多·罗斯福的接见，也见到了"商业界的拿破仑"——J. P. 摩根。但他回到日本时对美国的民主非常失望。他发现美国充满了平庸的政客、腐败、混乱、种族主义、帝国主义和其他赘瘤，总而言之，他看透了美国，掉头走了。给他留下较深印象的是日本和德国的强国思想。他的结论是中国人民不应学美国。因为他的目的是使中国人转变成积极的、有责任心的公民。他预见到长期教育的必要，就是后来说的在中国人成为真正的公民之前，要实行"训政"。"训政"只有开明的专制主义才能提供得出来。

政治科学家分析了从梁启超、严复到毛泽东、邓小平等所有的改革家对于"民主"的共同看法。这种看法承袭了乐观的（人是可以教育的）孔孟之道，认为良好的政府靠的是统治者与全体个人即人民的利益的自然和谐,彼此都争取国家的福利(富强)。开明的有儒家修养的人承认,社会有秩序才能使他生活得好,混乱给生活带来危险。根据这种以国家为中心的看法,每个人都应发挥他的能力,从而贡献于共同的利益。因此正派的人总是一往无前,按部就班,尽力而为,这就是"民主"。反社会、反集体主义的人,正如毛泽东所说,不是"人民"的一部分。一个反权威、只主张"听我说"的人,从根本上说是不道德的。

  梁启超的个人与国家不能两全的主张,后来对于毛泽东和整个中国共产党有直接的影响。20世纪初中国在帝国主义威胁下出现的救亡的紧迫感,后来在20世纪三四十年代即日本侵华的年代重复出现,都是用来作为制止个人权力的重大理由。回过头来看即可明白,无论是梁启超还是后来的毛泽东,都不能解决17世纪大政治哲学家黄宗羲提出过的问题:在头上有一个专制政权的情况下,怎么样把权力分散给全社会,由士大夫领导的社会组织来防止这种专制?这不是一个人权学说问题。在20世纪初期,国家总在个人之上。

  梁在家庭生活上和个人操守上毕竟还是一个孔子信徒,又对佛教有兴趣,所以他归根结底仍是一个改良主义者,反对激进的革命。他觉得革命会把中国从烙饼锅扔到火里去煎烤——像1789年后法国社会那样动荡不安。因此,他争辩说,君主立宪在中国是过渡到现代化最可行的办法。

  那时,每年有5000名到15000名中国学生在日本留学,他们中的大多数能够接受梁启超的理论,但它却不能使一两千个坚决要求推翻满清政府的积极分子满意。

梁关于帝国主义是中国长期敌人的理论，理由倒也充分，可是它给那些积极分子一个无法解决的难题。没有控制中国政府之前，怎么抵抗外国列强？革命必须有个简单明白的目标。满族是最现成的目标，它当权但软弱，又没有盟友。既然反满，当然革命就要反君主，也就是要共和，这一切顺理成章。

与此同时，一向足智多谋的孙中山看出要召集知识分子做组织者，必须有一套革命理论。在知识策划方面，他想出了一个"三民主义"。用西方的话说，就是民族主义、民主和社会主义。在中文中这些名词稍有不同。第一个即民族主义，意味着人民和种族结为一体。第二即民权，即人民的权利和权力。第三是一个经典名词，即民生。按照古代含义，它意味着百姓生活得不错，都可以交租纳税。一句话，都是一些现成的套话，在不同时间、不同地点和不同思想中都可以用得上，像西方竞选演说似的。孙氏不采用马克思的社会主义，而兜售当时流行的亨利·乔治的单一税主张，即征收土地增值税以制止土地投机。这是早已被人弃置不用的万金油办法。这种单一税，孙氏称之为"平均地权"，但是它很少涉及地租和租佃问题。他又发明了"五权宪法"，就是在行政、立法、司法三权鼎立之外，加上考试权和监察权。西方国家有三权，中国有五权，如是而已。1904年孙博士拿出了他的新的思想理论（当然不只是这些），同时在欧洲吸收留学生积极分子。1905年他载誉回到东京。

在日本的中国留学生积极分子，主要来自四个地区：华中的湖南和湖北，广州地区，长江下游地区和四川省。他们出版报纸、杂志，召集会议，按照各省同乡关系组成秘密的革命团体。支持孙中山的日本扩张主义者奔走于这些互相竞争的团体之间，于1905年8月在一间屋里成立"同盟会"，以孙中山为领导，统一为革命奋斗。孙当时39岁，已有10至20年的革命资历，具有世界知识，有外国朋友，和海外华侨金融界以及秘密会社的斗士有着联系，既有声望也颇为自信。他提供了一个使中国立足于世界最新型政府的行列的捷径，不仅可以赶上西方，而且可以很快超过西方。他不像梁启超那样麻烦，要掌握中国的历史，还要尽培训公民知识的义务。他要的是大跃进。学生们喜欢同盟会。他们起誓入会，学会秘密的口令和握手，对于干部、支部、出版物和纲领等复杂动议表示赞成。不久会员达上千人。它的战略是绕过帝国主义问题，并且争取帝国主义的协助，来创造一个中华共和国。

由于1912年由同盟会和几个小党派组成了国民党，因此继承权问题是很有趣的。1905年成立的同盟会是由日本人联合各省的组织而成的，多数成员和领导人来自华中，包括领头的军事人物黄兴和领头的党的组织家宋教仁。广东的一派居第二位。但是孙中山的农民出身和外国背景，使他和那些居于会员多数的地主官吏家庭出身的青年留学生不完全是一路。在那些人中，很少有为改造农民群众生活而搞社会革命的愿望。他们从来没有为这个目的到人民中间去。他们是来自统治阶级的士大夫。他们接受孙中山的领导，愿意忍受他的约束主要是希望借重外国的帮助、华侨的资金和秘密会党的斗士来夺取政权。

年轻的同盟会会员都是热情的爱国者和积极分子，他们很快地接受了会章宗旨。那些宗旨都和口号差不多，其中包括一些足以引起自豪的思想，如很快实现中国革命、轻而易举地把中国重新建设成世界头等国家之类。在他们的刊物《民报》中，他们攻击梁启超的渐进主义使中国的进步太少、太晚。他们认为中国必须立刻成为最新式的共和国，才能得救。同盟会在1911年前试着举行了七八次起义都失败了。1907年孙氏被日本驱逐出境，1908年又被法属安南驱逐出境。同盟会的章程渐渐变成空文，它也不尊重孙氏的领导了。同盟会的主要贡献就是象征革命，在年轻的革命者中创造一种盟兄弟情谊，其中有些人成了共和国的领袖。

在1905年留学生大团结的同时，满清王朝也开展了加强中国国家地位和朝廷地位的革新运动。慈禧太后此时仍然步伐轻盈，她在1901年接受了光绪皇帝在1898年提出的那些毫无结果的改革方案。不同的是，这时大多数当权者承认改革是无法避免的。

朝廷的改革方案，是从开办现代学堂和派留学生出洋——主要是去日本——着手的。这事的结果我们已说过，他们中间不少人变成了反对满清、热烈拥护共和——管它是什么——的积极分子。很快在中国办起了学堂，其中一部分是简单地把两千来个旧式学堂改个名称。但是为这些学堂配备开设新的中西兼顾课业的教师不是那么容易。办学堂的目的也不是进行公共教育，而是为了有效地训练出新的官吏。迈出第一步后，北京政权就发现新式学堂和老式科举考试制度不能像原来所希望那样同时并存，因为私人为科举办的旧式学校很省钱，容易办。所以到1905年为了办好新式学校，废除了实行了1300年的科举考试制度。创建新学堂的倡导者之一张之洞，极力鼓舞学生们的士气，树立他们的形象。他规定他的学生一律穿浅蓝色的长袍，帽子缀有红缨子，甚至还编了一首教导人的歌："神圣天子要人自强；卫生使人强壮健康；孝顺父母，敬重官长。"但是学堂不能挨着孔庙，校园里充满着变革的气氛。

这时候军队的改革中出现了一个新人物——袁世凯。他原是李鸿章手下的人，现在继承他任直隶总督。袁不是文官而是武将出身，他从1903年起就搞军事现代化，在华北组建了六个师的新军。他雇用了德国的后来又加上日本的教官，并且办了步、炮、骑、工兵，甚至比较现代化的通讯兵学校。他的军官更像绅士——至少有五个后来当了中华民国的总统或总理。

但是这支华北（北洋）军队仍然是省一级的——和其他省一级军队（虽然实力不如它）属于同级，因为中国政府基本的原则是保持中央与地方的平衡。不错，军队在政府的文官结构方面已经占有优势——自19世纪50年代起已经如此，但是一个由中央统率的全国性军队还不可能建立。中央集权的财政和坐镇北京的总参谋部还搞不起来。皇帝的谕旨起着立法的作用，告诫、训斥、针砭什么都行，但不直接处理事务，主要的执行机关还在于省。军队获得了社会威望，从东京回来的留学生（例如来自宁波附近的年轻的蒋介石）却抓住了军事训练权。不久，中国的新军军官团体中出现了一心想推翻满清的秘密革命党人。这些人都在现代军事斗争方面受过专门训练，比起那些受过秘密会党低效能训练的雇佣兵来，当然要强出一筹。

为建立一个一元化的国家而进行的行政方面的改革，也遇到一系列的问题。新的绅商阶级发展他们势力的主渠道在大省。在那些地方，私人创办的企业在18世纪已经逐步增长，现在它们在机构设置方面也要发表意见。于是各省和有些市建立了主管外事、警察（或内务）、教育、商业、交通、农业和工业的厅和局等机构；北京也跟着设立了一些新的部，凌驾于这些新的厅局之上。省的商业厅首先成立了本省的商会、商务报以及省立的工商学校等；到了1905年北京设立了一个商务部。但是这个部实际不过起一种结算作用。在活跃的通商口岸如上海、天津、广州、武汉等地，省级政府机构起主导作用，北京管不了它们。

财政改革也因为权力不集中而受阻。中国没有一个统收统支的"共同钱袋"。按照千百种不同的财源规定了征收的定额，另外规定各种不同的开支。按现代财政标准说，这个国家算是"低税制"；但是贪污腐败使得真正的富商大贾和有实力者任意偷税漏税，重大负担落在小生产者身上。国家收入都规定了开支项目：主要为了供养官吏和军队。例如，从全帝国52项来源收入的700万两白银，是为支付北京的满族人的。改革税制，就威胁了这些人的饭碗，所以他们要抵制你。因为实行定额制度（实际上是田赋），真正税收数目谁也不知道，既没有预算，也没有决算。1910年曾试图做出全国性预算，但不久变成一项猜谜游戏，因为各省和北京都独立地收集统计数字，制定税额，互不协调。把中华帝国当做和法国那样单一的国家，以北京为巴黎，事实证明根本不可能。

最后，立宪制成为一时的灵丹妙药。这多半是由于日本自1889年有了议会，接着在1905年日俄战争中打败了俄国，而后者在打仗以前还没有议会，因而都以为议会是好东西。这个教训是如此显而易见，所以北京派了几批人周游世界察访各种模式。伊藤博文以他的政治家风度劝告中国钦差大臣，皇帝如果把宪法钦赐给国民，他就可以继续居于国民之上而不致受其束缚；无论如何，最高权力不能落于人民手中。这个话，慈禧太后当然是百分之百听得进的。1906年她宣布即将建立宪法体制。1908年她发布预备立宪诏书，以9年为预备训政期。1909年各省由少数有资格的人物选出的咨议局成立并立即派代表去北京。这些代表到北京后，即要求成立真正的议会。1910年10月北京开了一个立宪咨议会议，但是全国的宪政运动无法实行。1911年4月清政府实行政府改组，指定了一个"内阁"，13个阁员中满族9人，汉人只有4名。过了6个月，革命终于爆发。

慈禧太后没有看到革命爆发。她是1908年11月15日死去的，这是在平日健康的光绪皇帝死（11月14日）后第二天。这只是这位杀人不眨眼的高龄（74岁）老佛爷一生中搞的巧合事件之一。中国的另一个篡位的妇人是唐朝的武则天（690—704），那是一个支持佛教的官僚政治家，能力很大，是颇不讲体统的女皇。在这样的背景下，你就能理解近代的接近最高权力的妇女蒋介石夫人和毛泽东的妻子江青，为什么会处于重大嫌疑之中了。

慈禧太后死后留下的满清王朝领导层一无可取：一

个小儿皇帝、一个软弱而贪婪的摄政王,一群自负和徒爱虚荣的年轻王公,一帮虚有其表的朝臣,凑在一起正好可以阻挠任何变革,而无法领导变革。1909年他们感觉袁世凯是一个太强硬的领袖,于是将他罢免了。同年张之洞逝世。王朝的末日终于来到了。

在学生的革命运动和王朝的改革方案背后我们必须看到中国的统治阶级发挥着广泛的作用。在1860年以前,甚至在1895年以前,他们大多数是科举及第的儒生,其中绝大部分是地主,至少是富裕人家。到了1911年,他们的成分大大改变了。现在他们中间包括了商人、银行家,甚至有些工业经营者和离开农村、住在新兴城市、只由管家收租的地主。此外儒生也已不仅仅是读四书五经的人,而是有西洋学问的知识分子。统治阶级中还有受过现代训练的军官以及包括新闻记者、基督教徒和政客在内的职业人士。中国的政治复兴把很多新人带进到这个统治阶级中来,但是它的核心仍然集中在家庭富裕、与政府有关系的社会阶层,正如以下几位杰出领导人的经历标志出来的:

江苏人张謇(1853—1926),1868年乡试入仕后六次参加省里的会试,1894年殿试取为状元,时年41岁。但是他决心放弃宦途,从事工业。他雇用技术工人,使用家乡南通长纤维的棉花,于1899年设立大生纱厂,以与进口的日本和印度的棉纱相竞争。他通过官场的高层关系,在纳税和吸收资本买进机器方面获得特惠方便。他的商业合伙人对他的帮助不大。他相继兴办了三家纺织厂,同时开始棉花种植,开办轮船公司、面粉、榨油和盐业。他还兴办普通学校、专科学校,修路,建立公园,在家乡南通开办孤儿院和敬老院等。他提倡在省内建筑更多的铁路和学校。1909年任江苏省咨议局议长。辛亥革命后任南京临时政府商业总长。

唐绍仪（1860—1938），广东珠江三角洲澳门附近的香山县人。这里不仅诞生了他和他的叔父、著名买办唐廷枢,还诞生了孙中山和那个耶鲁大学出身、1872—1881年任清政府驻康涅狄格州哈特福德城教育总监的容闳。青年时代的唐绍仪是第三批到哈特福德的中国留学生。在全体留学生被召回国内之前,他在哥伦比亚大学学习了一个时期。说英语的唐绍仪曾在驻朝鲜总督袁世凯手下任职。后来袁世凯被提升,他继续在袁手下掌管对外关系事务,特别是有关筑路的交涉。他是一个典型的爱国青年,是能用英语伸张中国权利的人物。作为外交官,他使英国承认了中国对西藏的宗主权。他在外务部里设了一个专管海关总税务司的办公室。(唐认为应该有中国人参与海关管理!)当时总税务司是英国人,这样一来,至少名义上是中国人管了。他又帮助重新禁止鸦片烟。这些事和其他一些恢复中国权利的改革事项,使他在外国人心目中成为一个危险的激进分子。

伍廷芳（1842—1922），生于新加坡,因此算是英国臣民。伍原在香港英国学校读书,毕业后任法庭翻译、报纸编辑,后又赴英国学习法律,是香港第一个中国人律师,并任立法会委员。1882年后入李鸿章幕府,办训练学校,建筑铁路,后入外交界。伍两次出使华盛顿（1897—1901年及1907—1909年）,并参与清朝律例改革。

统治阶级中的激进派士大夫虽然都有一种把中国从

帝国主义包围圈中拯救出来的民族主义雄心壮志，但他们在1909年以及以后年代，主要还是通过省一级机构，更具体地说，通过省咨议局作为活动的渠道。中国的一个省同欧洲的一个国家面积差不多。省同省之间，由于文化、历史，特别是方言、饮食习惯、经济与战略地位各不相同而有所区别；同一省内，由于民间传统风俗习惯有共同之处而易于接近。爱国主义从家乡开始，新中国的士大夫也最容易在省会结合起来，因为那里经常是考试和新军训练的中心，也是接受刺激变革的外来事物的地方。因此"同乡关系"是体现广泛的民族主义情感的最有效方法。在旧有行帮会馆之上，现在又有了商会；同时在士大夫中间由于外国的侵略（以及外国的榜样）产生了"自治运动"。这两者都是在省一级成长起来的。在一个又一个事件上，省的利益和全国建立一个有效的中央政府的努力相对抗。汉族反对满族的情绪也见之于各省反对中央的活动中。

最突出的是在建筑铁路问题上的"护权"运动。经过极其缓慢的开始——中国在1896年只有大约240英里铁路——帝国主义者于1898年替几个外国银行辛迪加获得了修建并管理几条铁路的权利，合同规定若干年后对外国股东还本付息。省内的商人、士大夫团体则要求自建铁路以为对抗，但是又没有足够的资金。他们认为，北京的建造国家铁路计划是向外国人出卖权益。1911年北京试图收各省筑路权为国有，这自然也是技术上所必需。四川省的士大夫就发起了一个"护路"运动，强烈辱骂清政府。这个辛亥革命的前奏曲，是典型地由一些地主商人出身、在日本留过学后来参加了省议会的"举子"们带头搞的。四川省的主要秘密会社哥老会参加了推翻满清的运动,但是不久被新士绅领导的政权排除出去了。

由此可见,20世纪初中国的统治阶层颇为活跃,但是中国的农民则无动于衷。

绅商合流的兴起,给农村的社会生活带来很不利的影响。在土地上的商业投资,增加了土地的价值。同时老式的地主士大夫纷纷迁移到城市里去了,他们和他们的佃户间原有的相互依存以致个人间的互相往来关系不存在了,取而代之的是非个人的市场关系。村社共同体意识也没有了。此外,下层士绅(比一般百姓高一层)也被卷入金钱来往中,从而加强了地租负担和对农民的剥削。自耕农输给了城市里的大的土地投资者——有点像美国农业家庭面对着农业经营公司的金钱势力那样。

在中国当时的情况下,新的士绅商人混合阶层使用武力加强了城市对农村日益加重的剥削。19世纪50年代以后,地方的叛乱是靠新建的地区和省属部队加以控制的。随着19世纪90年代清政府势衰力竭,地方控制武装反映了中央权力的衰落。下层士绅中的土豪恶霸也开始运用他们自己的武装力量,这样,地方的军事化就得其所哉。1916年以后军阀横行正是这种趋势的最终表现。

20世纪20年代,这一切情况结合起来,使富裕的广州与香港之间的农业区农民变成了"地主的奴隶……租子是在收租院里交,院里备有梯子、绳子、铁链、皮鞭、棍棒和其他酷刑工具。欠租不交的农民被锁在院里，有时用绳子捆绑起来，直到他卖了自己的牛或亲生儿子，或卖掉他的妻子，才放掉他"。

在实行各种改革时，谁也不找农村里的群众商量一下。农民们为了兴办现代学校、公路、军队、工业，负担了更繁重的税，但没有一件事改善了他们的境遇。在农村中，群众对于现代化的反应，常常是强烈的反对。新中国要做的任何一件事，都加重了捐税，而且在给农民一点利益以前通常是先搜刮他们一通。

1911年的革命，基本上是一场失败，不是一个创造。清王朝是灭亡了。现在的主要问题是怎样埋葬它，用什么代替它。共和国之父孙中山博士这时正在国外，在美国募捐。同盟会发动了第十次暴动。当暴动于1911年4月在第二号领袖黄兴领导下在广州发动时，多次出现的小魔障又发生了——保密不慎，临时变卦，联络不周——最后弄到起义者张三不认识李四，彼此开火，大家都被驱散为止。

1911年10月10日的起义是仓促发动的。原来，新军军官的密谋被泄露了，于是不到3000士兵只得起来救护自己。满清的总督和督军都吓跑了，一个本省的协统（旅长）被迫出头统率临时政权。在六个星期中，所存华南、华中各省以及东北的几个省，相继宣布脱离满清，实行独立——真像野火一样，不过只限于省一级。几乎每个省都由"新军"的指挥官担任省的督军，同省议会共同组成新的省政府。事实上就是一省的温和改革派，以宣告独立来继续保持他们的士绅统治。用这样的办法，他们摆脱了北京的控制而维持住他们在各自地方的政治和经济控制权。他们远远无意于社会革命。根本谈不上群众参与。任何地方有农民闹事，立刻就被镇压下去。

　　同盟会领袖们必须赶快控制事态的发展。第二号人物黄兴坐镇武汉，对付北京派来的清军。这时袁世凯已被召回并按照他自己提出的条件出任总理并任这个气息奄奄的王朝的军队总司令。他同起义各省在南京建立起来的中华民国临时政府和同盟会领袖进行谈判。谈判中，由唐绍仪代表袁世凯，伍廷芳则以外交部长资格代表南京临时政府。孙中山刚好赶回南京，于1912年元月1日就任临时大总统。但是他立即表示：只要袁世凯拥护民国，他就辞职，让位给袁世凯。几乎所有爱国者一致同意的是：中国必须有一个代表各省的议会；国家必须统一起来，以防止外国干涉（按指日本）。当时，袁世凯被认为是军事组织者又兼改革家，是唯一有能力、有经验、有威信可以领导政府的人。袁就这样做了。儿皇帝溥仪于1912年2月12日退位。孙中山辞职。袁世凯在南京被选为总统，于3月10日在北京就任。通过这一系列特殊的妥协，中国避免了一场持久的内战、一次下层阶级的起义和一场外国的干涉。一个主要问题摆在前头：谁和什么东西将取代天子和全国政府的位置？

　　到这个时候，很多革命的年轻人都已广泛熟悉了（至少在纸面上）西方的政治观点和主张。像日本的改革者一样，他们能引据西方思想的经典，把他们自己的遗产看成过时的东西加以摒弃。然而中国的问题和实际情况还是客观存在的，并没有变得那么快。在中华民国的初期，外在世界的许多思想最终都被讨论和试验过，但是能站住脚的为数并不多。

第三部分——

第一次中华民国时期
1912—1949 年

第10章

中华民国早期及其问题

这一章和下一章将分别讨论政治和文化两方面的情况。民国早期政治生活的名声是不好的，因为中国爱国的、主张国家统一的人后来对于军阀时期的混乱不胜沮丧之至，总是用辛辣的言语咒骂它。另一方面，在同一时期里颇为可观的文化成就，到最近才受到研究。它们的景况是欣欣向荣的。这种政治的和文化的纪录的对比，按我们迄今为止所评价的，无疑反映了中国社会内部的主要的紧张状态，将来总有一天这两方面的情况会归总起来，绘成一幅平衡的图画。

先从政治方面说。帝国主义侵略造成的新中国的民族主义曾经要求在国防上有一个全国统一的政权。在对外关系上，则突出表现为身居总统职位的袁世凯是国家的保卫者和统一的象征。但是在当时，中国的民族利益倒很像满清旧帝国时期那样——例如在亚细亚内陆，外蒙古和西藏都说要脱离民国而去。

换句话说，中国本来可以宣布为共和国，但她仍是一个帝国。满族接管了亚细亚内陆的结果，为中国在大陆方面创造了几个在北京控制下的缓冲地区。共和国要放松这些亚洲内陆地区，任其自主而不成为一种战略上的威胁，是不可能的。这样一来，革命，使中国人民得到一种自决权的革命，却使它在西藏、新疆和蒙古人民面前显出一副殖民帝国主义的形象。在中国取得胜利的民族主义是有感染作用的。可是中华民国在亚细亚内陆又不得不反对民族主义。但是，把非汉族人民称作少数民族并鼓励提高他们的文化，而同时否定他们的自由，这种方法还没有发明出来（苏联继承的俄罗斯帝国也是一样）。亚细亚内陆各民族一度脱离了北京的控制。

俄国在外蒙古的贸易和影响日渐增大；另一方面，中国对外蒙古的入侵和课税受到憎恨。1911年12月，外蒙古援各省之例宣告独立。1915年俄罗斯、外蒙古同中国三方面谈判达成了一项很周全、圆滑的协议：中国保留了名义上体面的宗主权，外蒙古取得了地方自治，俄国获得了经济权利并负责训练蒙古军队，实际上把外蒙古变成了它的保护国，因为外蒙古不是一个主权国家。

在西藏，满清政府以比对蒙古更为强有力的手段确立了对西藏的宗主权。北京曾宣布要改革西藏古老的神权制度，并于1910年派兵驻在拉萨。原来统治西藏的达赖喇嘛逃跑到印度，但是1911年辛亥革命后他又回到拉萨，并于1913年宣布西藏独立。1914年中英西藏三方谈判，产生了另一个模式：西藏实行自治；英国承认西藏独立；中国不承认西藏独立并继续保留对西藏的宗主权。英国在西藏有很大的商业利益，但没有像对印度那样，宣布它是保护国。西藏人自己管理他们自己的事务，但没有作为一个主权国家受到国际承认。中国仍然是名义上的统治者。

就是在这样的背景下，后来外蒙古脱离了中国，滑入苏联阵营，而西藏继续在法律上仍是中国的一部分，在国际法上没有独立的资格，因此也受到中国革命的很大影响。

新疆是个哈萨克和吉尔吉斯穆斯林、中国穆斯林、汉族回民等多民族杂居的地区，是不容易加以控制的。清朝驻军主要是在天山以北的伊犁地区。他们必须对付当地哈萨克和吉尔吉斯游牧民和天山以南喀什地区沿过去通商路线水草地区居住的维吾尔人。这个地区的汉族人只占总人口的10%，所以清朝采取了分而治之的方针。好在1912年政权落在一个叫作杨增新的大城市毕业生手里，他在甘肃有过长期的统治经验，后来在水草地区的阿克苏和省城乌鲁木齐也长期统治过。杨增新从1912年到1928年他被暗杀为止的统治情况，作为旧科举出身的一个行政官员来说算是不错的。他对当地人民不过分课税又要维持驻军开支，他不得不镇压一切地方的叛乱而又使新疆不卷入中国各地的军阀混战。他还要和苏联打交道。在1920年至1924年之间，他不得不同苏联谈判商务，接受后者的经济渗入。但是1928年他完全归附于国民党政府，归附前夕被他部下的一个对手暗杀。新疆就是这样整体说来处于中国政权争夺圈外，但仍隶属中国，在镇压异己的高压之下保持一定程度的进步。

袁世凯当时财政上困难重重。各省收入减少，他的政府一直入不敷出。清政府已在1911年4月从英、法、德、美四国银行团取得一笔外债借款，现在袁氏又要通过英、法、德、俄、日五国银行团谈判借一大笔外债，约2500万英镑。这笔以盐税为抵押的善后借款，是为了支付袁氏的军费开支。这笔在外国人看来"够气派"的大债款被爱国人士指斥为"大出卖"。

袁的主要问题在于体制方面。革命在1912年废除了长达2100年的君主专制，同时它使中国群龙无首。它总要找出一个人来主持政府。袁世凯接任了中国的皇帝，但他没有皇帝的权力，没有宝座可坐。过去的天子，哪怕是蠢笨的，也具有一切特权和支持他的各种现成机构。他除了是全国行政机构的核心人物之外，还应该是国教——孔教的大法师、三军的总司令、文学艺术的大师，用现代术语说，是行政、立法和司法的首脑。1912年的袁世凯具备了这些身份中的某一些，但不具备其他的身份。这个专制政体的头头被推翻了，替代物并不自动出现。所以当中国获胜的民族主义正要求强有力的领导时刻，领导的机体却扳开修理去了，要变换模型。中国不是在激流中换马，而是从一驾四匹马的马车换乘一辆没被洪水冲走的豪华小汽车，袁世凯能够为他自己创造一个国家元首的角色吗？

1912年袁世凯掌握政权时，他是52岁。他以往的经历是令人注目的。他虽出生于一个儒生－官吏的世家，但他放弃科举考试的前途，投入军伍行列，受李鸿章提拔，他26岁时就擢升为中国驻朝鲜的总督以对抗当时在那里的日本势力。他以一个新派人物、特别是通过训练新军，取悦于慈禧太后和满族大臣。自1906年以后，他的军队由北京直接供给给养。早在1895—1899年间，他在天津附近的小站训练新军，于1901年继李鸿章之后在那里任直隶总督，因而成为朝廷改革派的一个领袖。慈禧太后死后，他一度于1909年被清廷革职还乡，这事反使他增加了声望。1912年他当总统时，他手下已有一大批新军将领和一批有改革思想的官吏可资任用。他知道怎样使旧制度运转，但他的长处反过来又成了他的弱点——他对新制度一无所知。

1912年中国多数爱国人士都接受了一个观点，就是：中国在政治上落后于世界一般标准（至少说西方标准，在当时两者都一样），因此她必须赶上去，应有一个国会以代表人民，有一个内阁以主持行政。当时外国的模式，大都表现为几个政党组成一个国会。而中国也有了康有为、梁启超等人组织的政党。这些政党多半是围绕着一个有名人物凑合起来的派系，并没有什么政治纲领。至于内阁，它究竟应该对总统负责，还是对国会负责，还是一个有争论的问题。

同时，阻挡着这些计划的，还有一些从古老帝国的孔孟之道承袭下来的绊脚石。第一，在社会结构方面，统治阶级的士大夫阶层已经扩大并分化了。虽然农民群众小规模的骚乱很快都被镇压下去，但在政治上仍然有很大潜在力量。通过普选——按人头算——实行多数人统治的办法，还被人们认为是一种让愚蠢人当道的选择官吏的傻办法；代议制的观念还没有确立下来。因为才能、资历和资产而被录用的老规矩，人们还以为理应当继续不变。第二，政治权威——治乱之道，人们还认为在于强有力的行政领导；个人对于当权者忠诚不贰，仍然是内部和平的基本因素；制定法律是统治者的事情，甚至于行政与立法应该分立的思想都很少有人理解，接受它的人更不多。第三，价值观念——有道德的人施行统治以利于百姓，像儒家教导的那样，是一种道义上的责任；"和为贵"，和谐应该受到奖誉，而不要在法律上讲得失，搞竞争；整个行政应该统一起来，拥护统治者。任何主张现代化的人如要改变这些多年承袭下来的想法，都要打一场攻坚战。

举例说，孙中山就相信内部和谐符合于民族利益。袁世凯在1912年哄骗他来北京进行协商，以便成立一个单一的全民性的政党。孙中山说："我们的国家大难当前，……不应再坚持不同的党派政策。"他又说："中国的目标在于赶上并超过列强，不管是东方的还是西方的列强。"孙中山的助手黄兴说，他们应该使新中国成为"世界社会主义革命的先锋"。孙中山和黄兴都宣布对袁的信任，自己则退出政治，分别从事铁路和矿冶建设，这是和谐的，也是袁世凯统治的黄金时刻。

当1912年3月袁世凯总统任命唐绍仪为总理并组织内阁时，唐发现在他的内阁究竟是对他本人还是对总统或是对国会负责的问题上意见分歧，无法定夺。他还是组成了一个内阁，但这些阁员觉得应该听从袁总统，而不是唐总理。这个总理没有预算，没有党的组织，没有靠山，甚至没有指使阁员的权力。到6月，他只好辞职，内阁制变成了总统制。

同盟会的年轻领袖、湖南人宋教仁正在领导一个筹备多党议会的运动。他是一个有才华的年轻的革命组织者，深深地专注于代议制民主的西方自由理想。他已经像杰斐逊那样起草过一部临时宪法。1912年8月他发动革命同盟会和4个小党派联合起来成立了一个新党——国民党。1912—1913年冬中国曾搞过一次全国选举，但仍然是在极有限的、间接选举的基础上进行的。1909年省议会选举规定，合乎资格的选举者比率是全体人口中每1000人有4名，即远远不到1%。1912年这个数目增加到大约人口的5%。当时选举这种事是非常新奇的，有选举资格的人受着严格的学历和财产的限制，它只能是社会上层人士的活动，因此几乎不可能引起海外的注意。

这个中国第一次和唯一的一次为组成自由的代议制

政府而进行的选举活动，原来是想选出省议会议员和国会两院议员的。宋教仁指挥了国民党争取士大夫们支持的竞选活动。和其他人一样，他主张全国统一，但是他强调各省的自治，这就要靠选出来的省长，而且要通过各地的地方自治来实现。总理将由国会中的多数党来选择。1913年国民党取得了国会中的多数议席。宋教仁受到鼓舞，希望能用立法的宪法手段限制袁世凯的权力，希望把他作为一个傀儡。

用花样翻新的选举运动和分散权力的活动对袁世凯权力的威胁，使他觉得是近乎谋害似的不忠诚。他曾枪毙过好几个罪过比这小得多的将军。他正为他的中央政府寻找财源感到手足失措，现在更觉得四面楚歌了。于是决定用他的办法对付。他动辄用暗杀消灭对手的办法已经使革命者警觉起来。革命者暗杀官吏，已多次实行，并且被认为是忠诚于事业的表现，特别在他们被捉住的时候。现在搞暗杀的却是最高当权者，因训练用于中国城市的现代警察而闻名的人物。当他正在寻找解决政策争论的有用办法的时候，就像一个倦于为人整骨的外科医生一样，索性锯腿截肢，又快当，又省事。袁世凯碰上了要当国会领袖的宋教仁。宋天不怕地不怕，一心要勇敢地试试在中国行不行得通国会民主。但是在国会开幕前，袁世凯于1913年3月派人在上海北火车站把他枪杀了，宋死时年方31岁。

袁世凯立刻制造谎言说，暗杀是宋的湖南同乡黄兴搞的。谁都知道这是不可能的。不久，上海法院（当时不在袁的控制之下）公布了事实真相。同一天，袁宣布善后大借款谈判完成，五个外国政府正式承认了他的政府。他又一次实行暗杀而免受惩处。帝国主义列强知道怎样让它们的面包在中国涂上黄油。它们能够同袁世凯一道工作了。他不会用石头砸坏它们的船,也不会动员义和拳式的起义来反对外国特权。

这里简单总结的这段故事,只是当时一大串事实中的一桩而已。那个时候令人关切的事实,最重要的是帝国主义连续不断的威胁,特别是1914年欧洲疯狂地投入第一次世界大战后日本对华的威胁。日本军队很快地接替德国进入德国在山东的势力范围,然后日本在1915年向袁世凯总统提出臭名昭著的"二十一条",企图把中国降为日本的保护国。英国建议妥协,美国的意见是反对。袁则半推半就。这个事件十分清楚地表明了中国一贯的软弱,但也同时表明了袁世凯在帝国主义心目中是一个不可缺少的人。

袁世凯得到外国的承认后,胆子更大了。他从各方面扼杀国民党,撤换了它在南方各省的军事督办,镇压了他们在1913年发动的防卫性叛乱,解散了国民党党部。他在恐怖统治中解散了国会,然后又废止了各省的省议会和地方议会组织。最后他宣布自己为终生大总统,接着又宣布自己要做皇帝。最后这一点,他做得太过分了。军事讨伐制止了他。袁于1916年6月心力衰竭而死。

袁世凯出卖共和这件事,给历史学家一个很好的反思机会。一个坏人会给令人悲哀的事带来影响是不可否认的,但这并不妨碍我们看出某些体制因素在起作用。举例说吧,袁世凯时期的政策依然是通过函电、汇报、批示等传统方式制定的。官吏们把事件和他们的行动汇报给上头的一个人，他就用同意或不同意，奖誉或斥责来回答，然后便决定了政策。在这种仓促的、封闭式的执行程序中，插入任何一种根据错误信息而采取的行动，或自以为有什么立法特权而妄加评议，不但无益，简直是危险的。把责任分散开来有什么好处，很少有人看得出来。不错，美国人是以"分权"的方式统治他们自己的，但是那是在以法律至上为原则下实行的。而中国政府仍然是个人说了算，由"能人"主持，他负有具体责任。在一般中国人看来，甚至在革命者看来，宋教仁所作的努力，似乎是在起分化的作用；尽管他之被刺死令人惋惜。

民国初年的一个失误，是袁世凯缺乏创造性的想象力，大概这是一切为保留权力而挣扎的首脑人物的通病吧。至少当时的美国公使馆认为他"眼光短浅……他除了旧政权的极端主义外，有关政府的事什么也不懂"。他的目标是建立一个中央集权的官僚国家，就像20世纪初的满清政府的目标一样。他恢复了对孔子的祭祀和其他古老过时的旧习俗，同时以恐怖手段扼杀新政、解散国会、查禁报纸杂志。他在北京还到天坛按照古代帝王方式祭天，虽然他摩登得很，是乘坐钢甲小汽车去的。他的政治幕僚们声称："我们已进入一个新时代……一切不平等的标志都废除了……因此祭天也应一视同仁，普天同祭。"每一个人都是他自己的皇帝。这就是中国改良了的民主，是恢复和利用过去的东西而取得的民主。结果是一种形式上保守、实质上颇为积极的、在某些方面现代化了的独裁。

能不能不是这样呢？杰出的外国观察家们，依据他们对中国少得可怕的知识，曾经认为皇帝是需要的。英国人詹姆斯·布赖斯写过一本推崇美国民主的书《美利坚共和国》。他在中国旅行过中国，曾建议中国恢复君主制。一度短期访问中国，因而也被认为通晓中国事务的前哈佛大学校长查尔斯·艾利奥特曾经帮助安排美国政治学协会首任会长古德诺做袁世凯的宪法顾问。这位古德诺教授根据他在北京的经验得出结论说：中国缺乏它要表现的自由民主所应具备的东西。法制，个人的权利，甚至于纪律，都一无所有。他说："专制主义应该继续下去，直到它发展了对于政治权威更大的服从、对于社会合作有更大的力量，对于私人权利有更大的关注之后再说。"

　　实在说来，这些英美关于民主问题的专家们提出的结论，和梁启超、孙中山的结论是一样的，就是中国人民需要一个训政时期来建立一种公民的意识、一种公共责任心。不幸，美国政治学协会落得一个坏名声，因为古德诺博士似乎支持了袁世凯复辟帝王独裁的活动。

　　北京大学校长曾经宣称，山东省督军"体格是个象，脑袋是个猪，脾气是老虎"。这个人（张宗昌）是名不虚传的军阀典型。他出身于一个"贫贱人家"，当过一阵子吹鼓手，给人剃过头，并且当过给人驱鬼袚邪的巫师。他身材魁梧高大，有6英尺多，打起架来什么都不怕。他在1904—1905年日俄战争中给俄军打过仗。20世纪20年代他发迹当权后，还收养着4000人的白俄卫队。他分类挑选的40个"后宫"女子中还有俄罗斯人。爱说怪话的人叫他是"狗肉将军"。还有一般人知道他绰号叫"老六十三",因为他的阳具挺直时同63块"袁世凯"银元摞起来一样高(这一点从来没有人核实过)。在他统治北京时期,他枪毙过编辑和新闻记者,在山东他杀死过秘密会社的农民会员,然后把他们的头挂在电线杆上。他是贪婪和残暴的化身。他从行伍起家,曾拥护试图控制华北的"满洲大王"张作霖。

"狗肉将军"当然是一个极端的例子。其他军阀在他们走上政坛时起初也打着改革者的招牌,实施一些现代化的改革,表现关心人民的样子。后来权力斗争激烈了,他们就剥削每一个可以剥削的人。在这个意义上,军阀是政治秩序彻底分崩离析的象征。他们试图坐在一个被彻底被坏的社会的上面。在这个社会里,地方恶霸、土匪头子和小军阀在政治上代表着一个日趋混乱的局面。

军阀时代上自袁世凯开始,下至蒋介石为止,两者当时都统治着一个名义上统一的实体。在1916年袁世凯死后到1928年国民政府统一这12年中,是军事统治下的政治分割,其中多数分割者是各省的督军。中央政权自19世纪中期以来日趋没落,尽管形式上仍然是北京政府,掌握中央权力,同时它也还管着驻外使节和邮政局以及一些其他内政事务。不管是外国列强或各省军阀,没有一个人要求中国破裂,也没有一个军阀试图建立一个新的朝代。相反,他们试图组成联合体来反对别的对立的联合体,但他们都是用军队这么干,不是用思想或政党来动员群众的拥护。令人奇怪的是,这些军阀大都画地为牢,他们的军队规模也很有限。他们够制造或购买军火,也可以征募兵丁,指挥军队到处去祸害,

中西文化的交汇。20世纪初的上海外滩。
其时上海是最洋化的中国都会。

但是不能建立起稳定的现代式政府。

造成这种混乱局面的一个原因,是中国在另一方面,即在各省当局和外国人之间出现了断裂。中央政权没落,外国势力却钻了空子,增长起来。举例说,当1911年各省宣布独立的时候,海关总税务司这时也受到威胁了。这个司是掌管中国的外汇收入和债务偿付的,这时它却不仅仅估算海关税收了。海关的外国税务司第一次把税款存入并汇给在上海的国际银行团。这样做是省下了中国的外汇,不必向外国借了,但是却进一步损害了中国的主权。

这个时候，不平等条约已经许可外国人以半殖民地方式参与了中国人的生活。外国人虽不控制中国的整体，他们的特权却损害了中国的主权。他们插手市政和全国性的公共事务管理，在海关、邮局、盐务署等机构中，继续以中国政府拿薪水的行政职员资格工作着。当然，关税和盐税都已划定为偿还外债和赔款之用了。在主要的通商口岸城市，其中最大的是上海，外国领事们负责租界里的政府事务，例如英国控制的上海工部局。中国多数大城市都有水路通航，因而英美以及其他国家的炮艇在出乱子时都能开去镇压和警备。这就使得通商口岸城市（即大多数主要城市）成为避免军队践踏的中立的避难所。

上海代表了中国现代化最好和是最坏两个方面。像其他后发展国家一样，这个海滨商埠成了大都会。在帝国时代，苏州是长江下游的大商场。但是随着长江三角洲逐渐扩大到海边，上海逐渐成为内河帆船和从海南到满洲大量沿海航行的各类轮船的汇合地点。长江三角洲的位置方便了上海的发展。这里是全帝国最丰裕的产米区，明清500年中每年从这里经由大运河把大米供应到北京。上海不仅得到这样一个物产丰饶地区的供应，还有运河和铁路，交通方便之至。

上海在外国庇护之下发展起来后，就可以和随着欧洲侵入东方而成长起来的其他海岸商埠相媲美了。像仰光、孟买、曼谷、加尔各答、新加坡和雅加达等城市，在和欧洲进行海上贸易以前，都是不太重要的。自从太平军起义将苏州的绅士赶到外国炮舰保护下的上海以后，上海在很大程度上就变成一个在外国司法管理下中国人聚居的新城市了。上海就是这样扮演了许多角色——首先它在1843年之后是现代化和外国商业的发源地，1890年以后又是工业的发源地。在出版业、报纸和日趋活跃的舆论的支持下，上海还成为中国改革和革命思想的主要中心。现代城市中洋化的公用事业与西方化的生活方式、外国思想和风俗习惯以及中国政府主权和外国领事们主持的治外法权之间的不平衡相伴而来。当蒋介石在1943年发表他著的《中国之命运》时，他认为上海是一个邪恶的污水坑，的确不错，那是他从亲身经历中知道的事实。

　　上海市地方市政管理发生过一个怪现象。市公用事业原来都是在上海工部局之下建立起来的，1910年时还是在英国商团控制之下。工部局后来把租界的道路扩展到租界以外，从而扩展了工部局的管辖范围。工部局原来在它的下面雇用中国人管各种事务，现在又弄来许多印度锡克人当警察，来管理中国人。在接替赫德担任总监督的一个英国人的管理下，中国海关管着商埠事务。上海的生活方式在外国人眼中一望可知是半殖民地式的。上海俱乐部还是不准中国人进出。现在改为人民广场的跑马地当时还在赛马。青年会、耶稣教、天主教办的大学把西方文明的影响带了进来。但是源源不绝来自广大农村的中国大量劳动群众还没有组成工会。在工部局控制之下，工厂立法非常迟缓。上海人口还是不断增长，因为这个通商口岸既是一个工商业中心，又是逃避军阀们强取豪夺的避难所——一出租界地就可以看见那种强取豪夺的景象。

　　在这种半殖民地环境下，上海的中国政府的行为是受到严格限制的。它的管辖权在公共租界和法国租界以外，限于租界以南，所以中国政府管辖的不过是上海市的边缘。甚至于大上海市的想法，是到20世纪20年代才想出来的。可以肯定有一个中国市长帮助外国领事处理涉及中国人的法律案件。在1925年以前，上海会审公堂是代表中国政权的唯一机构。

在这种情形下，管理中国人的空隙就由一个叫作青帮的地下组织填补了。这个组织是一个以拜把兄弟结盟方式结合起来的秘密组织。它用武力或金钱胁迫它的成员从事现代城市中一切肮脏活动——成批和零星的卖淫，对商人勒索保护，同外国警察（特别是法租界里的）行贿勾结，控制贩毒，特别是鸦片。从长江上游偷运到上海的鸦片烟日渐增多，工部局无法禁止，于是外国人就和中国秘密会社互相勾结，便宜行事。这里的几千个外国居民深深相信：中国人是天生为非作歹、招摇撞骗、背着政府干坏事的。

同时，在商业方面，内地轮船航运仍然主要掌握在英国商人手里。当时中国各省都有煤油代理站，煤油是最普遍行销的现代商品。农民用它点灯来代替蜡烛和植物油灯，可取得更大的亮光。这种煤油是由美国德士古公司或英荷皇家荷兰壳牌公司所属的亚洲石油公司销售的人。另外大众消费最广泛的一种外国货是英美烟草公司（主要是由美国北卡罗来纳州的詹姆斯·杜克掌管）的卷烟。该公司的买办们把烟草种子和贷款发给华北的烟草耕种户，然后收集他们的产品，供给加工中心和几个大的卷烟工厂。烟草业中，从东南亚来的南洋兄弟烟草公司开始同他们竞争。中国公司在这以前就同外商竞争了。在一些外国控制地区,首先是英国殖民地香港和上海公共租界,一批中国商人很快地脱颖而出。

几百个小的教会学校形成的网络以及教堂、诊所和医院散布在各省。这在一定程度上是日渐增多的中国基督教徒、有现代头脑的和爱国的人们的创造。他们响应基督教义的号召,并认为这些设施对改善中国现状是有效的。随着旧有的信仰在纷乱中失去生命力,基督教就有了比17世纪明清过渡时代更广泛的发展机会。

这些宗教设施和商业设施中的大部分职工都是中国人,这些人是共和国新兴的社会成员。他们都受到治外法权的保护,因为条约中治外法权条款规定,所有外国人和他们的财产以及他们的佣人,除非通过他们自己的领事渠道外,不受中国法律的管辖。这样,中国的半殖民地位保护了相当一部分公用事业免于军阀的蹂躏。同时,正像玛丽·赖特教授说的:"外国太上皇的地位既辱污又激怒了中国爱国者,但同时给了他们效法或者避免的范例。"

总而言之,军阀行径是一种奇异的有限度的混乱。它并没有从根本上影响中国洋化了的、现代郊区的边缘地带,也没有直接打击农村的广大农民群众。军阀和传教士有时候会互相勾结起来:有一个住在成都的美国传教士的妻子发现城外围城的军阀士兵正朝教会住宅开枪射击,她就写信给城里和城外两方面的头目。这两位将军居然下令停止射击,让这家美国人从城的北门溜出去度假去了。

军阀们沿着水路、铁路和新的公路调动他们的部队,他们经过哪里,就靠哪里的老百姓供应,以苛捐杂税把他们管辖的省敲诈得精光。但是他们实际打仗是有限的。中国人民从直接的破坏中受到的祸害倒不是最多，最严重的是慢性的摧毁：大河堤坝不维修，听任黄河泛滥；鸦片恢复生产，因为贩运或者走私可以勒索重税；经济生活支离破碎，长期投资越来越少，资金亏损挪用超过投放，就像修了铁路而任车皮搁置磨损。此外还有滥发钞票，通货膨胀。最糟糕的是在这个"以德治国"的国家里，公共道德败坏至极。梁启超几乎绝望地说："在今日中国，只有欺骗、狡诈、恶毒、残忍的人，才能得其所哉。"

探索军阀横行的政治，就好比要记住一个你从未访问过的城市的公共汽车路线一样，而这些路线每天都在变来变去。我们自己会弄得糊里糊涂，越发对中国人民不得不在其中生活下去感到难过。现在我们不妨掉过头来看看"基督将军"冯玉祥（1882—1948）的经历。这是一个身材硕壮的军人领袖，农民孩子出身，11岁时开始当兵，后成为华北陆军模范旅长。他关心部下的甘苦，接受新的思潮。能说会道的莫特牧师在中国青年会宣教时，于1913年接收了他洗礼。有一个时期，冯同传教士们来往较多，他们把他看作当代的克伦威尔，他以新教的严酷规矩约束部队。冯曾否用消防队水龙头来给部队洗礼，还没有查考过，但他的确在实际生活中教育部队，如提倡修路、种树、在驻军的地方实行进步的改革。他当了督军和大军阀之后，把他的部队改编成国民革命军，并开始和苏联打交道，希图取得武器。但是有一次军阀混战时，他也像他的对手一样征兵征粮，强、制征税，他的军队也照样掠夺百姓。他做的一件最惊人的事,是倒他的上司吴佩孚的戈,联络他们原先的敌人张作霖。他自己在1924年进驻北京。但是时间过去,伤口结了疤。1926年吴跟张又携起手来,将冯赶出北京。后来打败了其他军阀的蒋介石,把冯拉到一边,名义上让他做副总司令,听任他在人看管下住在草屋里练习书法,学习英文,如同我们有些人在1943年在重庆郊外看过的那样。

这200名左右佩戴勋章的将军和他们那些步履蹒跚的队伍,在1916—1928年军阀混战年头代表了什么东西啊?第一,现代武器的优越性,造成了一个人口过剩国家的黩武主义。在这个国家中武备的扩展超越了公众意识形态的发展。第二,老的绅士、商人、官吏统治阶级没有能力在一个全国范围的新的政治组织基础上团结起来。第三,正当民族主义似乎取得胜利的时候,民族进取心却处于低潮。

这已足以激发起任何一个爱国者了。一个新的思想和文化的创造时代显而易见已经成熟了。

第11章

新文化和中国的人文教育

到了1919年,中国的政治主体——学生、教育者、农村有实力者、城市商人、政府公务员、工会以及前面说过的军人——充满着被压抑的爱国主义激情。1912年日本夺得德国在山东省的原有地位,以及1915年的"二十一条",在人们的心中都记忆犹新。凡尔赛和平会议正在召开,全国人民关心会议结果是否让日本继续占领山东。当人们知道日本的要求不但基于1917年与英、法、意三国达成的秘密战时协议,还基于1918年日本和北京安福系政府间的密约时,无不感到奇耻大辱,义愤填膺。

1919年5月4日,不利的决定新闻传到北京后,北京13个院校3000名学生在故宫前的天安门集会示威。他们的宣言是:"中国的土地或许会被占领,但它不能割让!中国人民可能被屠杀,但绝不投降。我们国家将被灭亡!同胞们,起来!"紧接着游行时,一个亲日派官员遭到痛打,另一个家被放了火。这一颗暴力的火星点燃了全国人民愤怒的火焰:商店关门罢工,工会罢工,学生运动较前更有组织,积极主动,声势浩大,北京的军阀关押了1150名学生,监狱不够用,还用了一部分大学校舍关人,使形势大为紧张。在公众的普遍抗议下他们最终被释放。民族主义获得胜利,中国历史翻开新的一页。

这场发生在5月4日的运动被中国用数目字的方法称为"五四"运动。每一个观察家对这场运动都有自己的看法。中国共产党认为自己起源于这场运动。中国国民党则不这么看。在当时,"五四"运动确实采取了激烈的方式,但它比其他运动流血要少。作为整个革命进程中的一个阶段，它的意义究竟是什么呢？

　　首先，同1916年到1928年的军阀时代对比起来，中国开始进入一个一般被称为国民革命的政治革命阶段。它的政治是众所周知的，事实上两个列宁主义式的党当时都宣传它们要在全国实行独裁。孙中山东山再起，1923年回到广州，在苏联指点下，改组国民党，在共产党帮助下成立一个统一战线，并在1924年建立了国民政府。孙的后继者蒋介石于1926年指挥北伐，从广州打到长江，反转来又打共产党，1928年在南京建立起右派国民党政府。与此同时，1921年正式成立的年轻的中国共产党则在国民革命中同国民党既竞争又合作，而在1927年破裂时几乎完全被消灭。这样，20世纪20年代的全部新闻都是政治。它吸引了历史学家的整个注意力，正像他们总是从相当远的距离审视战争和暗杀那样。

　　不过，在1916—1928年，还有另外一个过程在进行中，这就是当军阀混战（主要在北方）和国民革命（主要在南方）进行时，同它们平行的一个多元的知识、文化、学术运动也在进行着。这场运动的基础是这样一种主张：创建一个新中国的新思想只能来自在政治行动之前进行的艰苦的学习和思考。这种新文化运动试图避开政治的腐败活动。从事这个运动的人们提出不跟政府发生关系，这在自古以来最有学问的人差不多自然都做大官（"学而优则仕"）的国家，是一个很有意义的步骤。他们的目的是将现代知识应用到中国问题上去。这就得建立一套学术制度和机构以作为必要的工具，来培养一个有批判头脑的、富于创造性的新的知识领导层。

这个运动是由几百个年轻学者领导的，他们主要是从西欧和美国获得启发。在这方面，他们不同于受布尔什维克革命范例所鼓舞并遵循苏维埃模式的党的组织者。

　　与此同时，关于救国问题，中国的保守思想（现在刚开始研究这个问题）已亮明了一些主要观点。革新运动的一派人爱讲"民族性格"或"民族精神"。这派人并不否认进化的事实和各国之间社会达尔文主义（优胜劣败）的事实，但是关心的焦点在文学、语言、风俗和宗教，总而言之，在中国的价值制度方面。梁启超在1911年革命以后，作为反对西方的"个人主义"和"享乐主义"而提出"家族主义"，以此证明一些基本的家族主义价值观念，例如"属"、"名分"等。这种中国文化价值的分析，支持了而且实际上表现了民族主义。从内涵来看，它是同现代化相矛盾的，人们至今还是这样看的。

　　对中国而言，这种观点的含义是：某些孔夫子的原则和深奥的价值，在进化当中仍然会存在下去，它们只能慢慢地改变。按照这种看法，文化总是走在政治的前面，而全盘西化是一个大错误，事实上是不可能的。中国只有一条路可走，就是选择输入什么机器而已。梁启超对于1919年的凡尔赛和会所抱的幻想彻底破灭之后，看出在这个和会上，中国的权利被人抹杀，显然财富和武力胜过了真理。他的宇宙观迈出另外一步，他回到中国，感到导致世界大战的这场屠杀的欧洲文明，缺乏一种正当的集体观念。西方奉行理性科学至上和着重个人主义与享乐主义，结果是使西方走入迷途。

　　在另一方面，康有为想把孔教定为国教的企图不符合基本的文化定义。简单说来，宗教在西方虽曾在国家与教堂二元领导下，却与政治是分别开来的。可是在中国，孔教国家却包容了文学、哲学、政治和国家对皇帝的崇拜，并且将它们统一为一个整体。1911年革命以后，各省都纷纷成立了孔教团体，力图使中国传统的精华永远传流下去。有一种看法认为，立孔教为国教与现代科学并行不悖，但是这种看法只不过是一种可利用的计谋而不是基本的原则。

另外一种看法，坦率地说，就是玄学，或形而上学，认为科学的理性和机械学，都不能包容心灵的直觉生活。这里显然存在着佛教的影响，把物质的西方和精神的东方对立起来。这种论点在20世纪20年代发展成为科学与玄学的一场论争——这时的玄学恢复了明朝哲学家王阳明的"良知"学说。这种"心"和"物"的争论是在中国的传统方式下进行的。主张现代科学可以导致较好生活的人们，虽然在这场论争中取得了胜利，可是他们却无意识地给马克思主义作为"社会科学"在中国取得胜利而铺平了道路。

在20世纪的最初几十年中，克鲁泡特金式的无政府主义也做出了贡献，因为它攻击了礼教和家族等孔教思想，以及按照身份规定社会义务的一套主张。中国的无政府主义者团体是在巴黎和东京组织的，它的刊物都主张平等是解放个人的必要条件。无政府主义思想影响很广泛，而且有创造性。他们不主张组织起来夺取政权，但是他们为新文化运动注入了许多新观点，首先是攻击家庭制度。虽然历史后来一般都不注重无政府主义者了，但是他们是俄国革命之前在中国宣传欧洲社会主义思想的主要人物。

1928年以后有蒋介石下面的国民党专政，继而于1949年以后有毛泽东下面的中国共产党的专政，因此外面世界都以为现代中国是一个极权国家，一党专政的国家。但是如果仔细检阅一下历史的记录就可以看出，自由主义一定程度上还在起着作用；许多个人，以他们卓绝的努力，做出了基础性的贡献。在1927—1949年间国民党专政是一种局部的不完整的专政，特别是同后来的历史比较起来。在国民党统治下，现代中国的自由传统（让我们把它叫作中国式的自由主义吧）处在支离破碎、动荡不安中，没有繁荣，但也没有死亡。

对美国人来说，这种自由传统在1928年以前和以后到1937年为止的发展情况使中国的过去给人留下深刻的印象，并且使人对中国的未来抱有希望。在西方自由主义者看来，法律程序是不言而喻的。获取政权必须通过合法手段，但是中国的自由主义者没有办法创造法治，也没有办法控制军事力量。即使他们从富裕人家出身，他们的安全也没有保障。因此他们所能做的就越发了不起：很多有才能、有志气的个人获得了一些小的成就。

这些人加上少数妇女，形成了一批新的学者型行政管理人才。20世纪初期日本留学生中产生了在1911年及以后年代中积极活跃的一代革命者。现在西方留学生中产生了第一次世界大战后国民革命时期的学术领导。现在这一代不是通过科举考试（已于1905年废除）入仕，而是在海外得到学位，典型的是哥伦比亚大学的哲学博士。这些中国式的自由主义者同国家当局的关系，不同于帝制时代。首先对于学者扮演的角色，看法不同了。一个最古老的儒家的格言——也是像王阳明之类的儒家官吏所认可的——就是理论和实践的统一，即知行合一。人应该"实事求是"，有了知识就应该在实践中应用它。清代讲治国之道的学者都是支持这种思想的。一个人知道了什么，就有责任向当局讲出来。

换句话说，在中国传统思想中，学者是一个政治动物。象牙之塔只是隐士用的。"五四"运动中像胡适之类的学者和陈独秀之类的政治活动家，他们之所以分裂开来，就是为此之故。西方教授一般都认为应该站在政治圈外，而在中国，这样做就是失职。因此，胡适和他的中国式自由主义朋友们按照西方的模式，搞了另外一套，就是学者不管政治；而像陈独秀一样的知识分子，则于1921年参加了中国共产党，成为中国传统的主流，就是学者通常和国家联系在一起。

这种趋势产生了一些模棱两可的现象。中国式的自由主义分子仍然要国家批准或至少容忍他们的活动。他们要求国家保护，而不要控制。这种想法，在培训留学生事业中特别明显。这些留学生出国大部分是公费，回国后通常也是由国家安排工作。

造成这种新的领导局面的一个因素，是美国国会受在中国的教会教育家鼓动于1908年通过了一个决议，即将庚子义和团问题赔款中归美国的小部分（2000万元）中的大约一半，用来教育中国送到美国留学的学生。对美国政府的赔款仍继续支付，不过这笔钱自动地转到处理奖学金事务的中美董事会。这个法案是管支付奖助金的，正像第二次世界大战后美国参议员富布赖特建议通过的、用于全世界范围的奖学金项目一样。依靠这笔钱，北京开办了清华学堂，作为派送学生赴美留学的预备班。到1925年大约有1000名中国青年学生——至少是全国的高才生——用这笔奖学金到美国学习。20世纪20年代初，由于日本侵略不断激怒着所有的爱国者，更多的学生公费留美，为数超过了到其他国家留学生的总数。随着这些新的精英人物1914年以后陆续回到国内一团糟的官场，一个新的、洋化的爱国领导阶层跟着出现了。

　　这些在外国学习回来的留学生通常已争得了学术地位，而且他们出身的家庭多半是搞学问的，很少是土生土长的农民出身。他们年轻、有才能，早年学过中国经典，然后在外国学习了4年至10年，基本上掌握了外国语和现代学识。在两种文化环境中艰苦学习20年左右，使他们真正成为具有双重文化的一代人，比过去的乃至今后的任何一代人都能填补相当深的文化壕沟。回国以后，他们在服装、谈吐以及学术资格上都明显地出类拔萃。在他们的头脑充满了强烈的、基于新的世界观的爱国主义。这种世界观就是：在西方科学和知识普及全球之际，唯独中国处于落后境地。除了极少数汉学家之外，他们是仅有的一些能够把中国和外在世界在知识上汇合起来的人。

　　此外，他们的教育经验产生了他们之间的个人联系，就像中国世世代代的学者那样。这种联系以秘密的联谊会之类形式组织，有一部分效仿当时美国大学中纷纷成立的用希腊字母命名的联谊会。例如1920年在上海成立的CCH（代表"成志会"），是合并两个早以前成立的团体而实现的：一个是1907年康涅狄格州哈特福德城的中国学生开会时由9个团体会员组成的DJ（代表David和Jonathan）；另一个是1917年在马萨诸塞州的诺兹菲尔德城一次基督教徒会议上由7个会员组成的CS（代表十字架Cross和剑Sword）。"成志会"成立后即展开活动，到1936年共发展了227个会员，并且在纽约、华盛顿、波士顿、芝加哥、南京、北京和广州各地设有分会，1929年还在上海举行全体大会，选出13人的中央委员会。另外还有几个这样的联谊会。会员们利用夏天在避暑地聚会，彼此在事业上互相帮助。

归国留学生的社会地位不下于旧时代的中国儒生。他们是为数只有几千人的小团体的成员，这些人常常光顾法律协会、哈佛广场以及纽约117街的百老汇。他们和中国的普通百姓之间还隔着很大的距离。

留学生回国后立刻担负起他们在外国学习的那些专业领域中的领导职务，从而使中国从欧洲和美国都可以得到某些教益。他们之中一位有名的政治家蔡元培（1867—1940）早年经过科举，入翰林院，后来参加了孙中山的同盟会，然后又在德国四年，学习康德和其他唯心主义者的著作。1912年他在中华民国第一届内阁中出任教育总长六个月。1917年他任北京大学新校长。蔡聘请了新教授，改组了整个大学。北京大学从一个培养官僚到政府里领干薪的职员训练所，变成了全世界各种思想的大熔炉。蔡氏主张大学自治——"教育超乎政治之上。……不受政治控制"。他提倡教职员治校，学生和教师间保持个人关系，教授可以私人资格发表政治主张。（他后来在1928年建立国民政府的中央研究院，模仿欧洲政府办的只从事研究学习、不授课的研究机构。）

1917年蔡元培任北大校长后，聘请了敢于标新立异的新闻记者陈独秀（1879—1942）为教授。陈曾留学日本和法国，并领导过打倒"孔家店"的斗争。他在他主持的《新青年》首先鼓吹法国大革命的口号"自由、平等、博爱"。1921年中国共产党成立后，他被推选为第一任总书记。

一般来说，有封建家庭背景和阶级斗争思想的中国留欧学生，政治上比较积极。美国留学生中则改良主义者多于革命者。最著名的是1910—1917年间在康奈尔大学和哥伦比亚大学读书的胡适。他回国后到北大，决心把中国文字改成日常说话用的白话文。欧洲人在文艺复兴时期就做了这件事，把拉丁文分开，发展了意大利文、法文、德文和英文，作为各国的民族语文。这一种"文化革命"早应该在中国实行，这不仅为了创造一种使普通人能看得懂的文学，也是为了使中国文字成为现代思想的表达工具。

白话文早在18世纪时的通俗小说如《红楼梦》中以及19世纪耶稣教传教士向来普通人布道时已经使用了。过去有过不少人试用，但都受到保守派的反对。保守分子觉得掌握古文使他们获得了既得利益。但胡适和陈独秀等人联合起来提倡白话文后，这种新的文体很快取得胜利。1920年教育部颁令，教科书一律使用白话文。

从外国留学回来的一代人就是这样通过创办新的大学和创造新的文字来传播学问的。他们应用他们的才能，重新评价中国的文化遗产，新文化运动也就随之发展起来。他们对老式家庭制度压迫个人自由和奴役妇女发动攻击。他们重新评价古典经书和白话小说，对民间传说加以科学研究。尤其重要的是，他们当中的大多数人从事了许多哲学博士从事的教育职业，建立了很多教育机构来传播当时西方正在流行的各种进步思想。

1916年以后的军阀横行固然困扰着各省，但信奉孔孟之道的儒家教育体系也因此而全面崩溃。从1911年到1949年，一直没有一个强大的中央政权。结果，教会办的大学就有机会以现代文理科学培养一批中国学者而不受中央政府的控制。在几十年间，教会大学以一些美国有名的大学为榜样，用它们的思想和风气教育了中国一代新人。

基督教对于新文化运动的崛起到底有多大影响仍然难以确定。外国人由于了解教会运动比较多，多倾向于夸大这种影响；而中国革命者由于对本国情况更为熟悉，则对传教士的作用不太重视。这事仍将成为中外之间的一个争论。

因为基督教大学是美国公众知道得最多的教育形态，我们不妨在这里稍停一下，看看中国的教育传统和基督教大学属于其中之一部分的教育体制。

帝制时代的中国没有政府办的初等教育体制。要就学识字，多半是在自己家里或进村里几家合办的私塾，或进一个家庭捐办的义学性质的公塾。初级课同儒生世家开蒙一样读《三字经》，不过普通人家的子弟到此为止。

我们前面已经讲过，帝制政府只对同各级科举考试平行的从县到州、府、省级的公塾加以扶持。这种学校都不管住宿，学生只限于乡试及第、有资格进学的儒生。这些人将来如不能做官，只适于做教员。但这些儒生都免于从事任何体力劳动。

这样，传统教育制度基本上是国家的一个附属物。殿试录取的生员，可以在北京入翰林院，那只是极少数优选出来的人，从事编纂档案和处理文书的事务。明清两代，各省设有书院，特别是长江下游各省较多。有些书院是宫廷支持的，有些是高级官吏办的，有些是准备进一步考试的培训所，有些是躲避世间繁杂交往的潜心研究的地方，有的不受公家的直接控制。

19世纪90年代的革新运动建立起一些研究团体，有些革新派受到了传教士们为宣传基督教而设立的小型学堂的影响。1905年废除科举以后，情况大变，中国在曲折蜿蜒中走上了革命的进程。

20世纪初帝制末期的革新时期，日本是训练中国留学生的中心。他们中间不少人彻底变成革命者，但多数人回国后在名义上改成新式学校的旧式院校中教课。一种受日本影响建立起来的新学校是法政学堂，日本人喜欢用这类学校来培养新型知识分子。

但此时对中国影响最大的是大西洋地区，主要是美国。在1905年用庚子赔款的一部分资助中国到美国的留学生以后，美国对中国的现代教育基础就产生了影响。出身于中国上层阶级的学生到法国和德国留学的，回国后常常变成了革命者，特别是在第一次世界大战以后，他们的兴趣和活动，都是高度政治化。而从英美回去的学生多倾向于科学和人文教育方面，英美学校似乎也是长于开那些课的。

　　由于这些影响的结果，20世纪20年代兴起了许多国立大学，即政府出资的大学，在1928年以后更是如此。此外还有十几所基督教大学，其中的教职员一部分是外国人，一部分是中国人。除此以外，还有几个私立的中国院校，是富有的机构资助的。20世纪20年代中国也开始有了基金会的活动。洛克菲勒基金会带头捐款于高等教育，1925年以后庚子赔款的余额归还给了中国，专门指定给中国教育文化基金会使用。这样，当1928年国民政府上台，按照欧洲模式创办中央研究院作为中央研究机构时，中国教育已有多种不同的体制了。

　　还有，这个时候，平民教育运动也在日本和中国青年会秘书的影响下发动起来。中国青年会的秘书们在第一次世界大战期间去法国帮助中国劳工写家信。在外国的农民大多是文盲，这件事启发青年秘书们在国内展开识字运动。这个运动的发动者为了接近农民，开始在农村工作。早期的革新者如张謇开办了几个与工业发展有关的技术学校，而高级官吏如张之洞则开办了一些学校专门教新兵识字。

　　国民政府沿着这些传统，1928年以后从新的国立大学和代表当时外国影响前沿的基督教大学吸收了不少受过现代教育的人员，同时还在农村试验办平民教育。不幸的是，国民政府即使在那些有限的地区也没有抓住中国的主要问题，因此它的乡村教育规划始终停留在有限的范围内。把扫盲运动普及普通人中去，并把他们逐步提高到现代化的高级社会中，这个课题只好留待年轻

现代教育的初兴。此为清华学堂。它的前身是满清时期（1911年）创办的留美预备学校。

的中国共产党去完成了。

中国高等教育机构中的学生群体早已开始按照科举时代的传统，就是集合到皇朝政府的考试中心举行示威请愿的方式采取行动了。1919年"五四"运动以后，学生们的爱国活动和追求革命的活动，也就是在这样的新制度中进行的。它表明现代学生承担了自己的义务，继承了孔夫子的学说，试图去"治国平天下"。当然这也与欧洲的传统不谋而合。

这样，中国就有了一个东鳞西爪拼凑而成的教育制度。为了初等和其他各级教育，现在有了像商务印书馆那样广泛供应教科书的新出版社。官方的编译机构组织出版了日本以及西方各种书籍的中文版本。先是用日本名词，接着又发明了各种学术名词。早期回国的留学生花了很多力气解决各种术语问题，以致对现代思想中的经济、社会、个人主义、权利等名词，都提供了适当译名。自然科学也经过原来在国外受训练的专家之手，引进到中国生活中。许多中国的技术学校也有所贡献，一般高等教育机关都保持了受教育的人应该对社会做出贡献的传统。从教会学校开始，妇女也被卷入教育的主流，甚至在农村中缠足的风气还没有绝迹以前，已有女生上学。从20世纪初，人类学和社会学等科学已经开课；地质学和考古学的成就也广为传播。

同时，中国的耶稣教教会，也学会了用两条腿走路——办医院和教育。大约200所教会学校和几所大学办起来了。1920年，这些学校有的合并了，后来一共有12所基督教办的大学。北京的燕京大学首屈一指。

燕京的领导人物是十几个中国和美国的教会教育家。他们在1919年组成了一个宗教学习团体，取名叫"生活联谊会"。他们都是虔诚的基督徒，相信中美双重文化教育和笃信耶稣基督是挽救中国的道路。在军阀横行和政治动乱中，燕京因为是一个在纽约注册并大都由那边出钱办的美国机构得到了保护。他们用美国出的钱构筑了美丽的燕京校园。燕京大学位于用庚子赔款建设的清华大学一英里外的郊区。虽然20世纪初期民族主义风起云涌，不断高呼打倒外国势力，燕京大学中国基督徒的领导地位始终岿然未动。1928年以后，燕京大学在北京成立了一个校务委员会，在国民政府注册立案；原来在纽约的董事会，则根据英文的章程继续掌管学校的基金。

在中国的耶稣教会有一种世俗倾向,就是爱干预当地的社会问题,而不仅限于精神事务。这种倾向是适应中国环境下人们的需要的。在美国,福音传道事业是为了改善人们由现代化所引起的紧张困厄状况,它起着安慰、舒解的作用;在中国则是吃饱了肚子才谈得到精神上的和平和安慰。换句话说,美国人需要在快速多变中得到精神和平和向导,中国人则必须克服贫穷、疾病、无知和混乱的可怕境况。由于处境不同,精神上需要的文化自然不一样。19世纪80年代,青年会在美国是应付城市青年的需要;在中国,这时的青年会也开始应付中国城市和教育的需要。福音传道变成了只是基督教会工作的一部分,虽然它还是一个重要的内容。

1922年举行了一次耶稣教各教派会议,成立了一个全国基督教协会,以统一联系3000名传教士和25万到50万中国耶稣教徒的工作。在衡量这个群体的影响时,必须看到中国受教育的上层人士数目极少(在20世纪30年代受过大学教育的人不过10万)这个特点。调查研究工作显示出耶稣基督教会对中国的现代化做出了广泛和多方面的贡献。

天主教对于中国的现代教育也做出了贡献,虽然罗马天主教在中国的做法和耶稣教的做法十分不同。它在中国的活动于16世纪欧洲探险时期就已经开始了。天主教的耶稣会派和其他派别不同,他们一开始就接触统治阶级,并且相信熟悉中国语文和风俗习惯和向有兴趣的中国学者表演西方科学是取得成功的办法。耶稣会派的天主教徒循着利玛窦的先例,以求学名义取得了官方身份，然后出任钦天监，负责天文和订定历书的事。天主教中的方济各会派和多明我会派后来控诉耶稣会派，认为他们接受了过多的中国文化和教条，并在祭祀祖先问题上发生争执，最后发展成中国皇帝与罗马教皇的对立。而不幸的是耶稣会派站到了中国皇帝方面。1724年以后他们统统被驱逐出中国，留下来的也只能在北京以外秘密传教。1773年耶稣会在罗马也被取消，直到在1814年才恢复；19世纪40年代拿撒路派在罗马当权时，耶稣教传教士才在中国重新出现。

天主教传教士不大关心个人的改教，而集中注意争取全家或者全村的人改教。不像耶稣教徒那样，天主教神甫多穿中国服装，对现代化兴趣也不大。主要的天主教大学是上海的震旦和复旦，是由精力充沛的中国神甫马相伯创办的。

20世纪20年代中外合办的事业是多方面的——灾害救济和农村发展、文字改革和现代科学名词的制定，以及财政方面的合作等。教会董事会继续从美国支付薪金给教会学校的教育家，中国教职员则由中国方面出钱开支。因而基督教大学一般来说都是男女生同校，在学生中助长了西方生活方式，这些学生大都也是来自城市中产阶级家庭。有一个时期基督教大学成了政府机关的人才培养所。20世纪20年代，北京的国立大学同燕京大学和私立的南开大学之间，有很多人员互相交流。这样，传教士为现代中国要建立的新秩序画出了一部分草图。有一个时期，他们扮演了中心角色。

由凡尔赛和约和1919年"五四"学生运动点燃起来的民族主义运动，于1923年导致了反对教会设施的活动。民族主义的"收复权利"运动,也包括把那些总部不设在纽约市的教会大学改归中国董事会。外国人和中国教职员在住宅和薪资方面的不平等待遇,似乎也使一切爱国人士感到屈辱。

1928年国民政府上台以后出现了两个趋势:一是外国人在教堂和其他机构中的主导地位逐渐减弱;第二是日本的入侵,它导致了1937年的侵华战争。这一趋势倒把传教士变成了中国爱国主义的可贵的同盟者了。因为传教士仍享受着治外法权,日本不运用政府力量还不能强制他们。这就使中国人推迟了取消治外法权和废除不平等条约的时间。在19世纪90年代帮助过改革的人,现在在20世纪30年代反对日本侵略中也起了帮助作用了。

当北大在北京受军阀干扰在财政上日益拮据的时候,在华北口岸天津出现了一所成功的私立大学。南开大学是张伯苓个人的成功事业。他是一个身材高大的北方人,青年时读了些书后投身海军,在1894—1895年战争中他的战舰被打沉了。为了救国,他就转而从事教育,先在天津财主家办私塾,后来他响应了基督教青年会的号召。当时天津青年会的秘书通常是普林斯顿大学的体育健将、教师和传教士。张在学校中重视体育,提倡师生间教学相长,团结互助,学习科学,讲求爱国主义。他于1903年访问日本,1908年访问美国,所见所闻使他更加笃信这些原则。后来他做了基督教徒,他的南开中学在举办体育比赛和组织学生演话剧方面常走在全国的前列。1917年张伯苓入美国哥伦比亚大学师范学院。两年后他回国创办了南开大学,接着附设一个女子中学（1923年），一个实验初小（1928年），一个经济研究所（1931年）和一个化学研究所（1932年）。南开经济研究所在两位耶鲁大学出身的经济学家何廉和方显庭主持之下，开始从事中国现代化进程中经济基本问题的研究和出版工作。这个研究所希望效仿伦敦经济学院，1930年它协助从伦敦来的客座教授汤恩内撰写他的经典著作《中国的土地与劳工》。（张伯苓、何廉和其他几位南开教授都是"成志会"的会员。）虽然南开也得到一些庚子赔款和洛克菲勒基金会的资助，但它主要是私人创办和资助的。

在基督教影响盛行的时代，还有一个机构取得了成就。基督教青年会适应了城市青年娱乐、交谊和品性指导的需要。体育、讨论和操行对于一个人的身体、思想和品德的磨炼，似乎比过去孔孟之道来得更好些。1920年20个城市和200来个公私立学校里都有了青年会。绝大部分秘书、干事都是中国人。1920年天津召开的全国第二次基督教青年会代表大会，有500代表从上海乘专列与会，中国总干事则从北京赶来主持会议。

中国的进步教育家主要是在哥伦比亚大学及其教育研究生院即教师学院获得他们的灵感的。那个学院的中国学生俱乐部于1920年在他们的《学生月刊》（1905年创刊）中说，哥伦比亚大学当年入学的中国学生共123人，是美国所有大学中中国学生入学最多的。第一个从教师学院获得哲学博士学位的孙炳文回国后任南洋第一高等师范学校校长，该校于1921年发展为国立东南大学（后来在南京政府时期改名为国立中央大学）。教育学院的第二个哲学博士是蒋梦麟，他于1917年在美国留学九年后从哥伦比亚回国，很快即主编《新教育》月刊。他后来著文说："应将中国学生从严酷、死板的行为规范中解放出来，让他们自己思考，并帮助他们解决自身的问题。"他本可以引用明代哲学家王阳明的话："让孩子们有机会自由发展，循序渐进，以达到所欲之目的。"过了几年，蒋梦麟接替蔡元培任北大校长。通过这些领导人，教师学院将它的影响力扩大到芝加哥和堪萨斯城以外，甚至扩大到江苏省教育会。约翰·杜威鼓吹的"做中学"的实用主义思想在中国产生了回音。

与此同时，还有其他一些机构也在从事教育革新事业。最令人瞩目的美国慈善事业是洛克菲勒基金会将3400万美元基金用于建造和维持协和医学院的运作。从1915年开始，这个基金会的行政人员精心创办了一所亚洲最好的研究和教学医院。在寄生物学和治疗中国比较广泛的传染病和营养不良症方面它的成就最为显著。协和的毕业生只有几百人，但是它着重的不是数量，而是质量，并建立了护理专业和一套社会服务事业。协和医院为中国后来的公共卫生事业奠定了基础。

在军阀时代，新的科学和学术机构的建立，是受欧洲——以及美国——启发的。卓越的、有多方面才能的地质学家丁文江（1887—1936）毕业于英国格拉斯哥大学地质系，他于1916年创办中国地质调查所。这个地质调查所首先着手测绘了中国的地形和资源，聘请了纽约州的一位退休地质学家培训干部。丁文江曾筹办一个有利可图的煤矿公司，参加过中国大上海市政府的筹建工作；曾担任中央研究院总干事，统一协调全国学术研究工作；曾到全国许多地方实地旅行调查，写过很多调查报告。在他不幸因煤气中毒逝世前，还参加学术论争，同反科学论点进行斗争。

中国科学社是1914年在美国康奈尔大学组织的，创始人是任鸿隽（1886—1961）等。在1950年前出版过中国刊物《科学》，并用各种手段——小册子、翻译、演讲、展览——来提倡科学研究。任氏自1929年开始负责1925年建立的中国科学文化促进会的中国基金组织，来使用由中国付给美国、再由美国国会归还给中国的庚子赔款。

中国地质调查所对化石很感兴趣。它聘请了欧洲考古学家来华，帮助训练中国学者。一位瑞典人考证出中国新石器时代的彩陶。一位法国耶稣会传教士德察尔丹帮助古生物学的研究，一位加拿大人推测出"北京人"的存在。新一代的中国考古学者——这些人是学者但同时也用他们的手劳动——后来对于河南安阳附近农民挖掘出来的公元前2000年商代卜者的甲骨做出了考证。这些甲骨引起1928—1937年对安阳商代故都的大规模挖掘工作。这个划时代的工程是由一位哈佛大学出身的中国考古学家李季主持（报告也由他在20世纪70年代完成）的。

大致在1914年到1937年间接受了双重文化的中国留学生回国后取得的这些成就及其他成就，总有一天会被当作创造时期的果实记录下来。像在其他创造时期一样，这些领袖人物大多是声名显赫。他们在同一刊物中发表过他们的政策论文和美好的理想。他们有意站在政府之外。与其说他们是新贵，毋宁说他们是创立新的体制并使其现代化的人。他们是改良主义者而非革命者。

他们出身于上层阶级，因此他们只和同类人交往。他们的学生主要来自城市的富裕家庭。

虽然西方模式对于20世纪初期的思想酝酿有所贡献，但对中国农民却影响甚微，部分原因是西方国家不曾面对过和处理过类似问题。在封建时代，欧洲国家不像中国那样：受过教育的统治阶级和劳苦大众之间有着巨大的鸿沟。

我们上面提到，对平民群众的教育工作在远离中国的地方、在第一次世界大战中英国从山东招募到法国去的1400名华工中曾开始着手进行。美国基督教青年会为了帮助这批文盲大军写信而做了社会服务，派出了一批中国留学生。晏阳初（1918年耶鲁大学学士毕业生）就是一个去解决识字问题的人。不久他在巴黎编辑《中国工人》周刊，选用1000个中国字作词汇。晏回到中国后，青年会支持他发动一个平民教育运动，包括印刷一种涉及各种生活内容的《千字课》课本。1923年，神通广大的晏阳初变成了"中华平民教育促进会"的总干事，在全国活动起来。他自己开始在美国和中国筹款。1926年他在北京西南的定县农村展开活动，企图解决经济生产力和生活、公共卫生、扫除文盲、地方组织等农民的基本问题。

农村复兴问题在这个时期极受重视，还有其他一些人在不同的中心活动。一位精通古典的学者梁漱溟在山东农村领导着一个项目。他是一个保守派，但在试图恢复中国古代公社生活方面又表现得像个革命者的样子。虽然晏阳初和定县在美国一直很有名，然而杜威博士的最有创造力的学生却是陶行知（1891—1946）。陶出身贫寒，直到1915—1917年才上教师学院念书，在此之前他对王阳明学说已有深刻研究。他于1921年任南京东南大学教育学系主任，翌年继蒋梦麟之后任《新教育》杂志编辑。

陶行知是杜威的学生，但他正视中国的问题，则超越了杜威。他在群众教育运动方面非常积极，为工人和贫民办夜校。他展开"小先生"运动，让文盲学好后以他们的新知识教育其他文盲。对于1927年的反共产主义分子来说，这就好像一颗政治炸弹一样。在城市里搞群众教育被视为叛逆而遭禁止，陶行知就到农村进行教育和推行农村复兴计划。美国的进步教育推行现成的学校制度，陶行知则发现中国普通群众只能在他们生活和工作的农村、家庭和车间的所在地受教育。在所有美国训练出来的教育者中间，陶作为一个穷人出身的人异常地同情普通人民的需要，而这终于使他比别人更接近中国共产党。(最后他于1946年在国民党未能暗杀他之前患中风逝世。)

通过这些美国教育出来的领导人物，哈定—柯立芝的美国对于中国贡献了些什么呢？美国教育的长处和弱点均在杜威的中国之行中表现出来。他于1919年4月30日到上海，正是"五四"事件的前夕。他在中国待了两年零两个月。他于1919年6月在北大时，正当北大被捕的学生胜利地迈出监狱的大门。他的学生——胡适、蒋梦麟、郭炳文、陶行知和其他一些人为他大吹大擂，广泛宣传杜威支持他们实行更科学、更民主的教育运动。杜威教授在游历了11个省，在78个不同的场合做了150余次演讲。他的演说被译成中文，用书和刊物形式广泛散发。他关于逻辑、伦理学、哲学和教育的主要讲话，是在北大和南京师范学院发表的；但他也在东北、山西和上海、长江下游的六七个城市以及湖南、福州、厦门和广州做了演讲。

杜威作为美国最有名思想家，在第一次世界大战胜利后来到中国，受到的欢迎真是无以复加。部分在于他的活动全是他的那些在北京和南京教育系统身居要津的学生策动规划的，另一部分是因为杜威对于现代科学、教育和民主之间的相互关系极为关切，这使得普通民众都懂得了现代科学的实验主义（或实用主义）所提出的"假设可以通过实验来确证"这个道理。用新的"科学的权威代替传统的权威"，打破了正统经典的束缚。教育不是灌输记诵的知识，而是发动学生去想，从而培养他的"个性的发展"。教育不应该仅仅是国家的一只手臂，它应该使公民们做好准备去参加代议制的自治政府。

杜威离去后，他的几个哥伦比亚大学的同事相继来华访问，查访学校情况，建议教授科学，设计一些中国智力测验，等等。总而言之，没有任何一个现代外国思想家比杜威本人更多地把他的思想展示给中国受教育的公众。结果怎样呢？仅仅是讲了些皮毛而已。

中国正在进行一场猛烈反对外国势力和反对军阀的革命。

第一，学生运动把学校搞乱了。1928年以后新的国民政府为使教育成为国家的一个工具而使其政治化。杜威的教义所要求的条件太多了——一个稳定的政治环境，法律对于个人的保障，逐渐改进的时间。中国最需要的是些别的东西。人们可以想象即使托洛茨基站在杜威的位置上，他能够做到些什么。

胡适在北京为反对马克思列宁主义的意识形态而辩护——正如沃尔特·李普曼在纽约的《新共和》杂志上所辩护的一样——的实验主义，使他成为"文化革命"的尖兵。但是新文化运动对于军阀政权的残酷事实完全无可奈何。例如北京八大院校自1921年初开始，职工就领不到薪水，春天他们就举行罢教。但当教职员工和几千名学生，加上代理教育总长于6月3日向共和国总统请愿时，竟然遭到门卫用棍棒殴打和刺刀乱刺。杜威对胡适说：军阀和教育不可能并行不悖。所以，我们可以得出结论，美国式的自由主义和中国革命也同样如此。

谁要是由于短视至今还在探寻美国为什么"失掉中国"的原因，那就请注意一下，杜威于1921年7月11日离开上海时中国共产党刚好要在那里成立。最为进步的教育刚刚展示在革命的中国面前时，她却转到马克思和列宁那边去了。哥伦比亚大学教师学院在共产国际阳光照耀之下，变得暗淡无光。显然，美国的自由主义解绝不了中国的问题，虽然它作为主流思潮后来又苟延了15年。

如果我们考虑到20世纪20年代美国的影响遍及中国的各方面，而那时期俄国对中国的影响还微不足道，这个事实就更发人深省。海上贸易和基督教会自16世纪起就将西欧人带到中国了，而且美国人在第一次世界大战后飞跃升腾，达于顶点，他们的影响迅速扩展到全中国。与此相反，俄国人虽也从17世纪就隔着荒凉的西伯利亚接近中国，但他们的贸易是用骆驼队穿过蒙古，数量少而且受到控制。到18世纪俄国东正教会在北京只有少数几个人主持，他们平时只埋头学中国语言或喝白酒遣兴。

在20世纪初期，几乎没有"留学生"从俄国回来。所以，俄罗斯模式在中国不像西方经验那样具体和直接地为人所知。不过，尽管相互间缺乏了解，但中俄两国都是由于君主专制政府的压迫而成为落后的国家。19世纪90年代俄国的改革派曾用暴君彼得大帝来象征一个统治者怎样借西方的实例来建设国家。1900年以后俄国虽有些革命骚动，但她在中国东北的帝国主义活动却更为咄咄逼人。不过俄国的无政府主义恐怖活动，特别是暗杀，给了中国革命者一种信息。他们也曾多次用炸弹炸死敌人和他们自己。另外，他们也从俄国学习了浪漫主义的终身献于革命的生活方式，以及克鲁泡特金亲王式的讲求互助的、非暴力的无政府主义理想。一句话，俄国和中国的专制政治和落后状况，使两国间在某些方面互相效仿。

对于美国在中国的影响来说，可庆幸的是俄国从来不曾在中国宣传改变宗教信仰的事，直到1917年十月革命后，共产国际成立才改变了这一方针。苏联共产党也花费了30年，到20世纪50年代才铲除了美国在中国的影响，但20世纪80年代却表明她并没有成功。没有任何外国能够独霸中华大国。真正的问题是，什么样的外来人能更好地帮助解决中国的问题。

第12章

国民革命以及国共第一次统一战线

20世纪20年代，中国的公众因一系列的表现中国民族主义的事件而兴奋不已。1919年的"五四"运动给青年学生动员中国城市人民反对帝国主义的斗争确立了一个新的风格。它的基调在1926年5月30日的全国运动中更有力地表现出来。那次运动先是由英国炮火在上海、接着不久是英法两国炮火在广州挑起的，详细情况下面再叙说。因要求全国统一所导致的1926年的北伐，就是从孙中山1924年成立政府的广州发动的。

　　这些纷乱事件，使公众和全世界为之瞠目结舌，不知其所以然。只有事后，历史学者才弄清楚苏联和中国共产党在其中所起的作用。

　　当20世纪20年代美国支持中国学术方面的成长时，苏联正积极地帮助中国的革命。苏联人曾几次接近中国。他们首先和北京政府打交道，1924年签订条约，取得沙俄时代在东北的某些特权——对北满铁路的管理和对外蒙古的控制。同时共产国际的代理人于1921年帮助成立中国共产党以对付北方的军阀，并和孙中山建立同盟。为了加速中国的大革命，他们竭尽全力克服一切困难。

　　当这些纷争扰攘稍稍平定之后，苏联在20世纪20年代努力的最后结果，是树立一个中央集权的党的专政结构，给中国一个新的政治制度的秧苗，来代替老式的君主朝廷。1928年国民党的一党专政在南京上台后仍然同军阀政权维持着不稳定的平衡。1949年中共在北京宣告胜利，完成了向新政体的过渡，距1911年仅仅38年。这幅图画回顾起来好像很轻易，但是这条路程却是非常崎岖曲折的。

20世纪20年代的国民革命是一场既要消除国内的军阀统治，又要废除外国人的特权的双重斗争。用马克思列宁主义的话说，国内的封建主义和外来的帝国主义是两个孪生的祸根。日本与北京腐败的当权者沆瀣一气，表现了这些祸根的互相作恶。建立一个强有力的现代中央政府是压倒一切的先决条件。

在中国没有像在欧洲那样为共产主义运动铺平道路的社会主义运动。1917年布尔什维克革命之后，马克思列宁主义以一种崭新的世界观出现在中国。不过，自19世纪90年代的革命运动以来，一些流行的思想已经为接受它做了准备：1. 生物学方面的进化论，以至于社会进步的概念；2. 康有为的三个时代的经典学说，就是说天下混沌到天下大同的乌托邦的演进；3. 达尔文的各国之间适者生存的斗争思想；4. 克鲁泡特金的无政府主义互助思想（恐怖主义除外）以及个人从家庭和国家压迫下解放出来的思想。在这样背景下，马克思从奴隶制经过封建主义到资本主义、然后进一步到社会主义的几个社会发展阶段论以及以阶级斗争为这些阶段社会发展的原动力的思想只是又往前走了一步。综合起来看，这一大堆众说纷纭的思想一涌而入，使得世世代代承袭下来的中国哲学很明显地处于防御地位。孔孟之道的影响，除了对于社会价值的一般理解外，在革命者中间很少表现于语言文字中了。

首先鼓吹马克思主义的是在日本留过学的北大政治学教授兼图书馆长李大钊（1888—1927）。在1918年夏季，即在列宁夺取政权几个月后，李大钊看到布尔什维克革命可以使俄国一跃而跻于人类进步的前列，不言而喻,他希望落后的中国能同样如此。1919年初,研究了俄国的榜样后,李大钊看到民粹主义"到民间去"运动有很大价值。他预见到中国革命一定要在农民中间进行。李氏最初也喜欢农村生活,担心现代城市的弊害。他鼓励他的学生到农村去,同农民一块工作。在研究马克思主义时,他接受了阶级斗争学说,但对于历史唯物论却不那么认同。马克思的思想——基本的生产方式决定政治、思想和文化等"上层建筑"——给李氏留下疑惑。他觉得人的精神以及"自觉的集体能动性"在物质变化之外,能够改变事物。作为中国的马克思主义先驱者,李大钊的这些初期思想是重要的。因为正在这时,即1919年初,他是一个学习小组的指导者。这个小组里有一个年轻人,他不是北大学生,而是图书馆每月8元工资的工作人员,名叫毛泽东。

"五四"事件把学生们从课堂引到大街上,有时引到监狱中,常常使教学中辍,教师们不禁愕然。胡适告诫学生们:"多研究些问题,少谈些主义。"他说:

> 空谈好听的主义,是极容易的。阿猫阿狗都能做到,就像一个鹦鹉或者一架留声机一样……不研究我们社会的实际需要,只谈什么什么主义,就像一个医生只知道些疗疮癣疥,而不研究病人的病症一样。多么没有用啊!

李大钊看到社会主义革命的世界浪潮就要来到中国,于是回答胡适说:传播主义就是部分地解决问题。"不管你研究多少问题,只要你不和人民大众联系起来,

社会主义思潮的引进者:李大钊。他在1919年7月在北京组织了"少年中国学会"。这是学会周年纪念会的合影。左二:邓中夏;右三:李大钊。

那些问题就永无解决的希望……我们要一方面研究真正的问题,另一方面传播真正的主义。两方面结合起来才能相得益彰。"

在许多热情的爱国者看来,政治活动比学业更重要。新文化运动的积极分子,像《新青年》的编辑们那样,分裂成两派——政治革命家和学术上的改良主义者。李大钊和陈独秀成为中国共产主义运动的创始者。

中国共产党的奠基的一代人,基本上都是知识分子,只有极少数是工人阶级出身的。在另一方面,他们中的多数人至少是读过中学的,虽然没有搞学术研究的学者。中国共产党选拔了不少知识分子到领导层,它的历史作用是把普通人民带到政治中去。中共的结构保证了中央领导权,同时由党组织按照它的利益动员劳动群众进行阶级斗争。它的基础组织是小组,往往还有支部。地区以致中央执行委员会不是选举而是委派的。最初的组织由一位书记领导,即陈独秀。另有一个组织部,一个宣传部。1925年5月30日运动后,中共党员增长到2万人,中央便增设了妇女、工人、农民和军事等部。同时中央执行委员会也从3个人增加到29人,所以就必须增设一个政治局。在民主集中制的原则下,共产国际的组织家帮助中共建造了一个为阶级斗争而严守纪律的组织。

同时,列宁关于与东方新兴国家的民族资产阶级建立同盟的战略,导致共产国际希望把国民党也建成为一个同样列宁主义的民主集中制的政党。俄国在双轨上行进的政策,不可避免地要撞车,因为国民党和共产党都以夺取整个政权为目的。俄国人在处理这个难题上时认为:国民党搞的是资产阶级民族主义运动,因此可以帮助它夺取政权,而中国共产党可以从内部接管国民党。这个部署的一个失误是,中共没有发展武装,而蒋介石主持下的黄埔军校却从苏俄取得军火和训练的资助。这个战略的失误,使得后来国民党依据民主集中制不让中共接管,1927年及其以后的国共分裂中,国民党军事力量几乎把中共全部毁灭。

在20世纪20年代的革命中,最令人关注的事是:革命在公众中渗透到什么程度?这时,中学生和为数不多的几所大专院校的学生人数较以前都多了,许多人都变成政治组织者。商人更加积极爱国,他们抵制外国货物,捐献财物。新成立的工会,特别是在外国人的工厂中,在罢工、游行示威中起着骨干作用。甚至农民也积极响应,加入阶级斗争,反对地主阶级。

　　这些充分发动起来的公众,给现代军队、行政和收税官衙以及政治组织提供了大量后备军。革命的思想常常渗透到各行各业的底层。千千万万青年变成有新的精力和为意识形态理想献身的积极分子。20年代中期,充满着兴奋、骚乱、创造和破坏。

　　历史学者要描绘这个场景,碰到两层困难:第一是抽象事物的魔障。1926年3月18日北京学生非武装示威抗议日本侵略时被军警开枪打死打伤47人,下面是革命的新文学领袖鲁迅写的一段悼念他的三名女学生的文章:

> 听说,她,刘和珍君,那时是欣然前往的。自然,请愿而已,稍有人心者,谁也不会料到有这样的罗网。但竟在执政府前中弹了,从背部入,斜穿心肺,已是致命的创伤,但是没有便死。同去的张静淑君想扶起她,也被击,弹从左肩入,穿胸偏右出,也立仆。但她还能坐起来,一个兵在她头部及胸部猛击两棍,于是死掉了。
>
> ——《纪念刘和珍君》

　　关于打穿这些姑娘身体的子弹弹道的准确描写,显然有鲁迅的加工。当时没有像肯尼迪总统被打死时那样的尸体剖验报告。

这类现场的报道只能是个别的，大多数这类事件只能归入这样的抽象标题之下："爱国学生同军阀政府当局之间的关系紧张之至，后者枪杀了许多示威者。"

第二个困难是时间顺序先后颠倒，搞不清楚。有时把过去的事实当作某些事件的序曲，而不交代事件本身。这样，机会的因素，偶然的因素被筛滤下来，历史仅仅被描绘成一系列的运动，加上"蒋介石的崛起"或者"毛泽东的崛起"之类的标签而已。在他们以前死去的很多潜在领袖都被抹杀掉了，显露在历史中的，不是最好的、最精明的人，而只是幸存者。不但如此，事后的判断往往硬安在已发生过的事件上。举例说，在20世纪20年代，爱国者的希望似乎主要在国民党方面。但是，在一代人的时间里，国民党自身成了问题。

人们在研究中共的起源时，常常认为20世纪20年代主要是国民党和共产党之间的一个竞争时期。这对现实是一种歪曲。20世纪20年代的中共，尽管充满热情，但人数很少，而且没有军队。它的党员在1925年初，即"五卅"运动前，大约只有1000人。但这些年轻人都是极热诚地忠于他们的事业，并充当开路先锋，动员工人和农民，组成战斗的工会、农会，为一个伟大的民族奋起而秣马厉兵。但是围绕在孙中山周围的国民党领袖们——这些人比较年长，同商界的有钱人以及舆论界关系较好——仍然控制着革命运动。孙中山的广州政府举着民族主义的旗帜，矢志统一全中国。但是它的任务非常繁难，因为它是几种不同利益集团关注的焦点：广东地方势力一味追求扩张本地区实力，广州市商团正招兵买马成立自己的军队，加上华南的将军们互争霸主地位。在这乱糟糟的局势中,国民党的国民政府想建立一个新的政治机构,扩充一个党的军队,进行北伐,统一全国,真是难乎其难。正在这时,斯大林看到机会来了。

苏联在20年代中期给予广州政府的帮助,包括钱、武器和顾问,正好同美国在20年后提供给国民党的援助一样。(当然美国的援助方案是比较公开的,因为它们要在国会辩论通过,以宣扬它们的效验。)苏联顾问在广州共有50多人。经费大约有几百万元,是津贴国民党和为它买军火用的。但苏联的主要作用在政治组织方面。

当孙中山在1923年将国民党改组为一个苏维埃式的专政的政党时,他的目的是夺取政权,统一中国,而不是使中国社会革命化。他说,"过去我党的主要影响在于国外,……它的影响在国内是很薄弱的。"他又说,国民党用军事力量在1911年推翻清朝,1916年打倒了袁世凯。但是"革命尚未成功,因为我党仍然没有权力。我们缺乏的是什么权力呢?就是人民的支持。"孙博士过分诚恳,以致没有掩饰他的思维的简单。

他继续说:"现在我们有一个好朋友,鲍罗廷先生,从俄国来的……我们既然要学习他们的方法,我已请鲍罗廷先生做我们建党的指导人。他就是训练我们同志的。鲍罗廷先生在办党方面,极有经验……全体同志都要向他学习。"总之,学习苏联的革命方法,不要管意识形态。

鲍罗廷是一个什么人呢?他是一个原名叫米海尔·格鲁森贝尔格的流亡在拉脱维亚的犹太人。他本来是说依地语的，但因在里加上学，俄语很流利。1903年他参加了俄罗斯社会民主工党中列宁领导的大约100个人的布尔什维克派，是一个基层党员。但沙皇警察于1906年抓住了他，把他流放到西方。1909年他在芝加哥给外国移民教英语。十月革命后不久，他回到俄国；当共产国际于1919年初成立时，他参加了这个组织，为它工作。由于外语流利，性情和蔼，他代表共产国际出访了十多个国家。1923年10月他到了广州，当了孙中山的顾问。他能用英语和孙氏交谈。

当孙中山把鲍罗廷请来时，他的组织正在寻求一个好的出路。跟南方军阀打了多年交道，毫无结果；把孙中山装扮成大元帅，佩上金光闪闪的肩章，也没有把国民党变得更强大。这些国民党领袖，1911年的爱国者，已人到中年而壮志未酬。他们需要一个忠实于党的军队和一个群众运动，但两者都没有得手。

为了实现这两个目标，正如鲍罗廷解释说，他们需要一套成文的思想理论。于是孙中山发表了他的讨论式的演说"三民主义"——民族主义，中央集权的民主和一些关于民生问题之类的主张。1924年在广州成立的国民政府不久就创办了一个军官学校，由孙氏的军事助手官（一个日本士官学校学生）、年轻的蒋介石任校长。蒋曾到莫斯科住了三个月，学习党办军队的道理；同时还成立了一个培训城市群众工作者的政治训练部和一个中共特别感兴趣的农民运动讲习所。

根据1923年国共统一战线的协议，中共党员只能以个人资格参加国民党，而中共本身只是国民党内部一个有组织的集体。根据鲍罗廷建议制定的国民党新党章，建立了由党小组、支部、中央执行委员会和政治局构成的组织体系，使国民党成为一个中央集权化的、不容易被颠覆的组织。

这样，20世纪20年代中期广州有了一个新型的政府。主要推动力是爱国主义，实际的主张是对党的忠诚，组织机构是列宁主义的———一切权力集于中央。中国的确向苏联学习，但是布尔什维克主义并没有取胜，因为苏联人自己弄巧成拙。他们运到广州的武器和顾问，都帮助蒋介石建立了国民党军队而不是中共军队。国民党的列宁主义党的结构，使中共不能从中颠覆它。

在1925年，自从5月30日英国军官率领公共租界警察打死13名上海示威者，6月23日英法海军陆战队又在广州枪杀了52名示威者以后，爱国热潮席卷中国公众。"五卅"运动的影响遍及全国，商人不卖外国货，新的工会举行罢工，大量学生骚乱不安，中共从而找到大批后备军。除了外国特权带来的各种耻辱外，现在又加上了外国资本家对中国廉价的城市劳工的剥削。在1925—1926年，反对帝国主义的浪潮遍及全国，革命形势一发不可遏止。

在革命的广州，几种势力互相争逐着。当地商人支持香港已进行了15个月的罢工和对英国货的抵制，自己搞起了武装力量，中共已渗透到这支武装队伍中。赞成北伐和统一全国的人不能不正视这个左倾的地方主义。还有，国民党年龄较大的党员如"美男子"汪精卫，1905年后留学东京时就是学生中的老斗士。此时他把蒋介石将军还当作一个初出茅庐的人。汪氏领导着一班左翼党员，想借同中共合作来控制国民党。只是在蒋介石的新陆军打败广东军阀并镇压了广州商团武装之后，他才得以集中力量进行北伐。也只有向北扩展才可以开辟国民政府的财政来源。

在1927年至1949年的22年间，中国政治的主要角色是蒋介石——一个没有受过人文教育的军人变成的政治领袖。因为他不得不对付各种各样的军阀和封建的残余势力，更不要说日本的侵略，所以说他是时势造成的人物似乎一点不假。时势需要一个军人政客，而蒋具有统一中国的爱国决心，再加上个人的领导才干，果断、预见能力和善弄权术等品质。在20世纪20年代末期和30年代初期，如果军阀政治应予清算，一个中央政府应予建立的话，这些品质正是用得着的。总之，蒋介石的长处只是在军事政治的层面上。他没有能力透视出在中国已经进行的、把群众包容在政治中的社会革命。至于他的弱点，是否刚好形成了他的长处，这个问题就有待于一个传记家去评定了。

蒋介石属于这样一代中国爱国者，他们觉得中国只有靠军事力量才能从帝国主义下拯救出来。他出身于统治阶级较低的一层。他的祖父由种田变为盐商。他的父亲也是浙江北部通商口岸宁波附近奉化的一个盐商。在中学读了中国经书后，他就在1906年到东京走上军人的道路。不过，为了在日本受到军事训练，他先回到中国进保定军校，然后回到东京进入一个为培养中国学生而设的军事学校，再进入士官学校。从1908年到1910年，他和其他一些有军事头脑的爱国者组织了些社团。他们中间有的在以后年代中成为他亲密的支持者，其中最重要的是比他大11岁的浙江同乡陈其美。在日本陆军士官学校学了一年,蒋氏于1911年秋回到上海,从此开始在国民党反对袁世凯总统的斗争中逐步攀登上军队上层。蒋介石于1908年在东京加入同盟会,以后几次回到日本,见到过孙中山。日本仍是革命者的根据地。陈其美在1916年被袁世凯派人暗杀后,蒋介石即做了陈的两个侄儿陈果夫和陈立夫的保护人。20世纪初,蒋在上海等待时机的时候,同对他后来事业很有用处的青帮建立了关系。

当孙中山终于在广州得势后,蒋介石跟孙到了广州,在当时支持孙氏的地方军人部队中担任军官。当这支军队于1922年夏突然反孙时,蒋伴同孙一块逃上了一条炮艇。只有到这时,他才成为孙的亲信,并被孙选为军事领袖。蒋在1923年9月至11月率领一个国民党军事代表团访问苏联。1924年5月他出任新成立的黄埔军官学校校长。在以后6个月中,他主持训练了黄埔军校最初三期学生,共约2000人。这些人后来成了国民政府中黄埔系的骨干。与此同时,他成为广州的军队总司令,在国共统一战线中与苏联军事代表团一道工作。

在这以前,蒋介石基本上认为自己是一个军人。但是1925年初孙中山逝世以后,广州的混乱局势把他拖入政治,成为中央政权的当权者。

苏联对于广州国民党当局的政策,是由斯大林在反对托洛茨基的过程中,依照列宁的战略原则,即和亚洲的民族主义资产阶级民主革命者结为同盟以反对共同敌人——资本帝国主义的原则在莫斯科会商决定的。斯大林把赌注压在了20世纪的伟大事业之上——根据马克思主义的信仰,认为社会革命的阶级斗争能够同简单的民族主义结合起来。

蒋介石是不相信这些的，但他很清楚中共已渗入国民党中。这个渗入进行得非常之好，以致1926年1月国民党第二次全国代表大会时，国民党代表中有1/3的人同时也是中共党员。1926年3月蒋以防止阴谋破坏为理由突然向左派发动打击，驱逐了中共领袖和苏联顾问，同时硬说他依旧遵守广州与莫斯科的同盟协议。这种干的是一件事、说的是另一件事的技巧——把武力和微笑结合起来的本领，是他所以能掌握政权的标志。孙中山于1925年过早地死于癌症，汪精卫替他写下了给国人的革命遗嘱。但日益表示自己在承袭孙中山衣钵的却是蒋介石。他率领着忠顺于已故领袖的队伍，像过去皇帝对待他的先帝那样，以便更好地表现他的合法性。

1926—1927年北伐由广州打到长江，把爱国的反帝国主义的两年战争推向高潮。学生、商人和城市工人组织起来，在高潮中示威、游行、罢市，造成事件，以致外国机构纷纷倒闭，乘他们的炮艇溜掉，从内地撤走所有的传教士。用事前宣传和群众鼓动的办法，加上银圆贿赂收买，北伐的6个军打败或收编了南方大约34支军阀部队。留在中国唯一主要列强英国也放弃了它在汉口和九江的租界。北伐军打下武汉后，国民党左派汪精卫领导下的国民政府很快从广州迁至武汉。1926年后半年，孙中山夫人宋庆龄、她的哥哥宋子文、鲍罗廷和其他许多人，在几个星期中也乘火车、坐船、乘轿子或驴子，有的甚至步行，陆续从广州来到武汉。同时，蒋介石率领的主攻部队，则攻到南京和上海，也就是钱最多的地方。战斗的、中共领导下的工会从当地军阀手中夺取了上海政权，以迎接革命军队的到来。

但是，蒋介石突然停止革命了。1927年4月12日，他纠集上海地下社会中他的青帮朋友们扼杀了中共领导的工人运动。在这次恐怖事件中杀死了成千人。他在南京建立起他的政府。中共的武装革命的目的也公开了。国民党左派不久也反对中共并与南京合流。鲍罗廷回到莫斯科，第一次统一战线结束了。当鲍罗廷乘汽车通过蒙古回莫斯科时，他说莫斯科的同志不了解中国的情况，不知道中国没有产业无产阶级。

问题出在何处其实是很容易搞清楚的。1926年国民党中央执行委员会中差不多1/3原来就是中共党员。在汪精卫下面又出现国民党左派，他们是倾向与中共合作来对抗要成为全党领袖的蒋介石的。但是这个国民党左派，也就是和中共一块于1926年从广州把国民政府搬到武汉的那帮人，突然发现苏联的战略原来是利用他们为共产党夺权的。左派国民党一旦背弃苏联—国民党同盟，中共领导就变成了少数派，手中又没有军事力量，如果不想被国民党在1927—1928年的恐怖屠杀中消灭，它的党员只得躲到地下。这个失败，大部分归结于斯大林过分忙于同托洛茨基斗争，而对中国懵然无知，只希望中共胜利来提高他在莫斯科的地位。这当然是一厢情愿的幻想。中共努力组织农民来进行武装斗争，但做得太迟了。不同的地区已经有了一些农民协会，但是他们一般没有武装，而且缺乏统一配合。中共从惨痛经验中领悟到它夺取政权的唯一希望，在于获得一个地区根据地，从而有粮食和人力来支持它的军事活动，正像它在20世纪30年代做的那样。

到这个时期中共已经看出，在中国，产业资产阶级不能构成阶级斗争的有组织的基础，因为他们人数太少，因而要不断从农村吸收新的后备军。中共也懂得了一个列宁主义政党不能从内部取代另外一个。最后，再明白不过的事情是，现在通过阶级斗争实现社会革命的目的为时过早，而国民党建立了一个现代的国民政府，从而为积极分子和爱国者创造了一个更强大的集合点。中共在各条战线都遭到了失败。

第13章

国民党与共产党
1927—1937 年

中国的政治既然存在于道德的世界中，任何一个新的政权上台后，很自然地把许多玷污道德的垃圾都推到它的前任身上，而它的前任也曾经同样否定过它们的前朝。结果是：中国历史充满对于过去不如人意的当权者的道德谴责。慈禧太后，袁世凯，蒋介石，毛泽东，虽然他们的道德品质不尽相同，每个人却都有叱咤风云之日。先是希望的象征（也许很短暂），后来又变成暴君的象征。我们甚至可以这样说，随着现代化在中国政体中渗透下去，当权者一个比一个更强有力，到头来却一个比一个显得较他们的前人更暴虐。这种历史判断的并发症，使我今天判断每一个政权工作成为伤脑筋的事，只得按照它们现在表现出来的成绩，做出判断。

让我们先从国民党历史形象的惊人变化来看吧。1928年中国的希望似乎就在国民党一边，中共一直是一个少数派，似乎就要被消灭了。20年后形势为何却颠倒了呢？如果说1931年以后日本的入侵是主要因素，那为何它削弱了国民党，而加强了中共呢？一个回答是，国民党的国民政府背着旧体制各种问题的沉重包袱，而中共为了生存下去，就得创造一个新的秩序。这反映了一个世俗的因素——国民党领导层年龄偏高，变得陈腐了。不管你怎样加以平衡，彰明昭著的事实是：中共越来越能够使它自己成为一个早已该进行的深刻社会革命的领导者。

一个政体的性格，甚至比一个人的性格更难刻画。让我们看看国民政府的各方面吧。

因为国民党政府主要在城市里奠定它的基础，所以按照马克思主义的说法，国民党是一个代表资产阶级的政党。但是，考察一下可以看出，这种分析是过于简单化了。一个由商人、银行家、工业家和现代职业人士构成的中国资产阶级，实际上在20世纪初至20年代已经脱颖而出，但是它在取得政权方面却明显地失败了。

在上海和其他主要城市中的商业和工业阶层，在1920年前后，主要由于第一次世界大战的结果，曾有过黄金时代。欧洲战火吸引住了欧洲列强的注意力和资源。那时中国工业有很好的机会发展生产和出口贸易，而很少遇到国外的竞争。当日本企图取代欧洲在中国的位置，如夺取德国在山东的权力时，它倒提高了中国的民族主义精神。

在这个黄金时代的背后还有第二个因素，就是中央政府在军阀混战时期的脆弱性。军阀一般都被排斥在通商口岸城市之外，组织在商会中的新兴中国资产阶级是有机会发展他们的事业的。在中国的外商历来主要依靠他们进行活动。现在中国资产阶级开始竞争和取代外国人了。

可是，国民革命导致南京政府上台之后，中国资产阶级的黄金时代却很快结束了。南京通过上海的地下同盟者，恫吓和强制商业界捐出巨款来支持国民革命军。要求商界向政府财库捐献之事日甚一日；要求之外，还用绑票和暗杀相伴随。显而易见，南京政府的存在不是代表资产阶级的利益，而仅仅是为了延续它的政权，这跟过去的王朝没有什么两样。

如果国民政府不是"资产阶级"的，它至少是"封建"的吧？换句话说，是代表地主阶级利益的吧？答案是复杂的。南京把田赋让各省去收，它自己主要靠商业税过活。各省财源是不足的，一般却听任地主去收。中央政府军的军官们很有可能成为大地主。南京是反对动员农民的，但那是为了中央集权，而不是为了公权。"封建"成了骂人的字眼，可是它缺乏明确的意义。南京政府有两重性格——它在城市和对外接触方面比较现代化，而在同各省军阀进行老式的竞赛方面，却是反动的。在对外方面，南京政府仍在继续努力，至少在政府机关设置上进行现代化，而在对待国内军阀方面它仍继续压制社会的变革。外国人比较能理解南京政府的承诺，他们按照英美方式想，在中国什么事要前进，唯一办法是通过渐渐的改革。

南京政府得到外国夸奖的，首先在于它的现代化表现。民族主义似乎是胜过了军阀政治。南京政府与军阀不同，它建成了一个全国行政的雏形。几个大的部，外交、财政、经济、教育、司法、交通、国防、海军，都盖起了堂皇的办公大楼。同时，除了立法和司法部门外，还建立了新的监察和审计机构以及公务员的考试机构。在这些新的政府部门中，吸收了不少受过教育的人才，其中很多是意识到中国在世界处于屈辱地位的人。他们自然是为了收回国家权力而努力，在对外关系中坚持中国的主权。他们开始用现代科学处理老问题。一开始的确有一股新的希望气象。

但是，第一个难题是南京政府的管辖范围有限。它主持的是一个松散地管辖着四亿人口的相当小的政权。这四亿人仍然陷在人力的农业和运输传统中，众多青年和妇女没有受过新式教育，仍然受宗法家庭制度束缚。南京各部不得不发展现代农艺、铁路、公路、全国范围的新闻事业和交通系统。这些任务都大得了不得。南京只能从几个通商口岸城市找到支持西方化的力量。它最可靠的财源还是外贸的海关税收，而最大的困难在于接近农民群众。实际上它还是在同军阀们打交道，而且最初只控制长江下游几个省。它始终纠缠在同各省军阀势力的政治、有时是军事的斗争中。

另外一个极端重要的因素这时候也在起着作用。在和平和有秩序的时期，南京政府本来是可以鼓起现代化的风帆。但是好像南京政府的命运从一开始就被日本军国主义的威胁决定了。自从1931年日本攫取了满洲以后，南京的重要财源即被切断，中国政府只得通过它自己的军国主义来寻求解脱。一个拥有很多具有现代头脑的公民的政府，却不得不把它的收入投到蒋介石主管的军事扩张中去。日本的入侵在1937年以后对于一个从开始就没有支架好的政权来说，破坏实在太大了。

第三，国民政府一开始就从人事上系统地败坏下来。1926年以前的广州国民党，本来包括孙中山时代的同盟会老会员和国民党与中共跨党的年轻些的理想主义的积极分子；由鲍罗廷代表的苏共势力，同日趋增长起来的蒋介石军事领导结合在一起。但是，仅仅在短短的五年时间内，原来在广州的强有力的杰凯尔博士就摇身一变而成为南京的卑鄙龌龊的海德先生了。[①]这个民族主义运动的性质怎么在这样短的时间内就变了呢？

当然，一个因素是对共产党员的屠杀和那些幸存者

[①] 19世纪英国文学家史蒂文森小说中的主人公，他有双重性格，性格善良时名叫杰凯尔博士，变为恶人时，名叫海德先生。——译者

的抗拒或被镇压。像中共党员那一类的朝气蓬勃的理想主义者被绞杀掉了。第二个因素是老官僚主义和从军阀政权中吸收进来的大量新国民党员的影响。国民党对于党员从来不进行慎重的选择和实行党的纪律，它始终是一个没有中央监督的互相争夺的派系组合，经常吸收任何一个要求入党的人。有些军队头子把整支部队都吸收为党员。国民党在南京掌权以后，由于吸收了腐败和混日子的官吏以及没有原则的投机分子入党，它的革命的理想主义涣然消失。早在1928年，当蒋介石感觉到肩负的领导责任时，他就曾说过："党员们不再为主义或群众奋斗了……革命者变得堕落，丧失了革命精神和革命勇气。"他们只知道争权夺利，再也不愿意牺牲了。1932年蒋干脆宣布："中国革命已经失败。"

总而言之，国民党掌握权力后，完全改变了性质。它毕竟已经利用上海青帮地下势力反对共产党，赢得政权了。开始时很多中国人拥护南京，但是老式官僚主义恶习很快使他们的幻想破灭了。除了实行扑灭中共的白色恐怖外，国民党警察还打击、镇压，有时候甚至枪杀其他政党的成员和职业人士。报纸虽然还出版，却受到严密审查删扣。出版者受到迫害，有的被暗杀。凡是关心群众的人都被认为是亲共分子。这种反共立场挫伤了——如果不是阻止了——一切改善人民生活的计划。这样，国民党实际上是把自己同任何种类的革命努力割裂开来了。镇压和检查伴随着腐败的投机取巧和无效率的行政管理。"做官发财"的老话变本加厉地盛行起来。

这种混乱给蒋介石添加了沉重的负担，而他还以一个严酷的、矢志于统一全国的人物自居。到1932年他对于他的党已彻底失望，对于本来就没有表现出领导能力的西方式民主也没有丝毫信心。他开始组织了一个法西斯团体，即众所周知的"蓝衣社"。经过精心挑选的几千个狂热的军官，秘密积聚力量并效忠于蒋介石，把他树立成墨索里尼或希特勒型的领袖。1934年发起的公开的"新生活运动"，以提倡旧道德和检点个人行为为幌子，从幕后推动这个运动的就是"蓝衣社"。如果欧洲法西斯独裁不是和中国隔离开来的话，这个南京政府领导下的法西斯运动一定会变得很强大。

蒋介石在他手下那一大帮人物头上保持平衡的秘诀是他自己不归属哪一个特定的派系。他号称自己是卫理公会的基督教徒，因而获得教会的帮助。在中央党部和"蓝衣社"斗争时，他有时候支持陈果夫和陈立夫兄弟的国民党组织部。从近距离看，蒋介石与其说是使国民党衰落的人，不如说他是国民党衰落的结果更为恰当。正像20年前的袁世凯一样，蒋介石发现中国政治似乎需要一个独裁者。他虽然在不同时期担任过不同职位，但他显然总是高高在上的头号人物。他的政治策略、手段是慈禧太后所不能理解的。蒋介石崇拜的偶像人物是曾国藩，那是一个镇压太平军，从破坏性的社会革命中拯救了中国的先行者。总之，蒋是中国统治阶级传统的继承者。他的道德领导是用孔子的词语编制的，而他的行政作风表现出一切陈旧的无效率的弊病。蒋在1932年说过："什么事情一到政府机关就衙门化了——任凭什么改革计划都是懒洋洋地、漫不经心地、毫无效率地处理的。"一个结果就是：农村工作的纸上计划很少落实，经济发展计划也是朝令夕改、有头无尾。

南京政府和它的大量军事开支，先是通过从银行大批借款来维持的；银行则从政府收得以极优惠折扣发出的公债。1935年中国货币取消银本位，改为由政府办的四个银行负责的一种受管制的货币制度。这一改革意味着国民政府今后可以靠印刷钞票维持了。结果是农民最初获了利，因为通货膨胀抬高了粮食价格。

孙中山的五权宪法，南京政府实行得不像个样子。立法院在行政院的遮盖下黯然无光，而行政院各部又受到党的相应部会所对抗。考试院实际上没有起到什么作用，例如"1935年只有1585人文官考试及格"，其中很多人没有得到任命。监察院承袭了过去御史的某些职责，但是它几乎毫无实效。从1931年到1937年，"送呈给这个院办理的贪污案，涉及69500名官吏。在这些人中，这个院提出检查的只有1800人"。更糟的是，监察院没有司法决定权，在1800个被检查有贪污行为的人中，只有268人实际被查明按法律论是有罪的。而在这些人中，有214人没有受到任何处罚，41人受到轻微处罚，只有13个人被免职。同时，所有这五个院都受以蒋介石为委员长的军事委员会的钳制。这个委员会消耗了国民政府大部分的财源，而且本身构成一个事实上的政府。

令人感到荒谬的是，说中国是一个强大的国家，国家元首享有最后决定权，毋宁说中国有这样一种软弱的政治机构，它能提供自治的政治影响。皇权制度在保证皇帝大权方面是非常强大的，它绝不容许任何其他权力存在。在皇帝同他的官僚们发生矛盾时，他可以作出任意的和不可预料的决定加在他们头上，强制他们执行。

在南京政府下面，无论是城市资本家，还是大地主、学生运动，或是工会，谁都没有办法叫政府对他们的利益负责。这是一个为存在而存在的政府，它不要任何社会集团参加其中。蒋介石一步一步把他自己变成一个独裁者。他使国民党死气沉沉，无所作为，不参加行政管理。他使由过去的黄埔军校学生组成的黄埔系跟军队中的其他派系对立起来，使政学系的行政官员们跟CC系的党组织家们甚至跟"蓝衣社"对立起来。蒋的作用是不让任何势力享有最后决定权，至少不让人民群众参与决策。

这样，自1928年至1937年，南京政府被几个不同的政治派别搞得内部四分五裂。至于人民群众，连村一级的政权都不能进入，除非有人从上边推荐。企图设立代表中央政府的地方管理机构的计划和立法常常受到军阀和商会代表的地方势力的挑战。在地方上进行的现代改革和改进措施，是从延伸铁路和公路线以补充电报电话线开始的。进行地质勘测、农作物收成统计、农艺指导以及维持秩序和治安所需用的开支，都要靠增加农村税收来应付。中国农民感觉他们从城市人民和中央政府推行的现代化中得不到什么好处。组织农村为它们自己谋福利的思想，在这些官吏头脑中根本没有。所以，扩大土地所有权以及减少"不在"地主之类的社会改革，在国民政府统治下根本不能进行。

另一方面，在城市中，上海的地下帮会和他们的爪牙发着大财。政府由于跟他们合作而不少分肥。南京政府的主要活动只能在军事方面——第一是削弱各省的军阀或使其中立，其次是为抵抗日本入侵做准备。正像革命是经北伐而夺取了长江下游，靠军队占据了1927年的经济基地一样，国民政府继续生存下去，也非靠军事实力不可。

蒋介石上台后实行军事独裁，要采取一个步骤自然是赶走俄国军事顾问，并且很快就用德国人来取代。1928年，留学德国的法学家王宠惠帮助蒋介石建立了一个区别于民政政府的军事体系。总参谋部后来变成军事委员会及其各部，以蒋介石为委员长，政府的五院则以蒋为总统。德国军事顾问们着手训练了一个庞大的军事机构，并计划获取德国的工业援助。德国和南京的联系是由孙中山的儿子孙科和他的对手宋子文促成的。1930年德国派了一个中国研究委员会来中国待了三个月，设立了几个文化研究所来发展中德之间的关系。此外还开辟了一条中德航线。

1931年日本攫取了满洲。在这个刺激下，北京的知识界极力提倡国家工业建设，加强自卫。科学家被动员起来。曾在德国留学的地质学家朱家骅做了教育部长。1932年开始组织了一个后来叫作资源委员会的机构，领导人是地质学家翁文灏。翁是科举制度下第一流的学者，曾留学比利时，在卢万大学获地质学和物理学博士学位。极其诚笃和学识渊博的翁文灏，在国民政府被擢升到管理经济的很高职位。资源委员会直接隶属蒋介石和军委会。它的目的是创建国营的基本工业，包括钢铁、电力、机械和兵工。计划的一部分是争取外国投资，特别是德国投资。1933年一个德国军事顾问委员会在中国工作起来，目的在于加强军事和工业合作。中国的钨对德国工业十分重要。现代德国军队的组织者塞

国民党与共产党 1927—1937 年　　271

克特将军访问了中国两次，主张建立一个有新的军官团的优等陆军。

这样，在1937年日本进攻中国的时候，国民政府刚刚跟纳粹德国建立了一种紧密关系，但是它的果实却因日本大举进攻中国而流产。其实，日本的进攻中国是与德日反苏同盟关系相平行的；1939年8月缔结的反苏公约使中国毫无办法，只得放弃德国而依靠很少量的美国援助。这倒适应了一个事实，对于有留美经历的中国自由派而言，20世纪20年代和30年代初期是给予他们提供了机会的。

国民政府在20世纪30年代努力加强它的军事力量期间，中共却正在农村为生存而斗争。虽然中国共产党到1927年国共破裂时已发展了六万左右党员，蒋介石的白色恐怖却很快使它受到严重削弱。许多党员失散得无影无踪，余下的最忠诚分子则躲在深山岩穴中。这样渐渐发展起十来个根据地，驻扎在那里的红军小部队支持着革命的政治领袖。这些根据地一般都选择在平原与高山间的边缘，那里连手推车都通不过，运输只能用驴马或人力肩挑，在峻峭的山谷中只有石子路可通。毛泽东和旧军官朱德在湘赣边南部的井冈山会合并建立一个主要的根据地之后，不久就迁移到江西山区，在瑞金建立了他们的首都。另外在武汉东北的大别山和江苏北部老黄河口的洪泽湖地区，也建立了根据地。所有这些地区，都是不太容易攻击而易于防守的。他们在20世纪30年代的发展逐渐导致马克思列宁主义的中国化。

苏联和共产国际的进军是以两条腿走路的：一方面

靠理想主义的信仰制度，另一方面靠组织技能。信仰制度是一种在全世界、超民族的基础上总结了全人类历史的整个宇宙观。组织技能则是根据宇宙观确定的，在所有共同信仰者中间提倡纪律和服从观念。这两者有力地结合起来，以适应人们从旧体制解放出来、改善人民生活、实现工业现代化等爱国的民族主义的需要。

意识形态和组织工作当然在大多数革命中都得到了很好的结合。在中国的情况下，苏联通过共产国际费了相当长时间才使之适用于中国人的生活和情况。例如马克思列宁主义对历史的分析，是把关键因素放在城市无产阶级，即产业工人阶级和共产党的城市出身的领袖身上的。可是中国共产党这样做了却走不通，于是把重点放在农民身上，以代替城市无产阶级。比较地说来，服从组织纪律促成了共产党在中国的成长，但它是从莫斯科接受共产国际的指导开始革命的。共产党人掌权以后，就代表了他们的民族利益，于是，苏联和中国的党就分手了。经过一段时间之后，事情慢慢明显起来，走向世界的国际主义道路，不幸促成了民族主义的兴起。民族的共产主义被削弱并且分裂了共产国际的战略。共产党如果不加强民族文化，就不能繁荣昌盛，但是这样一做，它的原始纽带却散开了。

1927年后，濒临崩溃的中共解除了陈独秀的领导权。中共领导由共产国际通过莫斯科提出的几个年轻人接任。由于他们不得不在上海和别的中心城市过着地下的逃亡生活，他们进行成功的革命战争的能力受到严重阻碍。他们对党的贡献只限于意识形态方面，而从未成为群众运动的核心。如果中共不是以新的组织技能开始在农村做农民的工作，中共早已被人遗忘了。

中共1927年大约有六万党员，被国民党的白色恐怖很快消灭到只剩大约两万人。这些人在城市中过着秘密生活，但他们仍然代表着共产国际，接受来自莫斯科的指示，然后转给各根据地。

不但如此，而且由于1931年春有28个有名的布尔什维克从莫斯科回到中国主持了中共工作，莫斯科的影响反倒更加强了。他们把正在开会的中共中央委员会向国民党警察告密了，结果24个人被捕枪杀。其中5个青年作家的死，被这28个人称为"五烈士"，大肆宣传，而对另外19人则不说一个字。现在这些新从莫斯科回来的人充当了中央委员，足见共产国际式的残酷无情。他们的思想和目的非常正统，却不适合中国的实际情况。他们继续大唱无产阶级革命的高调，并试图夺取城市，希望建立独立的省政权。这就落入了国民党的圈套，从而招致一次又一次的失败。在中国没有发生革命"高潮"。1933年中央委员会不得不搬出上海，转移到由毛泽东领导的江西的中央根据地。在那里，他们在地位上压倒了毛泽东，却也像他一样浸在农民的生活和他们的问题中。可是从这时起，毛的人格和思想逐渐变成了中共革命的中心因素。

毛泽东在理论与实践的统一方面，超出了他的同事。我们前面曾指出，言行一致曾是孔孟学说的一个主要论旨。思想和行为的和谐，知与行的相互关系——这是"阴阳"原则的大辩证法，甚至包罗全宇宙，不得例外。人是自然界的一部分，两者必须相互作用。人随着自己经验的展开，必须从中学习；但是他必须把学习到的东西加以应用。因为人既是自然界的一部分，就能够影响环境。

对于毛泽东而言，理论与实践的统一导致他产生几种想法：你如果不能应用理论，你就不要接受它。读书而不能应用，就是浪费时间。如果象牙之塔中学到的学说不能变为行动的指南，则是无用之物。因此，他轻视一切书呆子。

在孔孟之道流行的时代，人们通常的想法是按照既定的办法学习。对于学者来说，"学习是容易的，实行是困难的"。但是，在20世纪革命中，情况却不同了。正如孙中山在最初遭受挫折后所说："知难行易。"毛泽东认为，如果你对事物有所了解，你就能够并且应该照那样做，但是你的经验和你实践的结果，应该引导你对你所知道的东西加以再认识。毛是一个创造的天才。他的思想超过了那些城市出身、企图指导农村革命的共产国际信徒。多年以后证明，毛的主要缺点在于他的"知"与"行"的统一只限于现实政治领域，而不在抽象的经济理论方面。

从现在可以看到的历史资料来看，毛的思想发展是由一个阶段向另一阶段推移的。在"五四"运动中他作为一个追随者，开始时相信改良主义。只有在遭到明显的挫抑之后，他才得到结论，认为暴力革命是唯一可行的出路。他开始写文章，论体育锻炼是完整人生的重要部分。他像别的很多人一样，曾经赞成过克鲁泡特金式的无政府主义，即主张互助和协同的努力。1914年他18岁时，曾在蔡元培翻译的德国哲学家保尔森著的《伦理的体系》一书中做出笔记。这位哲学普及者主张"意志是理智的初步",伦理是自然界的部分。宇宙的行为是属于伦理的,而且个人的行为也是属于伦理的。主观态度和客观实在不是互相对抗的。这种对于发展的伦理观点,对中国当代必须把历史和价值协调起来的一代人特别有用。这就是说,中国人对于伦理教导的继承同科学世界的现代知识协调起来了。

从一开始毛就是非常积极的。他进学校比别人晚些,但在他主要求学的湖南师范学校,他比其他学生都成熟些,因而成为自然的领袖。他组织了一个工人夜校。他和几个同学每晚授课两小时,每星期授课五天,教工人读书、写字。他从北京大学回到湖南后,正是1919年"五四"运动前夕。他创办了一个讨论性质的刊物《湘江评论》。在这个刊物中他提出辩证观点,即人民受压迫的时代将继之以变革的时代,中国的屈辱和孱弱,将继之以中国崛起为一个领袖国家。这反映了对立的统一论——中国古老的道教理论。他的"人民群众大联合"的主张,认为社会上团结起来的人群,因为齐心合力站在一块,所以从来是占上风的,现在正是应该如此的时候了。西方国家就是这样互相配合的,而中国被孤立起来,就更应团结一致了。

毛的思想虽是世界性的,但他早年活动之一是鼓吹湖南省自治,那是试图制定一部省的宪法,以反映当时公众的要求,就是实行各省联邦,以促进一个现代政府的建立。自治政府必须有民众基础,有人民代表参加,并动员全体人民。可是他的刊物在1919年末就被查禁了,于是他只好去北京和上海,在那里寻找志同道合的人。虽然他在1920年组织了一个苏俄研究会和社会主义青年团湖南支部，但他还不是一个秘密工作者或马克思主义者。他创办了一个文化书社，在湖南各地设立了分店。甚至毛于1921年7月在上海参加中国共产党成立大会时，他还不是坚信阶级斗争论的。1923年他组织了湖南自修大学，目的是利用旧的书院形式传播新知识。他在湖南最后的活动，是参加工人运动，但到1923年4月又不得不逃到上海。到这时为止，他表现了进行革命的积极性——思想的价值在于它们产生的结果。毛之所以相信马克思主义，是由于马克思主义解放人民的能力。是他自己找到了马克思主义，而不是马克思主义找到了他。如果不是中国共产党指示出前进的道路，"五四"理想是不会产生作用的。

现在中国的农民革命在毛泽东领导下已经开展起来。回顾一下可以清楚看到，共产国际关于中国革命应组织和领导城市无产阶级的主张是多么不现实，而毛泽东着重动员农民以夺取政权和改变不可容忍的农民生活情况又是多么切中要害。当然，年轻的毛泽东不是唯一关心农民问题的共产党员。半个世纪以后斯诺在《西行漫记》一书中把毛说成是中国革命的第一号人物，代表了外国观察家的观点。事实上还有些更早的领导人，现在才开始有人研究，这就可以使人们有一个公允的看法。

中国共产党中动员农民工作最令人莫测高深的一个先行者是彭湃。他是广东省沿海汕头与香港中间的海丰县人，是"五四"运动时的一名知识分子。20世纪20年代他回到他的祖籍。经过多次试验和失误后，他找出各种方法同本乡农民接近，学会领导他们组成农会，开始同地主、高利贷者和收税官吏进行斗争。在广州统一战线中,彭湃首先在1924年就创办起农民运动讲习所。毛泽东是该所1926年第六期也是最后一期的所长。彭湃虽是一个先锋人物,但他缺乏毛的眼光,一直扎根在本乡。他在那里学会用学说和信仰同地主们的威吓和中共自身的幼稚恐怖行为周旋斗争,终于组织起了农民武装。1927年底,他居然建立起海陆丰(海丰与陆丰两个县)苏维埃,自1927年11月至1928年2月统治海陆丰四个月,最后被国民党消灭。这样,彭在毛之前先行了几年,当时毛还在广州的统一战线中工作。

毛1923年逃出湖南后参加了国民党的统一战线工作。让我们看看毛的思想是怎样发展的吧。有一个时期他在上海国民党的组织部工作。随后他在广州做了国民党的中央委员会候补委员。在那里他担任了农民运动讲习所所长,教育出一班(几百个)学生。1926年5月到10月,他亲自教的第六班有中国各省来的320个学生。这个所讲授的课程似乎侧重农民问题的分析,加上农村阶级构成的分析。毛于1925年曾在湖南组织过农民协会,根据他在湖南工作六个月的经验,1926年他写出论文详细描述农村的全部剥削关系。农民受的压迫是:1. 沉重的地租,占收获物一半或一半以上;2. 高利率,年利在36%到84%之间;3. 沉重的地方税;4. 对农业工人的剥削;5. 地主同军阀、贪官污吏相勾结,无所不至地对农民进行剥削。在这个制度的背后还有帝国主义者和地主官僚串通一气,为保持在中国经商营利而维持秩序。

到这个时期,毛泽东已经彻底接受了列宁主义关于

278　伟大的中国革命

长征前的红军。长征被视为比摩西带领信徒穿过红海更大的奇迹。

在阶级斗争基础上反对资本帝国主义革命运动的思想。但是，在这个一般承认的格局之中，毛主张：中国革命成功的关键首先在于对农村不同阶级的细致和理智的分析；其次，经过实实在在的工作，确定在一定的革命时期和哪些阶级合作，反对哪些阶级；第三，中共在农村工作中的角色只应该是一个向导者或催化剂，而不是一个全知全能者。党的工作者必须密切考察农民的需求和苦处、希望和畏惧。只有那时，党才能表达农民的要求，团结最大多数，尽可能缩小打击目标，作为革命进程的最后一个步骤。

不幸，当1926年毛想到这些问题时，中共正陷在统一战线的策略中。中共党员仍然认为，20世纪20年代的国民革命按照定义是资产阶级革命——历史证明这是十分错误的见解。中共在这盲目的信仰中，按照共产国际的指示，继续不惜代价地跟国民党保持统一战线，放低动员农民的调子，想等着帝国主义被赶出中国，成立了新的国民政府再说。放弃在农村进行社会革命似乎是统一战线不可避免的一部分。中共自己也悲叹着"农民搞得太过分了"，因为南方各省的农民协会在北伐中像雨后春笋般的出现导致仍然掌权的地主恶霸和大小军阀实行了残酷镇压。中共和农民运动没有自己的武装力量，在1927年统一战线破裂后，很快就被打得落花流水。这样，中共给自己造成了灾难。

在这个时期毛规规矩矩地沿着莫斯科传达来的路线走，枉然跟着那个在想象中存在而从未出现过的"高潮"前进。他发现农民们可以动员起来，甚至能够夺取城市，但是不能够同国民军打仗。因此，毛找到了信心，认为中共是能够生存和发展下去的，只要在一个地区内有人力和粮食支持战斗，发展自己的武装力量。1931年以毛为主席的"江西苏维埃共和国"就成了这一努力的榜样。

这时中共开始没收大地主的土地，实行重新分配土地的政策，把希望和机会给予贫农，以获取农民的支持。毛和28个布尔什维克之间的争论之一，是如何对待富农的问题。毛认为他们在当地经济中是不可缺少的，但是莫斯科训练出来的教条主义者，认为富农是农民意识的根源，对革命的无产阶级只能起破坏作用。

蒋介石发起剿灭这个共产主义肿瘤的战役，逼得中共确立了游击战原则。第一条原则是吸引敌人沿着他们的补给路线深入进来，然后切断他们的先头部队。第二条原则是不能集中优势兵力、没有打胜仗把握时，绝不硬拼。江西东部，山势陡峭，道路极狭窄，是实施这种战术的理想地方。蒋介石的围剿队伍，进攻得越深入，处境越危险，直到第五次围剿才取得成功。那一次德国军事顾问帮助设计了在进攻沿线山坡上构筑系列碉堡的战术，使一个碉堡的火力可以掩护另一个碉堡。这样串连起来的碉堡群，中间用载重汽车供应，不致个别孤立起来，终于使蒋介石占了上风。这也使游击战的第三条原则，即动员农民提供情报、给养、人员和粮食办不到了。到1934年末，中共离开江西进行长征。开始时全军约10万人，一年后只剩下约4000人。

长征的目的是找到一个新的根据地，这个地方需是国民党军事外围的边缘，多少有些像过去满族在明朝帝国外围的边缘那样。中共需要一个安定的地方休整自己。当时如果云南得手的话，中共也许在云南待下去了。尽管地方的军人势力不愿意接纳中共，结果他们还是被蒋介石的追剿部队所制服。追剿中共军队为中央军接管边远省份提供了一个合适的借口。

长征历来像是一个奇迹。可是红军的长征却比《圣经》里摩西率领他的信徒冲出红海有着较好的记录。(一年当中步行了6000英里，平均每天17英里。)为什么这么多军队以及党的组织者能够以飞快的步伐走得这么远？

我们一定要张望一下地形。中国的西南是崇山峻岭中大大小小盆地纵横交错的地方。人口众多的平地流淌着从无人居住的群山中泻下的河流。长征穿过西南地区时，不能不跨过群山和深壑，躲开平原和通汽车的道路。所以一路都是高山峻岭、深川峡谷，没有平地。扁担代替了轮子车，双人的担架代替了车厢。

1942年同盟国军队在缅甸吃了败仗后，史迪威将军也曾长途跋涉过，美国人也尝过一次长征滋味。他作为指挥官带兵慢慢进入印度。在长征中，中共高级指挥官有时睡在担架上，大批队伍则爬山越岭或踏过水田，在巉岩石路上攀登。他们经常是在深夜里处理敌人的情报，研究地形、人事和战略问题，准备第二天的行军或作战。史迪威将军本人是非到快死时不会让人用担架抬他的。相反，孟子说："劳心者治人，劳力者治于人。"显而易见，毛泽东、周恩来等人能经受住长征，而美国领导人却不能经受。

中共领袖们身边还带着勤务员、警卫员等，和正规军一样。正像美军和日军作战时那样，他们有秘密的谍报来源。他们的报务员经常收听到国民党军队通讯系统间简单的明码电报。他们了解敌人，比敌人对他们的了解要多。

长征进程中一个主要问题是下一步到哪里去，以及谁来带头前进。在江西出发前，毛泽东被苏联留学的28个布尔什维克和共产国际派来的军事顾问贬黜。人缘好的周恩来在军事指挥地位上凌驾于毛泽东之上。但是谁也没有能够打破蒋介石的堵截。共产国际的意识形态专家们动辄爱打的阵地战，无一不遭到失败。在长征的初期，特别在渡河时，损失惨重。最后毛泽东的非正规的运动战的主张终于被采纳了。在向西北前进的路上，毛泽东于1935年初重新被推上了中共领导地位，自那以后再没有更换。他原来的上级周恩来，此后变为他的主要支持者。

毛重新掌握统帅权后，红军面临横渡长江上游一个主要支流的任务。国民党军阀的部队把每一个渡口都紧紧封锁住了。毛采取声东击西的战法，把红军掉转到侧后方，看来好像要威胁云南和贵州省的样子，于是国民党军队赶紧从河防前线撤到后方防守。这时红军突然转回头来，一举过河。

行军速度非常关键。出发时蜿蜒好几里长的行李队伍，成千上万挑夫肩挑背扛的辎重装备，以及医疗卫生箱笼都被抛弃了。军事人员最初统计有86000人，一年后到达陕北时只剩4000人，其中还有沿途参加红军的新兵。从那以后，长征老兵成为革命的精华。他们构成了人民共和国奠基的神话人物。

长征也促成了新的领袖的出现。毛在长征中已经和他的同事们拉开了距离。他作为第一号人物的时候，喜欢单独居住，同其他领导人分隔开来。和其他快要做皇帝的人一样，从那以后毛就不可能让别人同他平起平坐，甚至也不再信赖别人。他已经作为统一中国的人陷入了被安排的罗网之中。如果我们回顾一下历史，毛泽东的掌权会使我们联想到汉、唐、明各朝代的奠基人。在每个朝代都有一班领袖出人头地，齐心合力，拥护一个高高在上类似"神明"一样的人。这个领导层一旦形成之后，就会动员本地的民众支持用军事行动来推翻全境的暴君或赶走外国人，总之完成一件人民的事业。没有一个朝代的创业者能够单枪匹马地完成这一任务。因而他一旦当权之后，就有一个如何处理和他共同打天下的同事的问题。明代（1368—1644）的史料记载得比前几代都详细些。这个新政权的奠基者是一个特别疑心和狂妄的领袖。他把早年战争时期的同伴一个接着一个消灭了。（他倒也栽了千百万株树；如果那时他有铁路的话，他一定能叫火车准点运行。）

　　长征中另一个发现，是毛找到了他的一个最亲密的同事，后来做总理的周恩来。这是个有伟大才能的、神奇般的人物。周恩来本能地保持在一个中间的位置，努力团结组织，而同时保持清醒的头脑，从来不做好像可以同第一号人物相匹敌似的第二把手。他在中共中央政治局任职历时48年，创下了世界纪录。周就这样成了一个伟大的总理，尽心竭力服务于党及其领袖，正像古代最好的宰相鞠躬尽瘁于皇帝和王室那样。

　　周的这个角色是有家传的。他原籍浙江绍兴，即上海南边的宁波和杭州之间的一个小城。这个地方出过很多幕宾和"师爷"（秘书），在清朝出过不少大官僚。周有三个叔父都参加过科举考试。1908年周10岁时在沈阳进小学，1913年进天津南开中学，受到杰出的自由教育家张伯苓博士的影响。周受到很好教育，但他一开始就是一个学生领袖。他于1917—1919年在日本留学，开始从河上肇那里学到社会主义。"五四"运动开始时，周回到当时已成为大学的南开，在学生办的刊物当编辑。他从这时起就成为组织者和宣传家。他很快地倾向左翼，七个月的监狱生活更坚定了他的革命立场。1920年夏他去了法国。

这时候法国已经有了几百个中国留学生，此外还有10万左右帮助法国打仗的华工。大多数学生是半工半读，但他们多数人主要是想解决怎样救中国的大问题。周恩来立即成为他们中间给人印象最深、最随和最有外交风度的青年领袖。他的特长不在于打头阵，而是善于把互相竞争的人团结起来，共同协作。所以从一开头他就是一个用说服，而不是用控制的方法使领导集体团结一致的领袖。他访问了英国，又在德国住了些时候，组成柏林中共支部。他于1924年回到广州时，已经是一个革命政治统一战线的极有修养的实干家了。

1927年3月，周恩来负责上海的工作。当时共产党正领导工人准备暴动，突然遭到蒋介石的反共镇压。后来在1928年，周又是南昌起义的领导人。这之后他与28个布尔什维克合作，支持几个党的总书记的改选和接任，但他自己没有充当党的总书记。在江西，他是赞成打阵地战的，直到后来遭到挫折为止。

周最终成功的秘密，在于他十分明智地认识到莫斯科处理中国的教条主义态度是无益的，而他自己缺乏纠正中共的政策以适应中国情况的创造能力。正因为他知道他自己的局限性，所以他能够从毛的上级到1935年初遵义会议高潮时改任毛的下级，支持毛在长征中担当中共的领导。

周的国际经验和他对待各种不同类型人物的圆满态度成为中共成功的一个要素。如果没有他，毛泽东不可能崛起。正像毛最初从他的军事上的同事朱德学习过一样，他从周作为调停者、外交家和行政者的极不寻常的能力中获得了教益。

不但如此，周还代表了一个集体的连续性。在法国同他在一起的有陈毅和聂荣臻，两个人后来都是中共军队的元帅。后来在北京，陈毅做了外交部长，聂负责核事业的发展。邓小平在巴黎时曾帮助周负责管理转筒油印机。经受了长征考验的领导班子的确是紧密团结的。除了有共同的信仰和意识形态，并接受党的纪律作为他们工作的基础之外，他们是一个长期志同道合的集体。

接近长征的末期，毛率领来自江西的红军和另一部分原来在武汉东北大别山鄂豫皖根据地的红军会合了。这部分红军是由中共建党者之一张国焘率领的，他们的人数超过了毛的部队。张后来和毛决裂，投奔了国民党，但是他的苏维埃根据地的历史如何？写出来的材料很少。毛的活动成了历史的主流。

中共1935年到达西北的陕西省，在这一地区的西边是沙漠，东北两面是黄河。陕西是一块黄土高原，被雨水冲蚀成许多沟壑。因没有汽车路，容易防守，但缺乏粮食，人口稀少。要不是1937年日本发动侵华战争，国民党军也许把红军剿灭掉了。为了准备抗战，东北军阀被调到西安一带打共产党，但他们宁愿攻打已侵入他们老家满洲的日本侵略者而不肯打共产党。1936年12月他们捉住了蒋介石，迫使他接受了统一战线和中国人不打中国人的政策，然后才释放了他。

1928年革命处于低潮，中共在莫斯科召开了第六次全国代表大会。有一段时间共产国际还指导中国的革命，但到了1935年，俄国训练出来的成员就开始被毛泽东的支持者所取代了。这不是由于什么阴谋，而是因为毛发现取得政权的关键在农村。这是扎根于他对普通人民的思想、需要和利益的感情中的。他所主张的"群众路线",真是要求革命由普通人民来指导和支持的。外国输入的学说只能是次要的。人民的话必须仔细地听取,才能更好地吸收他们、动员他们和掌握他们。

共产国际指示的相对失效,在国民党统治的白区也发生了。中共白区党组织许多次试图组织工会,动员产业无产阶级,用罢工手段来控制城市,都毫无成就。这个工作的主要组织者是另一个杰出的人物,他知道什么是可能办到的,什么是不可能的。此人就是后来领导华北城市工作的刘少奇。他的主要工作是鼓励左派文艺运动,发挥艺术手段和吸收学生到革命运动中去。他也是从经验中学会放弃共产国际关于无产阶级革命的学说的。刘少奇在中共革命方法的中国化方面和毛泽东取得了相同的成就。

1937年刘少奇同毛泽东在延安会合时,第二次统一战线已经形成。建立全中国人民反对日本的统一战线,到1935年夏季已成为莫斯科的路线。它一方面反对法西斯在欧洲的崛起,另一方面反对日本在东方的侵略。毛然而赞成的是一个除蒋介石以外的全国统一战线。现在的关键问题是把中国从日本侵略下救出来,它的重要性已超过了土地革命。但是毛不愿意放弃后者而集中全力于前者。他极力主张两条战线的斗争,通过发展苏维埃根据地既抗日又反蒋。为了表明诚意,中共发动了一次东征,把部队推进到山西,以便更快地接近东边的日本。正在这时候,共产国际给毛发出指示,要他同蒋介石建立统一战线。周恩来便去庐山进行谈判。

当国民党和中共最后订立了统一战线同盟时,毛已开始战胜留在中共内部的28个布尔什维克。毛没有立即和国民党联合起来,而计划在苏维埃地区以全国名义与日本作战,同时进行社会革命。如果这个战略得以实行,中共就会以它自己单独的武装力量发展根据地和人民的支持力量,同时驾驭民族抗战的浪潮。毛泽东的民族共产主义的基础已经奠定。

第14章

抗日战争和内战 1937—1949 年

在日本入侵中国的八年中，中国人口较大的一部分在日本的占领区，主要是沿海和沿铁路的城市。另一个较大的部分是在国民党地区，即"自由中国"。中国的三个部分中，最小的一部分是中共地区，它的首府是延安。历史学家自然都是渊源论者，喜欢追本溯源，而中国的未来在延安。以此之故，关于日本失败以及国民党失败的研究，都不及对于中共兴起的研究多。成功是有创造性的，有趣的，失败则是悲惨的，沉闷的。归根到底，谁还需要它们呢？此外，延安地方小，考证也少些，讲起来也比形形色色的被占领区和"自由中国"容易些。所以我们不免带点偏见开始，几乎忽略掉日本占领区，粗枝大叶地概述一下"自由中国"，集中谈谈中共的中国吧。

国民政府抵抗日本八年中遭到的灾难是人为的，主要当然由于日军的残酷破坏，但也由于国民党对它的艰苦境况的对付办法。只要日本一打起来，恐怕什么也挽救不了国民党中国的失败。有一个因素是确定无疑的，就是国民党领导层采取的方针。

南京政府于1938年迁往武汉，后来又穿过长江三峡，迁到四川省的重庆，这样就切断了它自己的根。它的海关税收和销到上海的鸦片贸易税收，全部给截断了。它那些辛苦培育、经过现代训练的行政官员都变成了由另外一些国民党土著人物跟省军阀和土豪形成的反动联盟——那些旧中国残渣——所统治的难民。重庆政府在中国西部尽力叫地方军阀听话，避免搞乱地主在农村建立的社会秩序。国民党政权从中国的中央政府降为深山沟里的逃难政府。如果毛泽东和他的人在重庆负责的话,他们就会慢慢把人民群众动员起来,叫军阀们动弹不得,叫地主们完蛋。四川省和法国或德国一样大,是可以变成一个打退日本、收复中国的根据地的。但是历史揭示出国民党政府对于革命太没有信心,不能成为中国人民的领导者。

"自由中国"抵抗日本的精神,从1937年开始即使全世界为之振奋,得到了广泛的同情,正像同情西班牙共和国派与佛朗哥作战一样。这为那些力图实现中国生活现代化的人提供了努力的机会。中国新兴的自由教育体系,在校址和设备方面遭受到惨重的破坏。很多学生迁往长江上游的西南地区,教职员们跟他们一块儿到了那里。从北京来的清华大学、北京大学和从天津来的南开大学,在昆明成立了西南联合大学。同时,燕京大学和其他基督教院校则集合在成都的华西协和大学。这时候国家资源委员会已经在后方开办了一些矿山和工厂,长江下游许多工厂也拆卸下来,陆续搬到后方内地。知识分子和政府公务员以极高的爱国热情,忍受背井离乡之苦,放弃沿海城市生活的各种方便,学会在内地过着比较艰苦的生活。不幸的是,虽然他们是现代中国主要的专业人员,他们的希望却落了空。这是因为政府的无能,也是因为环境太落后之故。

国民党政权解决问题是靠一些短期的变通措施,无法增强人们对未来的希望。少量的物资和人,主要沿长江以北的陇海铁路线,从日本占领区进来,也有一些从香港航空运进来,到1941年香港失陷后也就断了。那个时期重庆政权还能够征集到粮食充当田赋,以维持它的行政机构。负责发展工业的人搞了几个兵工厂以支持抗战。日本轰炸重庆，激起了人民抗战的热情，但在同时，统一战线的情绪越来越低。重庆的激进知识分子纷纷逃往北方的延安。随着局势日趋恶化，中共有更多的人渗透到"自由中国"来。国民党的组织者对于知识分子也就越发高压戒备。

　　蒋介石及其政权之顽固保守和在南京的时候一模一样。他们觉得战争只是军事单位的事。大学教育是为将来用的，因此用不着动员学生为战争努力，只要发给奖学金，让他们学习就行了。识字运动当然不去提倡，公共卫生服务根本不到农村去。旧中国统治阶层的人在农村中依然离开群众远远的。经过迁移的国民政府总是觉得它自己处于潜在的敌对环境包围中。作为"下江人"，他们都是离乡背井，等待回到沿海城市去。早年民国搞城市的现代化，但农村的原有机构并没有打烂。相反，在国民党统治区内，西方留学的自由派现在却和法西斯头目、最忠实于蒋介石的党的领导同居共处。党和政府的秘密警察千方百计努力保持现状，越来越把自由主义者看成潜在的颠覆分子，因此要牢牢看住他们。他们设立许多训练中心，把教授们分批集中起来，要他们忠于三民主义，结果反而增强了他们的敌对情绪。用强硬办法对待学生、出版家以及其他似是而非的敌人，一步一步扩大了政府与知识分子之间的隔阂，而政府还把未来的希望寄托在他们的身上呢。

　　四川省除了陪都重庆周围的水浇稻田外，大部分是高山和激流，气候潮湿得令人极不愉快。没有暖气设备的地方，冬天很冷，夏天极热。除了缺乏一切现代生活的便利外，还得加上弄得人寝食不安的通货膨胀问题。

国民党不像共产党那样住在农村，而是生活在钞票印刷机旁边。这种短视的应急办法造成的通货膨胀，一步一步耗尽了财力，使所有上层人士意志消沉。总而言之，一切事实都证明国民党政权不可能以创造的方法改变它战时的命运。在1945年抗战结束时，还是那些老大的党魁们在政府各部之间调来调去；没有新的一代人接替他们。

在第二次世界大战期间，国民政府暴露了它早期就有的弱点，只是程度上更加厉害而已。它和四川、云南以及广西各省军阀当权者之间糟糕的关系，使它花去不少力气去镇压或对抗各种派系。因此重庆要想扩大地方自治，也十分困难。云南这个变成"自由中国"空中门户的省，省政府就能不让蒋介石的秘密警察和大部分军队驻在省内，直到战争结束以后才改变这种做法。结果，在1945年以前，国民党警察无法镇压昆明西南联大的学生和教职员争取联合政府和反内战的运动。1946年一位领头的爱国教授闻一多被暗杀一事证实了中国自由主义知识分子对于法西斯主义的国民党政权的普遍不满。在蒋介石统治下，当权者根本没有人民参加民主的概念。战争初期他们还设置了一个国民参政会作为一个简单的顾问机构，以便动员自由主义者参加战争。后来国民党连这个也包办去了，不要这个自由意见的传声筒。

国民党在对待农民方面也一点都不高明。虽然通货膨胀开始时因为抬高了农作物的价格，使农产品生产者得到一些好处，但是这点好处很快就被苛捐杂税抵消了。地方政府派下千百种名目繁多的税款，主要为了维持他们的行政机关和填塞私人的荷包。例如，有所谓"新兵草鞋税""新兵养家费""高射炮手训练税""驻军取暖费"，等等。下级收税官员想得出什么名目，就收什么税。

在这一切负担之外，还得加上国民党征兵征粮。本来，徭役是军队随便什么时候要就得供应的，然而中央政府又授权军队司令部向农村就地征粮。结果是1942—1943年河南省灾荒时，军队和居民都没有吃的了。横征暴敛还是没有止境，结果很快发生饥民起来打死官兵的事件。灾荒当然意味着囤积居奇，造成大量公开贪污腐化，终于是一片混乱，不可收拾。不幸的结果是政府没有增加一点财源，贪官污吏则乘通货膨胀之机大发横财。战争终了的时候，"自由中国"几个省里都快爆发农民起义了。

与此同时，重庆的国民政府和延安的中共都在打两条战线的战争，一面打日本，一面互相打。打日本的战争是在北京城外于1937月7月7日爆发的。紧接着同年八九月中，中共和国民党就缔结了统一战线。中共同意停止改变中国社会的武装革命，放弃对地主土地的强制没收，同时把红军改编到中央政府统辖之下。国民党方面则允许中共在几个城市设立联络办事处，在重庆出版《新华日报》，并派代表参加国民党的顾问团体（国民参政会）。从这时起，统一战线的形式是成立了。红军现在改名为八路军，周恩来为中共常驻重庆代表。在1938年参加武汉的过渡政府之后，他在世界报纸上已经是中共的外交部长和代表。

统一战线协议中的条文，在纸面上没有受到破坏，但是事实的发展和原来的期望相反。国民党派到中共地区的参谋,延安不予接受,八路军继续独立作战,虽然国民党给了他们少量的津贴。同时,中共建设它的根据地,维持社会秩序,采用互助组之类形式鼓励生产;继续吸收贫农积极分子,使他们逐渐取得压倒富农的优势。党员人数由1937年的4万人,扩充到1945年的120万人。武装部队从1937年的9.2万人增加到1945年的91万人。不过,在总的增长中,1941—1942年期间也发生了一些迟缓和失误。

在华北的广大地区要控制和指导中共的广泛组织,需要忠诚和守纪律的党员;在农村要有有经验的干部或积极分子。每个根据地需要供应品的自给自足,还需要无线电报传递消息,以便在分散的情况下保持集中的控制。表现在政府组织方面,党的中央委员会有点像旧时代的帝国那样,在延安设有不同的部门,如军事、组织、统战工作、敌区工作、工人、妇女等12个部;同时还有五六个地区组织,如华北局、西北局、中原局等。这些地区局里也有相应的机构,分别对延安中央委员会下面对口的部门负责。由首府延安各部发给地区分局所属部门的指示,都必须根据"一元化"原则经过分局领导转发,或至少要使分局领导完全知晓。

第二次世界大战期间延安是一个人人想去的、充满阳光的、愉快和蔼的地方。那里的革命士气和热情非常令人感动,正如斯诺和其他美国记者向世界报道的那样。中共领袖之间那土生土长的民主,和重庆是一个惊人的对比。中共在统一战线方面有一些特别优秀的人才。此外,美国援华物资从来没有真正达到他们那里。

缺乏接触使外国自由主义者认为那是一个神奇的地方。

毛泽东在延安成功的秘诀，是把近期目标和远期目标结合起来的灵活性。作为近期目标，他在1940年提倡新民主主义作为包容所有中国拥护中共领导的人民统一战线。作为长期目标，他逐步发展党的组织，包括党对知识分子的控制。同时，中共在动员华北农民的过程中使真正有实力的骨干很快成长起来。

日本自然是动员群众加以打击的很好目标。入侵的日军沿铁路线实行封锁，虽然筑了许多碉堡，但也无法封锁住封锁线内外之间人员和货物的来往。一般说来，他们的封锁倒给中共的动员提供了方便。至于中共在这一形势下的成功是由于简单的爱国主义，还是由于共产党的学说，这倒不是个真正的问题，因为中共已代表了民族共产主义而不是共产国际；中共的理论产生于农村中的实践，另外也在世界解放的大前提下吸引了知识分子。中共在边区和在华北各地发展的解放区政府中，首要的原则是党对干部的思想控制和纪律的实施。党的思想指导必须把毛的长远原则和他的战略灵活性结合起来，因为中共的领导机关距离延安都很远，不能不大部分靠他们自主地决定问题，即使有一些无线电通讯设备，也是靠不住的。第二条原则是发现并满足农民的需要：首先是当地的和平和秩序；其次是对人民友好的军队，协助农民干活，需要的时候帮助他们收割粮食，和村民交朋友；第三是从当地的贫农中和因种种困难受挫折的有才能的人中吸收积极分子；第四，是实行经济上的改良办法，如组织互助组种好庄稼，有组织地搞运输，用合作社办法生产消费品等。除了这些努力之外，第三个阶级斗争的原则就出现了,即必须采取一种很策略的方式。因为华北的地主比华南好不了多少,他们通常执行当地公众的领袖功能,而又和当地的秘密会社和旧日兵痞相勾结,组成他们自己的武装力量。国民党早年在华北的一些地方就拥有这些力量,因而也有人信服他们。中共对这个问题搞出一个有说服力的"三三制"办法。设立地方的小规模的参议会,中共只控制1/3的议员,剩下2/3由国民党的人和无党派的独立分子担任。在这个基础上,由于中共的优越的组织纪律性和忠诚心,自然容易让他们在实际活动中成为领袖人物。由于他们的威信受到群众拥护,他们就可以在他们一向支持的各种经济生产基础上,进行土地改革了。

土地改革只有完成了三方面的准备才能进行:军事控制,经济上的改良措施和农村中积极分子的培养。在这些进程中,关键是发动舆论来反对当地的地主恶霸,动员村民用革命手段谴责或用这样和那样的办法清算掉他们。经过这些步骤之后,对所有土地加以评估,对每个农民按富农、中农、或无地的农民分出等次,将土地重新平均分配给他们。如果这样重新分配没有争议了,村积极分子就开始按照党的领导精神加以训练。意思就是:只要他们能团结起来,尽自己能力工作,人人都会有更好的发展前途。这个新的团结的领导就是中国共产党。任何个人都不能做出什么成绩,但是只要把个人利益贡献给共产党代表的公共事业,他们就可以完成重大的事业。这时都会赞扬民主集中制的原则,就是人人都能畅所欲言,但是党做出决定后,大家就必须遵守。这一套办法,如果在美国新英格兰州的市议会肯定是没有用的；但是在华北，如果不是这样，那就只有实行地主或外地官僚的政府统治，所以这种办法是真正有说服力的。换句话说，"群众路线"在这里勾画得清清楚楚：党必须到人民中间去发现他们的苦处、不满和需要，然后由党提出解决方案，按照符合人民最大利益的原则，向他们做出说明。这种"从群众中来，到群众中去"的概念，是真正适合中国传统的一种民主，上层官吏只要真正把心放在当地人民利益上，自然可以按照他们的利益来管理他们。

这样，抵抗日本侵略的战争肯定了中共对中国农村群众的动员，而这样一来，就给予中共在全中国大多数人民居住的农村（虽然不是城市）以新的权力。因此，在第二次世界大战后内战的决定时刻，中共就能够领导组织起来的民众，支持武装斗争，来反对国民党的城市堡垒的优势力量。

中共的扩张和他们在整个华北甚至长江流域根据地的建设，到1940年发展到一个高峰。日军沿着铁路线扩大他们的控制范围，沿线大约每隔三英里建筑一个大型碉堡。他们从这些驻兵点派出部队侵犯农村。他们的问题可能同后来苏联军队在阿富汗一样。空中力量和火炮不如装甲列车和机枪运用得广泛。但是日本军队好像后来美军在越南和苏军在阿富汗那样，面对着一个在农村中控制大多数非本国人口的问题。他们在那里的生存一半依靠伪军，一半依靠他们自己的优势火力。用常规的阵地战是打不败日本军队的，只有用游击战法才能消耗他们的实力。日本军队对付游击队的办法是扩散他们的据点网络，不断加强封锁线，以孤立和切断游击队，把他们饿死。

为了对抗日军的压力，中共军事司令部的高级指挥官彭德怀发动了一次从1940年8月开始的号称"百团大战"的大规模进攻战役，整个华北的铁路线都不断被切断，碉堡群被粉碎。这是整个抗日战争中中共的一次主要进攻战，可能当时延安不太知道。几星期之后，中共显然获得了极大的胜利。但是日军后来实行武力报复，增加驻军人数，实行"三光"政策——"杀光、烧光、抢光"，并且不再区别一般农民还是八路军，遇到什么都消灭干净。碉堡成千地增加起来，凡是破坏过的农村都驻上兵。这次屠戮和破坏的目的，是要粉碎中共在华北的整个阵地，孤立起小的地区，接管中共已经建立政权的大部分县政府。它是一次极大的灾难，这以后中共没有发动同样的攻击。

同时，中共在长江地区的扩张，特别是新四军的扩张，也遭到国民党军队的报复。国共之间本来交涉好新四军大部分从江南转移到江北，但是1941年1月，指挥部所属几千名中共部队在行军中遭到埋伏，几乎全军覆灭，形成所谓"新四军事件"。虽然国共双方都不承认统一战线已经破裂，因为形式上维持着它对双方都还有利，但是破裂已成为事实。

这些挫折使延安政权碰上严重的危机。国民党和日军的封锁阻断了差不多全部贸易，通货猛涨，整个政权不得不压缩，以求生存下去。延安本来收的农产品税非常之低，1941年因天时不利，农作物歉收，政府只征总量大约10%的税。没收地主的粮食已经耗尽。唯一的出路是自己动手，力求自给。棉布之类消费品都自己生产。大块荒地开荒种粮，开发渠道，灌水浇地。粮食增产了，牲畜增多了。总而言之，用尽各种方法大力发展生产的结果使经济危机终于克服。

与经济恢复相平行，毛泽东在中共党内的地位最终奠定，部分原因是他应用马克思主义解决了中国革命的实际需要。毛过去读的马克思主义书不多，1936年到延安以后才有些空闲时间。斯诺访问毛泽东时看见他很有兴趣地研读着马克思著作的中译本。不久后他就发表了关于辩证唯物论的讲话，并写出了《实践论》和《矛盾论》。由于28个布尔什维克的影响还没有消除，他演说辩证唯物论的用意是表示他有理论领导的能力，虽然那讲稿比较粗糙。不管怎样，毛着重讲矛盾问题、"对立统一"问题，表现了他的独创性。当然，这个问题在中国历史上有很深的根源。

毛泽东在延安时花在哲学上的工夫，推动了他向"马克思主义的中国化"方向前进了一步。这个事实不仅仅关系到建立一个中国的民族主义的党的问题，而且意味着马克思主义可以根本上变得适用于中国。这里有一个政治上的必要条件，就是党要成为有纪律的组织，党员都接受党的路线，党员都靠得住，能按照给他们的指示办事。国民党吃了很厉害的宗派主义的亏。共产党的组织小些，他们能排除宗派主义而取得成功。

中共的成功依靠党的积极分子的一致性，他们一定要在理智上深深相信党的路线的智慧。路线的正确性一定要用理论原则和实际行动来证明。这件事的完成是逐渐创造了一套在西方通常称为"毛主义"的概念，在中国则比较谦虚地称为"毛泽东思想"。它代表马克思列宁主义的中国化，就是把它的普遍原则用之于中国的特定情况。毛是怎样一点一点地把它建立起来的，这是一个极有趣的问题，因此值得我们停下来考察一下。即使用简短的几段话来说明一下毛泽东的马克思主义的中国化问题，也需要相当审慎。现在让我们看看他是怎样处理的吧。首先谈谈名词这个老问题。

不管是佛教，还是基督教，当它们最初传到中国时，都碰上个名词问题，就是先选择几个汉字来表达这新概念，又要区别于那几个汉字原来包含的意义。日本社会主义者在这方面早就做出开拓性的努力。早在毛以前很久，中国人在吸纳马克思主义时，就碰到一些关键字眼。例如，马克思用的"普罗列塔里亚特"这个词，在西方思想中联系着城市生活，特别指19世纪初期西欧工业化中生活在恶劣条件下的工厂工人。但是中文翻译则用了"无产阶级"几个字，意思是"没有财产的阶级"，可以指城市的，也可以指农村的极穷苦的人，实际上在中国主要是指后者。这样，欧洲的普罗列塔里亚特，在中国自然而然地指农村的贫农和无地的雇农。就算中国的马克思主义者使用马克思主义术语时字音和莫斯科马克思主义者一样，当他们向中国学生和普通人民传播时，还是带着微妙的差异。

还有"封建"这个名词，原来指的是秦始皇统一中国以前战国时期君权分封的局面。和它相对立的是集中的王权下的郡县，是和土地所有制或耕种者身份无关的地方分权。所以在中国经典著作中这个名词只涉及公元前221年中央集权或地方分权的政府机构。但是如果将封建主义和中国地主的剥削等同起来，那就要追溯到2000年前了。这样马克思为欧洲历史学家下的定义就不容易应用到中国了。如果说整个中国历史在公元前221年后的头2000年中都是"封建"的，那么这个名词就失掉了它的意义，或者是有意滥用了。

"普罗列塔里亚特"和"封建"不过是马克思主义的两个常用名词而已，但是用在中国，显然要另外作出解释来。

除了外国名词的中国化问题外，中国人生活的经济基础主要在农村，也必然赋予中国革命一种不同于苏联的农村性质。农民必定是主要的革命者。形成马克思主义中国化的最后因素，是基于文化和历史骄傲的中国民族主义的情绪，那意味着中国不能当别人的尾巴。实际上就是说，中国人民只能接受中国的马克思主义。

随着时间的推移，中国历史的自我意识终究会改变马克思主义在中国的形象。在毛泽东看来，可以这样说，地主阶级的统治权（封建主义）已经同城市里的商人阶级（资产阶级布尔乔亚）的崛起，并同"帝国主义"剥削者的支持搅和在一起。这个形势可以由建立一个中央集权的国家当局（社会主义）而解决。换句话说，在宣传新的世界信仰制度过程中，总有办法使马克思主义适合于革命的任务。

不过，马克思主义"中国化"问题还是一个两条战线的任务，因为中共总要用正统的欧洲语言保持它作为国际马克思列宁主义一员的资格。譬如早期广州的国民党就不能简单地说它代表资产阶级并准备实行资产阶级民主革命。国民政府不代表布尔乔亚资产阶级，而是代表多个阶级的政府，或代表"四个阶级集团"，而无产阶级（由中共代表）可以参加其中。毛后来著文说，中国资产阶级和无产阶级都是新生的，是中国历史上不曾存在过的……他们是中国古老（封建）社会的孪生子，既相互联系，又相互对抗。在这个基础上，无产阶级领导资产阶级民主革命是合理的。这就给中共争取政权以理论根据。这个话在中国是说得过去的，不管在欧洲说起来怎么样。

例如，在发展中国新民主主义的思想过程中，毛首先提出马克思主义的估计，即在封建主义到资本主义中有一个资产阶级民主革命作为过渡阶段，然后再有另一次革命作为从资本主义到社会主义的过渡。在欧洲，资产阶级民主革命是以18世纪90年代的法兰西革命做典型的，而社会主义革命一般认为是俄国在1917年搞成功的。换句话说，整个19世纪的历史代表了社会发展中的一个资产阶级民主革命阶段。在中国相等的阶段是什么呢？中国的马克思主义者只能肯定，资产阶级民主革命是1919年"五四"运动开始的，列宁主义者认为那是民族资本主义的一种成就。既然社会主义革命将在未来的某个时刻因中国共产党的胜利而实现，那么这个马克思列宁主义在中国应用的结果，就意味着中国经过了2000年的封建历史和仅仅40年的资本主义历史。以欧洲马克思主义标准来衡量，中国简直不能够加以比拟了。

但是列宁说过，资产阶级民主革命在一个落后国家可以由共产党代表的无产阶级来领导实行。当毛于1940年在《新民主主义论》一文中提出列宁和托洛茨基的这种看法时，他把中共和国民党可能合作反对日本的第二次统一战线的基础，就放在这上面。换句话说，新民主主义允许无产阶级的中共在必要时没有国民党也可以领导全国。

毛应用他的理论框架，在延安发动了一个整风运动，为后来的群众运动和思想改造运动树立了范例。这是毛已当权后，不仅为了巩固他的地位，并且为了统一全党和整顿纪律所做的努力。整风运动虽然是限于党员范围，但现在党员人数已大大增加，纪律不像长征时期那样严整了。这个运动的公开对象是"主观主义、宗派主义和党八股"。"主观主义"是指那些不能把理论同实际结合起来的教条主义者。"宗派主义"是指近期各种派别之间的矛盾和军民之间、党与非党之间、新老党员之间不可避免的分歧。"党八股"是指使用说惯了的行话，而不肯解决实际问题。其他弊病还有日渐形成的官僚主义和行政管理中的例行公事化。反对这些弊病的办法，部分地可以采取分权的原则，或把干部调到接近实际问题的农村工作等办法。即使这样，干部人数还是不断增加。还要加以反对的，是许多从沿海城市来到延安的人们的个人主义。

中共和知识分子发生摩擦有一个重要原因。在孔孟之道时代，学者训练出来就是从事公务的（"学而优则仕"），可是20世纪革命的作家们，则将矛头指向社会的弊端和不轨行为，因为他们是在一个与从事公务背道而驰的阶级中成长起来的。总之，传统的知识分子现在分裂成两部分，从事公务的和从事公开批评的。现代知识分子，例如鲁迅，就守着诤谏的传统，动辄指向当局的不是之处。

对国民党进行过批评的伟大批评家鲁迅，已于1936年逝世，于是他的名字就可无所顾忌地被人用来作为典范。因为他的名字在中共的宇宙观中是如此之重要，我们不能不停顿一下，来估量估量鲁迅在历史上的实际角色。首先，他到1918年37岁时才成为一位卓越的作家。从那时起，到1936年他55岁逝世后，出版了三大卷小说和杂文集。他树立了一种文体，最重要的是他成为对中国社会和政治弊端进行毫不妥协的批判和讽刺的典范。这种性格的力量，使他在1930年后以非党员的身份与共产党合作。

鲁迅对于中国革命的特殊影响，当然来自他的才能和性格。他有渊博的知识素养，最早受到经典教育，后在南京路矿学堂学习四年，随后在日本学医两年。他很早就对翻译外国文学以唤醒中国人民发生兴趣。从1912年到1926年，他以在北京政府的教育部中担任一个官吏为生。在此期间他运用渊博的汉学才识发表了五六种关于中国古代故事、唐宋小说的论著，一篇公元三世纪诗文的评注集和其他中国文学特别是古代小说的论著。此外，他还对观赏艺术特别是古代的碑帖和雕刻深感兴趣。后来，他又提倡把木刻当作宣传的革命媒介。

鲁迅死后，他的事业就由中国共产党接过来了。他们把他看作文学革命的主要人物和闪耀的明灯。鲁迅自然不是历史上第一个叛道的英雄，他死后被恭维到那样崇高的地位，是他生前所不能担当的。他相信文学有改变人们思想的力量，而对于中国社会对待劳苦无告的人那种极端冷漠无情的态度至为痛恨。鲁迅一生都深恶痛绝于他的同胞对待别人的态度。他的著名的和有影响的作品，都是由于表现正义感的辛辣而发生强大力量。30年代初期，他强烈地反对国民党在上海的反动政策，同左翼方面表示共鸣，于是参加他们共同创建的左翼作家联盟。一个最鲜明表示他的态度的事实是，在他死后，他的几个最亲近的附和者，竟成为毛泽东主宰文艺的首要打击对象。

20世纪40年代初期在延安，中共如何以新的国家权威来统治文艺成为一个中心问题。各种各样的中国自由派爱国者都参加到革命中来。他们对国民党缺点的攻击态度，自然地导致他们对中共方面出现的各种缺点也加以批判。鲁迅是死了，但他的最亲近的追随者，在中共下面继续发表他们的批评意见。1942年初，毛泽东在延安文艺座谈会上发表了两次讲话。他定下一条规矩，文学应当为国家服务，在现在的情况下，就是为革命服务，因此，它应该仿效苏联，贯彻社会主义现实主义，回避中共在国民党时期那样以暴露阴暗和缺点为能事的做法。

在这个当口上，另一个因素也插入进来，这就是中共政权也像以前的中国政府一样，要依靠好的名声。中共的力量源泉在于它是一个理想的、无私的、为改善人民大众生活而努力的组织。对于这样的领导，批评似乎就是不忠实，因为领导仍然是个人的。对宗派的忠实与否，归根到底还是对个人忠实与否的问题。这里有两个老一套的因素：第一，写作是极有力的媒介，口头上对当局说些坏话，影响不大，如果印出来发表，那就严重了，因为发表出来后，当局不得不有所行动，以证明是非曲直；第二，似乎人们仍然相信人是可以教育好的。孔子、孟子和其他哲学家都强调过《三字经》中的几句话，即"人之初，性本善……"。这就意味着个人变坏是由于引导错误或是过于自私，因此人是可以改造过来的。

这些因素构成了1942—1944年间延安思想改造运动的基础。这种运动方成为一种既定模式，此后在中共历史上就司空见惯了。凡是接受思想改造运动的个人，首先经过调查，被劝说坦白陈述自己的生活经历，直到集体认为可以开始对他进行批评为止。在学习组的批评会上，这个人立即被孤立起来，接受其他每个人对他的斥责和警告。这样就动摇了他的自信心。第二是举行公开的群众斗争会，这个人被公众控诉和羞辱，常常受代表公众的在场者讥讽嘲笑。到了这时，另一种因素开始起作用，即中国人每个人都依靠团体的尊重以及当局的首肯；一个人失掉这些，也就失掉一切。

随着压力的增加，个人除否定原来的自己之外，别无出路，就只得写出自己的缺点、错误，并表示改正的愿望。如果必须对他继续增加压力，就把他在监狱里孤立起来，或者单独囚禁，或者同其类似的人一样带上纸制的手铐关在一起。这种纸制手铐要损坏了，就要受到严厉惩处。这样把他的人性完全否定之后，他就可以进入新生和妥协的最后阶段了。他的坦白和检查都被接受之后，党会欢迎他归队，他自然是非常庆幸，极为喜悦，也就十分乐意接受党的领导了。

不管这种心理经验是否会改变人的个性，但一个事实是确定不移的：这是将来人人都想避免的极不愉快的经历。不管结果如何，反正都要符合党的路线。

我们必须对中国人的个性给予足够的重视，以免盲目地相信权力万能或无条件屈从。那些爱站出来发表批评意见的人，常常是顽固不化的人或者是觉得他们有权坚持自己的原则和批判坏人坏事。中共实行大规模的思想改造，并不都意味着中国人个个都是天生的奴性。相反，党不可能轻易地征服他们的独立判断力。

在一定意义上，毛泽东在中国应用马克思主义，采取的是一种贴标签的办法。早期的国民党本来是"四个阶级的集团"，但毛在《新民主主义论》一文中则把国民党称为三个阶级的集团。他之所以这样做，只是简单地把农民称作小资产阶级，而不把他们算做另一个阶级。这样简单地改变了标签，中国革命看起来就与欧洲的马克思主义思想取得一致了，而中国以农民为革命基础的"例外"就得以避免了。这种做法利用了马克思主义者习惯地认为农民思想意识属于小资产阶级的观点。而毛泽东觉得这是与他声称中国革命武装斗争实际上即农民战争是吻合的。

毛泽东历来注意保持理论和实践的一致性，所以1940年初期在延安把马克思主义中国化的过程，一部分就是为了清除"28个布尔什维克"和那些争夺领导权的对手。不可否认，在中国实行马克思主义是一种必然，否则就得取消中国作为世界共产主义革命成员的资格。而使马克思主义中国化这番事业，一般说来是很成功的。它还附带产生一个结果，即使毛成为思想的仲裁者。1943年以后，在巩固党的主席地位同时，他强调了马克思主义理论的领导地位。从这以后，"毛泽东思想"这个概念就提了出来，作为中国革命的基本方针。

毛泽东的马克思主义中国化，同太平天国基督教运动的失败比较起来出色多了。洪秀全自称是耶稣的兄弟，却很快变成了西方传教士的诅咒物。他对那些人根本不理，也真是愚不可及。他使自己成为基督教的叛徒而在国内又成为一个洋毛子颠覆者，在国内外都得到最坏的结果。而毛泽东虽然后来也受到莫斯科的诅咒，但有一个时期却与共产国际合作，并且当他把马克思列宁主义中国化的时候，却能用正统的语言将它装饰起来。洪秀全和毛泽东，开始时都对外来的学说有些粗浅知识，后来都摆脱了外来的控制。洪摆脱了传教士，毛摆脱了共产国际。当然，他们之间的差异大大超过了他们的相似点。

1943年毛泽东进一步提出了他的"群众路线"主张。正像他的许多理论公式一样，这一主张是模棱两可的。它一方面肯定同群众商量并要群众参加政府工作，另一方面又确认中央控制和领导的必要。在任何时候，都可以侧重这一方面，也可以侧重另一方面。正如同《新民主主义论》可以做和国民党搞第二次统一战线的理论依据，也可以成为反对国民党反动派的理论依据。还有，一个人的阶级成分可以根据他的父母和经济生活确定，也可以根据他本人的思想表现来确定。同样，人民被视为最终的裁断者和革命的恩人，但是有些人也可以被贴上不属于人民的标签，而定为人民的敌人。这都可以由上级行政来决定。

这一种发展路线的典型，是毛规定矛盾有两种：即有些矛盾是对抗性的，有些是非对抗性的，也就是可争论的。这样，有些矛盾可以使你成为人民的敌人，有些则不然，全看你怎样理解它。总而言之，它是一种很有韧性的思想结构，好像马克思和恩格斯都受阴阳变幻支配似的。一旦毛控制了它，他就处于领导地位。团结就实现了。

另外一个因素帮助了延安，这就是第二次世界大战时的国际关系。1943年俄国人成功地保卫了斯大林格勒；西方同盟国在北非取得胜利；美国海军开始在太平洋作战得手；美国部队已经进入所罗门群岛，处在进击东京的路上。日本人不得不放松对华北解放区和边区的压力。当1944年日军按照预定步骤长驱南下，越过河南进迫长江以南，消灭了国民党的一些精锐部队以后，对于中国共产党来说，大战已进入尾声。

在这种情况下，中共在1943—1945年期间又恢复了扩张，但他们的政策非常审慎，并不急于求成，也不重视表面。当1944年美军派了观察小组到延安的时候，看到中共形势正在上升，准备着战后同国民党决一雌雄。这种不可一世的精神可以从1944年4月底到6月中旬举行的重要的中共第七次全国代表大会表现出来。会议通过了新的党章，选举毛泽东为中央委员会和政治局的主席，赋予他更大的中央权力。"毛泽东思想"被欢呼为全党的指导方针。

到了这个时候，不管主观愿望如何，美国已成为中国政治的一个重要因素。对于像美国人那样的局外人来说，"自由中国"代表着现代文明的一个支柱，努力在古老的陈规旧习和邪恶势力中挣扎图存，在这中间没有什么革命可言。因此美国人觉得他们很令人鼓舞，并于

1941年把"自由中国"当作一个同盟者对待。美国的无知和感情用事达到这样的地步，以至于罗斯福总统把国民政府描绘成一个打败日本后就可以填补东亚地区空白的力量。他从美国空军人员中召集了一批秘密的雇佣军，在珍珠港事件之前就来到中国帮助蒋介石。这支部队在美国空军退役军官陈纳德统领下号称"飞虎队"，不久改头换面，称为第十四航空队，以云南省会昆明为根据地，出击拦截日本的航空线。美国的在华传教士则在背后支持援华救济会。美国的同情心又活跃起来。史迪威将军建议，中国新兵如果被带到印度，吃得好，训练好，可以成为第一流的战斗员。

蒋介石正像当年在上海困难时依靠秘密的青红帮为帮手那样，这时又依靠美国的基督教精神和后勤供应了。由于中缅印战区的喜马拉雅航线在美国的战略和供应中处于最不重要的地位，因此它对国民党的处境也改善不了多少。当1944年美国陆军派出观察小组到延安时，要想利用华盛顿与重庆间的同盟关系保证国民党在显然不可避免的新的内战中取得胜利，已经为时太晚了。虽然如此，我们还是试了一试。美国海军紧跟在陆军之后，也于1942年派了一个秘密工作队，同中国的秘密警察勾搭在一起，进行反共特务活动。但是史迪威将军没有能够训练成功国民党军队，带领他们同日军有效地作战。美国想利用"自由中国"作为对日作战基地的想法，吸引住了它的全部注意力，可是在此同时，却使它自己疏远了中国革命。正像20世纪20年代俄国策划的一样，美国的援助计划也以失败告终。外国人插手搞中国革命，从来不是一件容易的事。

美国的卷入是严重的时代错误造成的。每一个亲眼看见过军阀时代的中国并支持过教会大学的美国人,都曾寄希望于南京政府,把它看作美国理想的一个代表。后来一代见到过共产党的人,只是极少数。他们在美国简直没有任何影响,和一代又一代的美国传教士比起来,真是微不足道。

这些因素在美国政策的形成中产生了错综复杂的影响。外交官员和像史迪威将军那样一些曾到过现场的指挥官,对于共产党运动的决心和力量都是很称赞的。而国内的选民却只保留着一个早期的印象,在他们的印象中南京政府似乎已经成为中国进步的最后一个字眼了。

1938年武汉成为抗日临时首都时期,人人都觉得风雨同舟,兴高采烈。但到1941年统一战线快决裂时,美国观察家们看到的却是国民党和中共两个独裁政党间的裂痕越来越大。这时国务院的政策同美国总的战争努力,同横越喜马拉雅山的后勤空运以及史迪威主张的对中国军队施行现代化训练和装备等重大决策比起来,简直像沧海之一粟。而蒋介石还总在埋怨他得到的战争物资太少了。在华盛顿,没有一个美国人知道华北共产党地区的真相。他们只是按照外交和合法关系继续把国民党政权作为同盟者加以支持。与此同时,美国大使馆和美军司令部下属的当地观察员,已经预见到第二次世界大战结束后中国将要爆发内战,并看到苏联将要接收华北的危险。毛泽东怎样把马克思主义中国化,或创造一个怎样的民族共产主义,一般不太了解毛和斯大林之间微妙关系的外界人,是不能恰当理解的。这样,美国的政策就变成尽力消弭内战,而想出的办法就是成立一个

"联合政府"。"联合政府"实际上就是统一战线的理想的和未曾实现过的形式的延伸,是武装力量的合并,并且两党在一个国民大会上都派出代表。中国的两党表面上同意战后以"联合政府"为目标,但暗地里都在准备打仗。

美国政策可怜的非现实主义性,充分表现在罗斯福的特派代表赫尔利身上。这个来自俄克拉荷马州的美国人,爱好浮夸,头脑简单,是一个较早出世的里根式人物。他采取的蠢笨的调解和消弭内战的办法,是让蒋介石把他的想法整个接收过去。赫尔利违反美国驻华大使馆全体同事的主张,一味给蒋介石加油,拼命向他供应美国物资,完全不顾后果如何。到头来,他自己当然也从画面上消失了。但是他的政策在华盛顿还是被继续遵循着,终于导致美国被中国远远踢开。

1945年8月日本投降后,蒋介石和毛泽东在赫尔利调处之下在重庆会晤,10月间就一套理想的原则达成一致,使全世界自由人士都感到欢欣鼓舞。国民党和中共答应合作,举行新的政治协商会议,调整各自的武装部队,同时保证实现公民权利和自由。玩这一套糊弄人的把戏的目的无非是每一方面都不承认自己站在反对和平与合作的立场而已。

然而1945年秋天冷酷的事实却是相反。抗日战争一结束,共产党部队就进入华北,迫令日军向他们投降。国民党军队则命令日军打退共产党,并从他们手中恢复过去占领的一切地区。不久,许多共产党与日军交战起来,而蒋介石的国民政府则利用过去帝国主义侵略者的办法来打退社会革命。与此同时,国民党的军队和

抗日战争和内战 1937—1949 年

共产党同时向满洲出动，竞相控制这个改称为"东北"的地区。典型的情况是：国民党军守备着城市，共产党则在农村动员。

美国政府按照国民党的样子，出动53000名海军陆战队到北京、天津地区，以防止苏联的入侵，同时从空中和海上帮助运送国民党军队到满洲城市和华北各地。由此可见，美国从一开始就插手在反共方面。不仅如此，罗斯福总统还依据雅尔塔协议试图同斯大林一道安排中国命运，缔结一个中国与苏联间的条约。条件是：俄国人承认中国的南京政府，并且只同它打交道，而国民党则承认俄国人恢复沙皇时代在东北的铁路权利。斯大林答应在日本投降后三个月内从东北撤出苏军。这就是说，以1945年11月15日为限，中共有三个月时间可以渗入东北，在其间可与美军帮助运送的中央军相竞争。国民党看到中共正在打击着他们，就要求苏联暂缓撤兵。所以苏军是到1946年5月从东北撤走的，同时也将那里的工业设备和日本在傀儡国的所有新设备席卷而去。蒋介石在美国支援下则在反共作战中一路退到满洲南部。

这个时候，由马歇尔将军代表华盛顿出面又进行了一次调停。作为第二次世界大战中的盟军最高指挥官，马歇尔是一个忠诚而老练的人物，他尽力向建立联合政府的方向努力。1946年1月在北京开了一次政治协商会议，讨论了两党军队的合并。但是现在内战的中心已经转移到东北，这是重庆协议所没有涉及的。美国用一大笔经济借款换得蒋介石的同意，但当马歇尔回到国会来争取国会对这件事的批准时，他已失去对谈判的控制。

1946年3月4日,马歇尔为调停国共冲突飞至延安。左一为毛泽东,左二为周恩来,左三为马歇尔,左四为张治中,左五为朱德。

他回到中国时,华北的战事已经由他在北平主持的军事调处执行部加以平息了。这个执行部采用的办法是由美国派出几个上校军官和国共两方的将军们共同到现场制止战事。可是东北已失控了。

蒋介石继续以他过时的指挥内战的方法,为自己挖掘坟墓。首先他把已夺到手的省城看得特别重。他不以南方长江流域比较富裕的地区为根据地,来同共产党已经占据的华北作战,而固守着一些可以象征统一的省会。然而这些省会多被共产党军队所围困,蒋把他的战线拉得过长。他显然还迷信从前统一中国的老办法。他把最好的美式装备部队都投到东北，而不巩固华北的中间地区，这是自取灭亡。

双方都利用和谈的喘息来准备大打。美国也以同样方式要求联合，要求南京和延安和解，然而同时却一个劲地供应国民党。原定战争结束时装备国民党39个陆军师和空军，当日本投降时这件事只完成了一半，但各种装备和供应在内战中仍继续进行着。所以马歇尔的调停实在是一个谎话。事实上美国在1946年3月已经成立了一个军事顾问团，帮助蒋介石作战。在这同时，美国提供给中国的联合国善后救济物资主要都用于国民党地区。在这之后，1946年8月美国还把9亿美元的剩余战争物资，以1.75亿美元代价卖给了国民党。这样大量的美国支援，绝不是。1946年7月到1947年5月间马歇尔对华禁运所能抵消的。

当1945年8月和平到来时，国民党军队至少是共军的两倍，而且拥有美国在装备和供应方面提供支持的优势，加上美国海军帮助运输，以及美国海军陆战队在北京天津地区的驻防。国民党控制着中国所有的大城市和大部分地区。冷战精神正在美国以及中国方兴未艾，所以美国的支持将继续不辍是可以断言的。蒋介石和国民党在这种情况下会打输了内战，真是一件不可思议的事情。他们失败的原因，不仅仅由于战场上的愚蠢，也由于后方的无能。

国民党的无能开始表现于他们经济管理的混乱，继续不断滥发钞票，造成通货膨胀日甚一日。从日本人手里接收沿海城市一事，主要成为腐败的攫夺，完全不去用之于工业生产。消费品一直供应不足。由于"自由中国"工业生产处于停顿状态，在收复地区也没有充分将生产搞上去，以致失业情况严重。同时，国民党还利用他们的过分提价了的法币，按极不公平的比价收购了日本占领时期发行的纸币。在很多地区，饥饿和囤积居奇比比皆是。国民党军队回到过去日军占领过的省份，陡然增加了捐税和摊派的负担。这是历史上大发洋财的一次机会。

其次，国民党政府处理它的公民问题也极其不当，失掉大多数中国人的民心。它开始时是在日本投降后利用日本人和他们的傀儡伪军去打共产党。当人人都在谈论和渴望和平的时候，这种以中国人打中国人的办法极不得人心。在日本占领下供过职的中国人也曾经盼望解放，而国民党对这些人一律看成敌人，认为不值得加以补偿。同样，在光复后中国的师生都被追究他们与日本合作的过错，而施以三民主义的思想改造。这就是把受日本统治的罪责加之于幸存下来的学生身上，而不去动员他们，争取他们的支持。这个政府一味向人民加税，而任由囤积居奇、营私舞弊的官吏不负责任何捐税负担。实际上这代表了最坏的一种"官僚资本主义"，官吏们牺牲公众，以填充一己的私囊。

国民党的第三个失败政策，在于漠视乃至镇压公众的和平运动。这种运动是广泛而真诚的，不是像国民党声称的简单的共产党的阴谋。学术界都要求从战争转换到民权运动方面来，并要求国民党终止依靠美国打内战的政策。政府用暴力镇压学生，从而再有效不过地驱使他们和政府敌对起来，正像他们的愚蠢的经济政策驱使了城市中产阶级和工业资产阶级成为异己一样。

国民政府就是这样丧失了公众的拥护，而且看来就是比共产党更厉害的内战挑动者。国民政府已经变得如此之军事化，以致它对内战只想到军事解决，至于作为政府应为公众服务些什么，一概置之不顾，这是显而易见的了。中国自由派评论家责备国民党政权，认为是它自己使中共获得现在这样得民心的地位。国民党在富有者阶级中原来还享有一些支持，但到1948年实行"货币改革"也都丧失殆尽。这次改革是强迫所有拥有法币的人都必须将它们兑换成新的"金圆券"，物价将以政府命令规定，据说通货膨胀也将以政令终止。但是物价在六个月中上涨了85000倍。富有者阶级又一次被欺骗了。这样，国民政府以变本加厉的形式扮演了中国历史上称为一个王朝的末代昏君的角色。受过现代训练的"自由中国"的中国自由派领导没有投向共产主义，但他们对国民党失去了一切希望。

中共在1946年以后的崛起，是在几条战线上同时发生的。首先是在华北农村的农民群众中。中共在1937年同国民党实行第二次统一战线时，普遍地停止了土地改革，这时则恢复了土改。土地改革意味着地主及其他恶霸的土地被没收，一切经济社会地位被剥夺，同时贫农中的积极分二子则在共产党领导下提高了地位，控制着农村。富农被中立化，或被削弱，而共产党领导层就可以进行进一步的改革。这样大规模运动的结果，是农村整个支持了华北的中共武装力量。

令人感到讽刺的是：国民党军队现在采用的战争方法，倒很像日本当年侵犯中国作战一样。在国共决战三年的第一年终了时，国民党还拥有所有大城市和铁路线，部队的火力也占优势。但是中共军队只是收缩，拒绝迎战，以避免伤亡。这样一来，他们就迫使国民党在典型的游击战略中过度拉长战线。他们只在集中优势兵力时才打击国民党的少数部队。国民党曾占领延安和张家口的中共临时政府所在地。中共领导曾在中央军胜利进军中，游击于陕西北部。国民党重占了苏北和东北的大部分县城。对若干根据地被破坏和重新失去一些农村地区，中共是始料不及的。他们的苏北根据地被破坏得很厉害。在他们保护下的普通民众多遭受到国民党地主阶级还乡团的屠杀和迫害。

东北的战役，中共方面是由运动战的能手林彪指挥的。林先将他的部队撤到松花江以北的北满一带，然后在1947年越过松花江突击几次，将国民党军队切割在几个不同地段。不久国民党军就都被孤立起来，困守在几个城市里。

最近的调查研究工作，弄清了中共是怎样赢得东北的。他们先把农村动员好，一如他们在华北所做的那样。他们带着精力充沛的华北干部渗入到东北后，组织生产、搞乡村宣传教育、土地改革、新干部的思想改造等一系列运动，然后征集新兵，团结他们进行爱国战争。这是一个循序渐进的成就，干部们在强制征兵的同时运用了他们的社会工作技能。东北人民在日本占领下长久以来抑郁难伸，现在对于民族主义和社会革命的号召，无不热烈响应，拥护中共的战争努力。

国民党方面也照例从相反方面助成了这个过程。他们多来自南方，对于满洲的领导素来不信任。这个地区过去被军阀张作霖和他的儿子张学良统治过，然后被日本统治了15年，接着国民党带了他们自己的人来统治，但共产党则不然。他们迎合当地的领导者，来对付南方来的"闯入者"。正像同一时期在台湾一样，国民党不信任地方的领导者，再加上他们"发洋财"和剥削、"接收"等恶习，引起了当地人民对他们的反感。国民党的骄横傲慢、强取豪夺和腐败行径，在东北和台湾一样造成了灾难性恶果。不过在台湾经过1947年2月事件杀死了许多当地领导人物之后，国民党算是幸存下来，并且在大陆上彻底失败后终于改造了它自己。国民党军队在大陆遭受到过去日本人受过的一切困难：他们从亲共产党的民众方面得不到情报，受笨重装备拖累的部队前进得太慢，以致常遭伏击或零星的侧翼袭击。国民党军队既没有受过爱民教育或夜间作战的训练，又不能迅速行动。

当中共在1947年夏季开始转入反攻时，他们的部队不但很快控制了山东，而且恢复了黄河与长江之间、西边的京汉铁路和东边的津浦铁路之间的广阔的根据地。这就使他们处于威胁整个长江流域的战略位置。随着战略平衡的转移，共产党更加能够击溃国民党的美式装备部队，并把向他们投降的军队转变成新的共产党军队。

在国民党方面，当蒋介石有机会撤出主要城市的守备部队时，他不愿这样做。结果是他的最精锐部队被围困和孤立后，连同装备一块投降。中共武装力量，借他们优越的战略战术，不但完全打垮了国民党守卫者，而且使他们丧失了士气。当他们于1949年1月最后包围北京之后，国民党司令官决定同他的所有军队一块投降，后来他在新政权中担任了一个受信任的职务。

当毛泽东进入北京时，他的军队乘坐着美国的载重车，前面由美制坦克开路。美国供给蒋介石军火时，都附带有专门的军事顾问。但是蒋接受他们的一面，而不接受另一面。他们劝告他不要过于拉长战线，但他硬要拉长战线。他们劝他使用他的飞机和坦克，而不要把它们囤积起来作为火器的象征，但他不这样做。他们也劝告他，让地方指挥官决定各种战术性问题，但是这个委员长坚持要扮演委员长的角色，把命令下达到师为止。也许蒋介石知道他的师长们比他更蠢笨，但是他自己坐在南京，缺乏足够的情报来掌握战场的实况。毕竟他是一个军人政客出身，而不是地道的指挥官出身。他的将军们尽管不够精明，但是必须忠诚于他。有时似乎确实是因为他们不精明所以才忠诚于他的。归根到底，这个内战必须在农村打，而中共的动员结果既得到情报的方便，又得到后勤的支持。这样，1949年在南京以北的内战高潮淮海战役中，国民党的装甲兵团本来保留做最后决战用的，都被像邓小平那样的党的领导人动员的千百万农民挖掘的坦克陷阱所包围了。

美国人在投入大量资金用于军事训练和装备之后，对其结果厌恶不堪。幸运的是：马歇尔将军在日本投降后以调停者身份在重庆和南京花去一年时间消弭内战。他知道结局如何，所以当他回到美国在1947年就任国务卿时，他就制止了美国采取平息中国革命的行动。美国的供应还继续着，但派往华北防阻苏联的海军陆战队却撤回了。中共后来利用俄国人在满洲收缴的日本武器和从投降的蒋介石军队手中得到的美式装备，打赢了这场战争。

1949年没有一个人能否认中国共产党在毛泽东领导下公公正正地征服了中国。

回顾美国在20世纪40年代的对华政策，首先应提到的是美国对于中国形势的严重无知。美国人所特别重视的是同国民党的官方接触和他们自己在中国的战争后勤问题。他们已经觉察到国民党的糟糕，但不大了解详情。至于中共方面的情况，对美国人几乎是完全的空白。那几个到过延安的观察家，对于中共的乐观精神和决心是有感觉的。但是在华北除很少几个新闻记者外，没有美国观察家，而那几个新闻记者的观察也是很有限的。结果是中共的力量完全被低估了。在1948年，美国的估计是国民党不能打败中共，但是中共也不能打败国民党。这种看法，表现出对中国的实际完全没有理解。

在这之外，还得加上美国先入为主的反共产主义的偏见。这在欧洲本是一个实力政治问题。但是在中国，这主要是由于美国人对于极权主义的厌恶情绪而来的。这种厌恶情绪也是驱使美国对纳粹作战的因素。美国公众在这种稀里糊涂的情势中，大多数人甚至没有意识到中国正在进行一场在过去历史中有深深根基、并对未来起着旋转乾坤作用的革命。很少有一个国家保持美国这样的姿态——毫无作为。

美国人只在一个小小的地区似乎做了正确的事，这就是帮助台湾的发展。国民党1949年失败后逃亡到这个岛上，把不愿意与中共同命运的中华民国自由派领导者收拢起来。虽然国民党政权中军阀派在1947年2月就开始屠杀了台湾的一些中国优秀人士，但自那以后，中国的自由派倒是有了一个发展的机会。现在我们只能提一下那些结果和助成结果的因素，例如台湾的一次真正的"耕者有其田"的土地改革，以及随之而来的1948年美国国会拨款在中美农村建设联合委员会下面的经济技术改进措施。后来又有很多具体因素逐步促进了工业化和出口贸易。首先是日本的殖民主义在地方秩序和公共卫生、铁路交通等方面留下令人满意的成绩，还有识字教育（但没有发展高等教育）和提高生产的农民协会。其次是美国经济援助和（1954年以后）军事同盟。第三是大陆逃亡来的一些有才能的难民集中在一个人口并不过剩的地方，发挥了他们的才智。第四是国民党在蒋介石之下自我改造，同当地人在商业和政府管理方面逐渐合作。国民党在台湾修改了原来资源委员会企图实行的带社会主义思想的国家对工业控制的计划。当然，还有其他各种因素也有关系，例如50年代和60年代的冷战等。

国民党政府残存于离大陆100英里以外的台湾当然有损于中共号称自己为全中国的统一合法政府。台湾省的事实上的独立是不可能被承认的，尤其在国民党为挽回面子宣称要反攻大陆的情况下更是如此。可以说台湾的自治直到今天仍使中国内战处于一个相持局面。

历史学家对于国民党在中国的所作所为，运用了中国自由派和中共宣传家的大量批评，他们大大地宣扬了中国自由派的支持，同时也贬斥了所有国民党的腐败和践踏人权的暴行。事实上国民党是用两条腿走路，不幸走的是两个相反的方向，一条走向现代化，另一条则走向反动方向。这样，国民党统治的弊端就可以见之于部分独立的报章和外国新闻记者的实录，而不掌握全部政权的秘密警察常常又往有关他们的肮脏记录上添了几笔。虽然极权主义在蒋介石统治下得到了积极分子的支持，但是他们没有能够统驭全中国，不像中共的极权主义在得到政权之后所能做的那样。结果是：国民党和中共作为政府的形象来说，根据的资料不同，实在难以比较。举例说吧，中共的实际情况，外界当时一般是不知道的。

第四部分——

中华人民共和国
1949—1985 年

第*15*章

创造新的国家

我们一旦论及1949年的中华人民共和国，关于中国的学术著作，就从历史的研究显著地转变为社会科学的研究了。中国变成共产主义国家这件事，促使西方花出巨大力量来了解这个新的敌人。采用的方法是多学科领域交叉的研究。这件事在第二次世界大战结束以前已经开始，为此动员了一切有关领域的学术人才，从地理学、经济学、政治学、社会学、人类学以至于社会心理学来了解这个敌人。冷战引起了对苏联的类似研究。在1957年苏联人造卫星上天以后，美国由联邦政府拨款，加上福特和其他基金会的资助，付出长达10年的努力，动员各主要学科从事中国的研究，结果是出现了新的局面。

社会科学家都喜欢研究宇宙的各种现象，因此自然爱把各国之间的问题加以比较。关于中国，他们有几十上百个新问题要问。经过30年的培养、训练、实地考察和艰苦工作之后，我们现在关于中华人民共和国所知道的，比关于中国历史的任何较早时期都多了。

为了实现我们的目的，社会科学对事件的分析，多于单纯的叙述。虽然"现代史"中已经充满社会科学的分析，但是还没有掌握大量的研究证据。结果是本书的最后几章所反映的是"当代中国"社会科学研究者的大量成果，这是任何个人都做不到的。因此我建议读者仔细看看本书附录的《剑桥中国史》第14卷和第15卷目录表。本书下面叙述的各章就是得益于那些权威的论著的。读者也许会注意到我做了许多中国过去历史的引证，那是希望借此鼓励现在已经在进行的社会科学与历史的杂交。为减少混乱，我在最后几章中加了几个副标题。

为了对中国革命的经验有一些概念，我们不得不把1949—1985年间分成几个时期，又把各个时期分成不同的方面：主题和因素。一个主要的问题，就是那一大堆有名称的事件、单位和人物。它们有的是特有名词，有的是简称，有的是缩写，总之跟20世纪30年代罗斯福的"新政"时期用过的千奇百怪的缩写名词一样。

用最广义的措辞说，从1949年到1985年这35年可以大体分为两个大循环，或者两次痉挛，即毛泽东的"大跃进"（1958—1960）和"无产阶级文化大革命"（1966—1976）。每一次他都动员了群众的支持，希望在中国社会实现革命的变革，因此有人称他为"民粹派"。如果简单地从美国政治中转用这个名词，不但说不清问题，反倒会把人弄糊涂了。每一次"民粹派"式的痉挛（动员政府和党的机关以外的人民群众）之后，都会有一次向系统的经济发展回归，1961—1965年和1976—1985年两次都是如此。总的说来，有些人喜欢看到这种变换，认为它是"社会革命"与物质"发展"之间的变换，虽然这些名词是如此之暧昧，以致简单化到常常使我们无法把握现实，如坠五里雾中。中共的革命有时只用两三个口号标志出来，实在来得太快，令人难以捉摸。不说别的，只讲中华人民共和国刚建国八年——自1949年10月至1958年初——之后就接连发生了两次人民中间的大混乱：第一次是1958—1960年间的大跃进，接着是1961—1985年的经济恢复时期；第二次是文化大革命，即从1966—1969年，或者现在多数人同意，到1976年毛泽东逝世为止。在这一连五个不同阶段中，第一、第三和第五个阶段，在中共一些干练的组织者和行政管理者领导下经济上有进步，但是在第二和第四两个阶段是由毛泽东所控制，它们的影响将会在今后很长时期争论不已。

这一章要回顾的，是1949年到1953年，即关于接管和政治统治的巩固，然后是1954—1957年经济过渡到"社会主义"（集体化）农业和苏联型的工业化，最后是关于党的专政与中国知识分子之间淡泊的关系的社会问题。

初期（1949—1953）

1949年以后中国共产党接管中国和新的全国性政权的建立，是一个伟大的创造性成就。正如同满洲人在接管全国之前先在南满洲建立了他们的国都，同时笼络汉族官吏一样，中共在打赢内战过程中也在华北和西北建立了临时政府。毛泽东是理论和战略上无可争议的领袖，在他之下，中共领导像一个人似的共同工作，在政治局讨论政策问题，把决定下来的中央指示发至地方。主要的战地司令员如彭德怀、聂荣臻和陈毅，都同毛泽东、周恩来共事很多年。党的建设者刘少奇和邓小平也都曾在延安一块儿工作。这是一个久经考验、紧密团结的集体。

中共似乎是得到"天命"意外的襄助似的，他们原以为还须打几仗才能控制全中国，但是事实上，他们刚一打败国民党军队，全国就立刻接受他们为新的统治者。这不仅仅因为和平是众望所归，事实上人们普遍承认中共的胜利已使一切抵抗终止了。令人吃惊的是，中共领导能同时做好几件事情。

毛主席指挥了一场交响乐，但是我们分析这件事，不能单分析乐器，还要分析指挥动作。

首先，解放军分布在南方和西南新解放区。全国分成了六个军管区，初期都由军管会管理，直到1954年民政机关陆续建立起来后，军管会才跟着取消了。

总的看来，中共认为在他们统治的头三年，在他们能够开始社会改造之前，有必要先恢复经济和动员人民群众。但此时事情又一次比他们自己预想的发展得更快些。

他们在地方政府采取的第一项措施，是让国民党的官吏留在原地不动，这些留用人员继续领取他们的工资，照旧执行他们的职务。他们的总数多达200万人，而中共顶多只有75万人准备来接管他们的工作。

与此同时，经济整顿工作进行得很快。首先，通货膨胀以几种互相配合的方法得到控制：由于所有银行都已接管，信贷得到控制；全国各行各业都已组织起来，对主要商品实行控制。对人民公众保证按市场条件供应物资，只是工资不是付现金，而是按基本商品计算——如多少粮食，多少油，多少布，等等。这就使每个人的工资不受通货膨胀的影响，从而商业得以稳定。商品的流通和货币保持了平衡，通货膨胀压缩到一年大约15%。这对于工薪阶级来说，简直是一件救命的大事。

铁路的重建和恢复轮船航运倒没有很大问题，不过刚过一年中共就投入了朝鲜战争，这显然是一次冒险的赌博。1950年10月中国"志愿军"进入朝鲜，面对着美国的炮火，先后造成100万人员的伤亡。虽说莫斯科方面有一点帮助，这次战争对中国资源却是严重的消耗。不过"抗美援朝"的公众活动，却像先前抗日战争和内战一样，形成一次战争动员，人民群众更进一步组织起来了。

1949年以后城市里早期的公众情绪，由于对中共的不断增长的信任，是一片欢欣鼓舞。胜利的农家子弟兵，严守纪律，礼貌待人，同过去军阀部队到处奸淫掳掠和刚刚离去的国民党军队比起来，真有天渊之别。现在的政府认真尽责，真正把一切肮脏的东西清理得干干净净——不但是街道和水沟，连乞丐、娼妓、小偷小摸都集中起来加以改造。现在的新中国是一个人人感觉自豪的国家——控制了通货膨胀，废除了外国人的特权，铲除了腐化，公民们都参加各种有益的社会活动，如修理公共设施，开展扫盲运动，防止疾病，跟做粗活的交朋友，以及学习《新民主主义论》和毛泽东思想，等等。所有这些活动都为理想主义的和有雄心的青年开辟了新的道路。中共组织慢慢地渗透到社会中，树立行为的模范角色，规定思想活动，禁止个人的异己倾向。

妇女们也以同样的方式从家庭的压制中解放出来。新婚姻法使妻子与丈夫平等。对于妇女，这是一个新纪元。只有到后来才看出，妇女的解放使她们成为全日制领工资的工人，同时还得负责家庭生活，而很难得到避孕套的使用。在电冰箱很少的情况下，她们只得站长队买日常必需品。

在中共能够设法改造中国人民群众的经济和社会生活以前，他们面临怎样建造一个新的、可以依赖它搞革命的行政管理机构的问题。既然商人和国民党官吏都原封不动地照旧工作下去，而新的中共干部也已逐渐渗入到政府中，一个迫不及待的任务就是怎样刈除政府机构中的杂草，并使它灵活运转起来。1951—1952年的"三反"运动（反对贪污、反对浪费和反对官僚主义）就是针对政府机构、工业和党的官员而进行的。同时开展的"五反"运动则是打击起初也允许其存在的资本家阶级。在行贿受贿、偷税漏税、盗窃国家资财、偷工减料以及盗窃国家经济情报等罪名下，几乎每一个雇主都受到审查。很多人从此被裁去，有些则留下做政府的雇员。

有两个机构使这些运动成为可能。第一是统一战线，即在1949年成立的全国人民政治协商会议，其中包括中共成员，也包括非中共的领导人。政协于1949年通过的《中国人民政治协商会议共同纲领》，提出了渐进的办法。政府最初成立时，多数的部还由非中共人士任部长。这时动员了很多人才，直到后来中共有了自己的人员，才逐步把他们替换下来。

第二就是群众运动，即利用群众组织。工人、青年、妇女和各种行业的人参加这些组织。一个运动来时，这类组织的每一个全国领导机构就可以联系到它的所有成员。这样，在建国初期的镇压反革命运动、抗美援朝运动、"三反"和"五反"运动中，这类组织就扩大机构，以联系各城市中的广大人民群众。运动不仅揭发出并消灭掉可疑和不忠诚的人物，还可以发现有能力的积极分子，这些人可以吸收到中共党内。党员人数1947年是270万，到1953年则为610万。

当这种渐进的、零星的、各地不同的、有时候可怕的巩固过程在城市和现代经济领域里进行的时候，另一种平行巩固的过程则以土地改革形式在农村里进行。当然这种给全部村民都定出阶级成分，打倒地主和提高无地农民地位的工作，1949年以前已经在共产党统治下的华北和东北大部分地区进行过了，但是把土改扩大到长江以南更大的地区，却是一桩石破天惊的大事。在军事上平定之后，工作队就进入农村，把农民组织起来，打击和消灭了地主。此时富农不仅没受打击，而且还受了照顾。他们的身份由于上面有地主阶级，下面有贫农而被夹在中间，在公开审判、群众斗争、处决等所谓激动人心的恐怖气氛下，他们也够担惊受怕的。

同时在各条战线上有系统地向前推进之后，中共于1953年开始计划向社会主义方向进一步系统地过渡。

向社会主义农业过渡

作为预备步骤，一部国家宪法于1954年制定出来了。它代替了《中国人民政治协商会议共同纲领》，把中国正在发展的新民主主义阶段出乎意料地提前结束。这部宪法基本上是根据苏联1936年斯大林宪法制定的，主要内容是强化政府的国务院及其五十来个部。国务院变为党的行政臂膀。周恩来既是总理，又是政治局委员，在最高层居于毛泽东和刘少奇之下排第三位。新的政府不仅可以与苏联政府相比拟，并且可与20世纪30年代的国民党政府及其以前的帝国政府相比拟。一个不同于苏联的特点是设立了国家主席，由毛担任。毫无疑问，这是旧帝制的一种回声。为了适应中国人对首脑一元化的需要，已经开始对毛泽东实行举国崇拜。

与苏联相对比，军事和公安部队严格控制在党的下面。军队在毛领导的军事委员会下面,公安则由党和公安部双重领导。换句话说,秘密警察不像在斯大林下面那样成为政府的另一分支或独立王国而对其他行政部门或人民施行恐怖统治。同时军事上也不像蒋介石那样有个军事委员会,它的各部与党和政府的各部相对垒。决定权紧紧掌握在党的中央政治局常务委员会手中。

国务院各部原则上领导各下级政权有关厅局,横的方面则每一地区有它们自己的联系。同时,仿效苏联建立了各省及其以下的人民代表大会。代表都是以等额选举选出的,对上级比对下级更为负责。人民代表大会系统最高一级是全国人民代表大会,它每年开一次大会,听取报告,批准政策。非中共党员在人大仍占重要位置,但是它除了作为一个讨论机构外,并没有什么权力。权力主要还是控制在各级党的委员会手里。

下一步的成就是农业集体化。苏联在20世纪30年代的做法是城市干部进入农村去打击和消灭富农,而富农则采取毁灭牲畜、酝酿反对活动和拒绝服从政府等手段实行反击。苏联的农业集体化造成了极大的破坏。但是中共从很早以来就是农村组织者,很接近并且依靠农民,所以它知道怎样采用渐进的方法以达到最后的目的。它在第一阶段是使农民组成互助组,第二步是组织农业生产合作社初级社。这时农民把土地和农具都合拢起来,并按比例取得报酬。这一步骤使富农不致反击,因为他们的身份没有被消灭,开始时还有些改进。土改到这个地步只是牵动了占农村人口2.6%的地主户的土地,但是局面并不稳定。由于地主的土地分配给了以前的佃农和无地的农民,私有制并没有取消,而是加强了。土地仍可以在私人间买卖，因而富裕农民反倒得势了。

第三阶段的合作化，是把农业生产合作社从低级向高级推进。这是真正的集体化了，所有农民劳动都只赚工资，原来投入的财产、设备或土地一概不算收入。要注意土地合作化之前先经过了一番土地改革。在分配土地过程中集体的活动非常活跃，当地的积极分子陆续出现并被吸收为干部。结果在1954—1956年合作化的进度比原计划快多了，到1955年全国都实行起来。农村的街道房屋等外表形象没有什么改变，但各个人的身份地位则因他们参加会议和各种新的活动而有所改变。（注：一个农业生产合作社常常就是一个村庄的全部或一部。在1958—1978年间，这些单位就叫作"生产队"。它们是农村三级机构，即生产队，生产大队和公社的底层。1978年以后生产队仍是基本单位。）中华人民共和国创造了国民政府从来没有设想过的农村机构。党员大部分是从农民中吸收进来，从而和农民舆论一直很接近，而农业被认为是中国群众生活的基础。

中华人民共和国这个国家政权既已深入到农村家庭农庄，也就是后来叫的生产队，这个农村组织实在比中国历史上所有的组织都远为完备。毛泽东的深刻的个人兴趣和中国人民的集体精神——先不去说他们根深蒂固的乐于接受当局要求的习性——似乎是集体化这么快实现的原因所在。这些倾向都被充分利用了，当然，这也使过分热心的中共党员因成功而"冲昏头脑"。

中共的一个口头禅，就是土地集体化的面积越大，产量越高，农民收入就越多。不幸的是，这种政策的结果和许多其他国家的例证都对这种理论提出怀疑：土地面积小的较小的农庄，似乎倒能得到较高的单位产量。这种经济因素当然只是问题的一部分，问题的另一部分是：集体化可以创造出更大范围的平均主义社会，从而能够实现新的、更大的目标。

开始工业化

斯大林模式的工业是牺牲农业，把重点首先放在重工业上，这在中国是不可能照办的，因为农业在中国经济中占了压倒的优势。可是，早期的工业指标却完成了，因为对农村的控制增加了国库的收入，可以用来搞工业化。实际上在开始实行社会主义工业化的时候，"大跃进"的思想苗头已经出现了。国家对工业的垄断本来在中国就有一定的基础，过去国民政府的资源委员会就掌握了全国工业投资的2/3，可是中共还是拉开了几年间距，才实行资本家和国家合营，中共领导是参照农业集体化的经验来这样做的。运动一开始是只在名义上改为合营，实际上资本家那部分仍照旧经营不变。事实上中共全国的干部在农村问题上比在工业问题上有着丰富得多的经验。增加生产的指标是不现实的。不过爱国主义和竞赛精神乃至各个人的雄心壮志，驱使中共地方干部你追我赶，都把指标定得高高的，并且上报说超额完成了指标，而丝毫不顾及渐进的和健全的发展需要。这样，政府和党的干部的积极性就变成不切实的了。

1976年以后中国农村又回到家庭（承包）农场制度和为自由市场而生产，同时还发展了小型企业。这不像20世纪50年代毛泽东主张的那些严峻措施，因此有时候有人问道：中国革命如果没有出现毛泽东主义时代是不是会同样快地走向现代化？譬如现在可以找出例证，证明20世纪初期工业增长的速度一直在相对稳定中维持下来。也有人辩论说，中共干部和政府作为新的统治阶级加在中国头上，对于中国人的经验说来，不是什么新鲜事，只不过他们更深入到公众中去以及对日常生活更严格地加以控制罢了。经验表明：严酷的管制在经济发展上是妨碍生产的，所以中国革命中发生的一切，无非是回到旧帝国的结构中去，只不过有了现代化的技术和群众的爱国主义而已。

所有这一切修改历史的企图所面临的困难是它们在很大程度上是建立在局外人的假定基础之上的。举例说，谁也不能证明在农村消灭地主阶级可以通过逐渐进化而不经过暴力来实现。同样值得怀疑的是，如果没有党的控制，大规模增加人民群众识字的人数（据世界银行1978年统计为66%）和建立政治组织能够迅速地实现。

我们还得回到那一句老生常谈，中国共产党的革命总归要按照中国的特色进行。中共沿着一条同过去相连接的路线完成了重大的变革。总之它没有使中国变得更像苏联，或更像日本或美国，中国只不过参与了现代世界的技术变革进程罢了。中华人民共和国继承下来的经济，至少分成三大部分：第一是满洲，即1931年后在日本控制之下的地方，现在称为东北；第二是通商口岸城市，这里是外贸和现代工业发源地；第三是广大的农村，这里除铁路和轮船带来商业的便利之外，现代化影

338　伟大的中国革命

共产党实行公私合营。这是上海公私合营的第一天清晨。图为永安公司前的场景。

响还比较小。

中华人民共和国成立后,通货膨胀就开始受到控制,捐税的基础扩大了,政府的财政收入从1950年的

65亿元增长到1951年的133亿元。财政继续有赤字，发行公债可抵消40%赤字。公债不是用人民币计价，而是以商品单位计价，可以作为银行储蓄。南京政府的国库收入大约是国内总产值的5%到7%，中华人民共和国的经济产品缴税部分，1952年估计为经济产值的24%，1957年估计为30%。私营资本主义工业与国营合并之后使用了区别税率和信贷政策。1949年占到一半以上的私营部分，到1957年已降到1/5以下。但地方手工业仍然大部分为私营。

1953—1957年间实行的第一个五年计划，总的说来取得了很大的成功。国民收入平均增长率为8.9%。农业生产增长约3.8%，而全国人口只增加了2.4%。这可以同其他发展中国家作一比较，它们的国民收入平均增长率为2.5%。印度在20世纪50年代国民收入的增长率不到2%。另一个指标是，1950年中国人均寿命为36岁，到1957年为57岁。小学入学儿童比率由20.5%增长到50%。总的说来，城市工资大约增加了1/3，农民收入增加了1/5。

中华人民共和国的投资纪录和苏联的工业化期间差不多一样，虽然中国人均国民收入只占到苏联1928年人均收入的1/2到1/4。在采用苏联模式进行快速工业化，即以牺牲农业而进行重工业建设时，中共没有搞清楚一个事实，即在苏联，人口与资源的比例有利得多，而且苏联在革命前的工业也已经先进得多。中国将大约全部工业投资的半数都投在苏联帮助建设的156个项目中，这些项目都是大规模的，以资本为主的。156个苏联帮助建设的厂矿几乎全部都是重工业，并且设在内地，如武汉和包头，远离海岸和上海、天津等地。但是依赖苏联的援助是付了很高代价的。中华人民共和国在第一个五年计划中投资为25亿元，苏联的帮助是以借款的形式，每年拨给6000万元左右，全部都要偿还的。

苏联派到中国约10万名专家，中国派往苏联受训练的是28000人。这些苏联贷款总数约为中国工业总投资的4%左右。当然苏联在技术上比中国先进一步，但是整个说来，苏联的援助，价值上是有问题的。

所有这些因素，都使1958年第二个五年计划的筹划者们认为：重工业不应受到那么大的重视，而农业和轻工业应该得到较多的投资；农村情况改善了，对于城市的长期进步是很必要的。筹划者们还感觉到，大规模的工厂不如小规模的工厂在内地更有效益些。小的地方工厂，虽然技术上不那么先进，却可以利用当地的劳工和原料，减少运输费，并可推动内地的工业化。同时，筹划者们也想减少对苏联的依赖。最后还有一个事实促成他们改弦更张，这就是：农业集体化并没有明显地增加粮食和其他农产品的生产。不过1956年讨论过的第二个五年计划没有公布，因为它到1958年春季已被"大跃进"所压倒。

知识分子问题

在"大跃进"的背景中，与经济无大关系的另一个大问题是知识分子和教育问题。如果知识分子仍然遵循孔子模式的净谏，学生们在学校里仍然读那些经书和自由读物，革命怎么能成功呢？毛泽东没有受过很多自由教育，但是他知道他要的是什么——知识分子应拥护国家政权，教育要普及到农民群众中去并改造他们。因为在这个问题上，他最后终于遭受失败，所以我们停下来回顾一下中国的教育经验是必要的。

　　知识分子和国家政权的关系，无论在东方还是在西方，长期以来都是一个争执不休的问题。我们只要回忆一下西方经验是如何复杂和多种多样，就不难看出在中国情况同样是复杂和多样化。如果我们不能看出这一点来，那只不过由于我们的无知罢了。

　　常常有人说，在20世纪初和20世纪20年代，由于没有一个中央政权，军阀各据一方，倒为知识界提供了百花齐放的舞台。这种概括化的说法是不完整的，它忽视了一个事实，就是：20世纪把外国思想的重大刺激力带进了中国。中国过去不同朝代之间单纯的混乱，并不一定会产生新的创造性事物。1911年以前清朝的中央政权和1949年中共建立的中央政权这两者之间的政权空白期是对外国关于社会秩序的学说最为敏感和反应最为强烈的时期。坦率地讲，毛泽东的时代，是从两千多年的孔孟之道宣告破产过渡到接受进步、进化和社会达尔文主义，更加上狂热的民族主义和为救国而重新估价中国传统的激动人心的时代。事实上毛泽东思想是苏联影响登峰造极的一种表现。

　　中国社会结构的一个突出特征，就是学者与国家之间的密切关系。我在前面已讲过，这种密切的关系可以追溯到史前的商代政治实体。那时文字文化是统治者的一种特权，而文人学者是天生地或者依照传统同国家结合在一起的。如果看一看西方早期，我们就注意到腓尼基语的字母是沿着商务渠道传播开来，希腊和罗马文学中只有很小一部分是论及国家事务的。这又是一个中国"例外"的事例。一句话，20世纪的中国知识分子的根源可以追溯到"文"这个字的出现。它一开始就意味着"线条"或书写，文学、文化和文明。与"文"相对称的是"武"，就是武力或军事。因而"文人"就是有文化的人，而且是有良好修养的人。

中国过去在建立了强大的中央集权政府以后，文官差不多都是经过科举考试录取的因而都是经典学者或保守派。中国文学的伟大成就，是在接受现存的社会秩序和中央政权的这种"框架"中产生的。在中国没有像欧洲那样的寺院避难所，没有不同信仰的宗派冲突，也没有教堂同国家的分裂等造成的分歧。"读书致仕"大体上总是沿着官府的渠道；伟大的思想学派的倡导者如朱熹和王阳明，都有做官的经历。

在近代历史中有两件事可以说明这种情况。第一，19世纪的中国学者接受外国思想并开始改革的确很慢；第二，当旧秩序崩溃的时候，民族主义的精神是如此之强烈，以至于无论是改良派还是革命者，差不多都专心致力于"救国"，他们都仍然向往于国家。

这种向往，当然是有矛盾的，因为学者—官吏这个角色，总是两重性的——不仅要贯彻皇帝—行政的旨意，而且还要向统治者进言，在必要的时候还要在政策上劝诫他。学者知道应该怎么办，并有义务贡献出他的意见。知识和行为的统一，是被奉为金科玉律的。学者的知识应该最终变为行动，行动也应该影响到知识。当胡适和他的同事们在1919年主张学问和政治应该分家的时候，他们是真正的学者。但1931年以后，在日本开始进攻中国后,即使是他们,也做起政府顾问和行政官员来了。中国的伟大批评家鲁迅采取行动,发起建立左翼作家同盟。他鼓励批评和出版,都是为了社会秩序的进步和改善国家权力的运用,绝不是远离政治。

1949年中共取得政权伊始就大大感到思想改造的必要。从理论上讲,由革命战争过渡到管理新的政府,需要把战斗的行动转移到用说服的手段而不是用暴力去实现革命的目标。然而,毛曾经提出一个估计数字(完全没有对证过),即在20世纪50年代初期有80万人被处死,有些是国民党特务,有些是地主恶霸,有些是不可救药的党的专政的反对者。

思想改造问题这时受到极大的重视。在全国范围的运动中,某些坏的行为被笼统地揭露出来,然后对具体的个人就以较大规模的斗争方式加以打击。一个运动通常是全国都发动起来,再在一个个地方由积极分子加以升级。有时他们接受指示,必须完成多少被牺牲者数目的指标。公众斗争和羞辱性的集会都是大规模的。千百个参加旁听的人从会议中懂得了什么事是不能干的。

下一个问题是怎样改造教育,来造就忠于党的路线的学生。因为知识分子大部分是教师,于是整个教育系统都成为革命改造的领域。

当中共开始掌权的时候,中国教育继承下来的影响是极其庞杂的。帝制时代的书院和它们的思想潮流,前面已经提到过了。在1900年以后,在20世纪的第一个10年当中,来自日本的影响很大。这之后接着是中华民国头40年中,来自大西洋两岸的影响占优势。同时在20世纪20年代和30年代群众教育也有了开头。而中共在20世纪40年代做出了特殊贡献。

中国的教育政策，有三个明显不同的时期。第一个时期即旧式经典教育时期，到1905年以前曾经培养了一批士大夫。他们如同西方的牛津和剑桥大学毕业生一样，是知识渊博的行政官而不是技术专家。第二个时期到20世纪40年代末为止，西方自由式的教育培养了一批现代化的知识分子，一般人民则受了初等教育。第三个时期，即1949年以后，毛希望的是把教育政策的中心放在人民群众身上。所以他试着采取苏联的制度：培养意识形态健康的技术专家。但是实际的制度仍然是面向两个方向：一方面给全国人民一种现代教育和技能，另一方面是训练多学科的现代知识阶层，以取代旧式的儒生——士大夫行政官。但是，以中华人民共和国有限的资源，怎么能把现代的文化生活给予群众，而同时还要培养一批受过高级训练的知识分子呢？

1949年以后，中华人民共和国开始用极大力气模仿苏联教育制度。这种模式强调训练实用科目中的科学人员，特别是在自然科学方面。于是中共改组了基督教会大学和国立大学的文理科系统，取而代之的是创办了20个新的科技院校和26个新的工程研究所。在大约200个高等教育机构中，只有13个是有文理学科的综合性大学。中华人民共和国早期的这一改组结果，使绝大部分学生转入技术科学，而放弃了原来的人文课程。

原来那些课程训练出来的毕业生，有很多政治概念，而很少懂得技术，特别是政治学系和经济学系的居多。换句话说，这个转变主要是使高等教育从培养政府高级官员转移到培训技术人员。中共当然有它自己的吸收行政管理人员的渠道。这里可以看出切断一般文化教育和国家政策之间联系的企图。

苏联模式也改变了提供教学方案、资料和教科书的制度，以适应由中央统一制定各种专业训练培养计划的需要。1952年11月成立了一个苏联式的高等教育部。各种俄文的专科教科书都找了来，大量译成中文。全国出版书籍的1/3以上都是这些书。英语作为第二语言的地位被俄语取代。五级分制度和口试制度都采用苏联方法。

这样一来，国民党时期继承下来的东西和边区继续下来的东西同苏联的影响都混杂起来了，以致留下很多没有解决的问题。例如，那些受过高级训练的西方留学生，现在担任大学教授都得重新适应在共产主义指导下进行教课。20世纪50年代实行的思想改造，首要的对象就是大学教授。可是事实依然是事实——教学人员总的说来还没有掌握共产主义观点和方法。他们是民主社会主义者，而不是极权主义的共产主义者。尽管有了思想改造的经验和做了许多主观的努力吸收革命的新原则，旧有的教职员在他们的专业上还是碰到许多关于标准、进度的问题。中共刻不容缓地要在工农群众中培养出知识分子来，但是教授们发现最好的学生还是来自受过教育的家庭，仅仅上过几年学的工农毕业生不能承担大学的工作。中共政权极力在农村鼓励开办民办学校，但是事实证明它们不可能成为通向大专院校高级教育的管道。因为指导民众教育的只能是些受教育不多的共产党员，他们怎么也无法达到大学的水平。

主要的问题是：中国的高等教育制度培养的学生始

终数量上很有限。一个4亿人口的国家在1949年以前只培养了大约185000名大专毕业生。由于在那以后人口急剧增长，受高等教育人员在比例上不可能改善。这样，大专毕业生占全国人口大约不过1‰。怎么能希望这样少的有训练的干部创造一个现代国家？在1950年以后，每个农村设立一个学校的计划，只好放弃。不能考上大学的多余的中学毕业生增加太多了，没有足够的适合于他们身份的职业位置，这使知识分子灰心丧气。

总之，中国现在还忍受着由来已久的体力劳动群众和脑力劳动的统治阶级的分离。高中毕业生不愿做"白领工人"，总觉得丢人。1956年大学中1/3的学生是工农出身。教育中的革命是开始了，但是还远远不完全，不成功。再加上苏联模式的发展带来的经济上的缺陷，这就造成一种形势，即不能不采取新的措施去争取知识分子更积极的支持。

毛的基本观点是知识分子的工作对革命是不可缺少的，"我们不能没有他们而干下去"。1956年春天的局势是：农民正在和工人们合为一体，都变成了共产党员，这同样也适用于知识分子。阶级斗争正在消失，这是邓小平的观点，他是毛的最忠实的拥护者之一，当时任中共总书记。事实表明，1956年初，毛是相信知识分子的。他们毫无疑义是专家，他们的世界观也是"红"的（即又红又专）。

在知识分子和教育界中，1956—1957年间的"百花齐放"运动开始了新的一页。这个名词是从"百花齐放、百家争鸣"这句话中引来的。由于整个工作条件有所改善（人们有较多的业余时间接触较多的外国出版物,有了较多的创作余地),从1956年5月起知识分子受到鼓励,可以对那些高高在上的老爷式的干部提出批评。毛估计在最多不过500万知识分子,即高中以上毕业生中,敌视马克思主义的人不会超过3%。所以对于党的官僚主义作风和方法进行"百花齐放"式的批评是有益的,可以代表一种"非对抗性"的矛盾。在对共产主义制度忠诚的范围内,是可以争辩是非的。

当然,中国知识分子很懂得,如果把脖子伸长出去,就会丢掉你的脑袋。但是1957年5月中共要进行的是整顿官僚主义作风的运动。当干部们是攻击的目标时,受过他们的气的知识分子就畅所欲言起来。到1957年5月,他们很快地把批评升级,对中共政权也批评起来——对它的基本主张、工作作风、学说和实践,等等——都攻击起来,而且攻击是如此之激烈,以致"百花齐放"运动搞了五个星期就不得不结束了。

反右运动

到1957年夏天,知识分子对中共政权发了相当多的牢骚以后,毛就把阶级斗争的矛头转移到那些不服管束的知识分子身上,使他们成为反右的对象。换句话说,既然矛盾作为历史的动力而存在,它们没有成为对抗性的之前,是可以不必导致阶级斗争的。整风运动之所以必要,是因为很多中共官僚主义者过分懈怠,谋取私利。有些人和不可靠的知识分子发生联系,而且很多知识分子在内心里不肯变成"红色"的。知识分子既然在"百花齐放"运动中表明他们的忠诚是可疑的,毛即认为必须培养出新的一代人。因为有好的无产阶级的出身，就应该培养得出切切实实忠于党的知识分子。当表现成绩和阶级出身两者之间发生矛盾时，他认为必须把重点放在后者（阶级成分）上。他警告知识分子说，你们都不过是无产阶级和劳动人民雇用来教导子女的，不能有和党离心离德的自己的思想。

从1957年以后，毛认为知识分子无非是一些舞文弄墨的人，并且对他们怀有一些恐惧，认为都是他不能加以控制的人。这种反应，导致他发表了许多言论，什么知识分子是最无知的人，什么一切伟大的知识成就都出于比较没有受过教育的青年之手，什么"崇拜技艺是一种拜物教"，等等。这样，他就倒退回去，退到他所出身的老根——中国农村，认为那里才是智慧的源泉和未来的希望。

过去皇帝也有时放开言路，任人讲话，但他们得到的往往超出他所希望的。毛和他的同事们受到震惊而幻想破灭。当他们很快地报复，把知识分子，包括许多共产党员，当作反右运动的对象时，大约40万到70万人——大都是比较有才能的人——统统被撤掉职务，给他们贴上灾难性的"右派分子"标签，定为人民的敌人。其结果等于砍了中国的头，使中国最精贵稀少的人才丧失了活力。就是在这样的谴责和反知识主义气氛中，"大跃进"开始了。

一个革命的历史，总是充满这样或那样强烈和突然的变动造成的牺牲者数目字。但要用数字去确认某一个形势是困难的。因此现在让我粗枝大叶地介绍一下我自己熟知的三个人的情况，以见一斑。

第一个是一位政治学教授钱端升。他是哈佛大学授予哲学博士学位的。20世纪30年代,他是一个对国民党和其他反动事物发表很多批评言论的人。他曾任国民参政会(为缓和当时自由派情绪而设置的没有实权的机构)的参政员,可见他的学术和政治身份。他任西南联合大学教授时曾领导学生运动,批判当时重庆国民党政府利用警察特务镇压知识界。他以微薄的薪俸,在田舍茅屋里度过抗日战争的年月。1948年,他回到哈佛著书一年。1949年他回到中国时,他预感国民党会在走向失败的最后一刻钟将他杀死在血泊中。不料中共却把他作为统一战线的一部分,欢迎他重新建设中国。不久他再三参加代表团访问外国,代表新中国发言,并被任命为培训行政官吏的政法学院院长。这时他随着时间的进展,发现他不过是一个傀儡,学院的权力实际掌握在两个中共的行政管理者手里。他们都不懂业务,更不懂外面世界的情况。当"百花齐放"运动开始后,他批评了非知识分子管学院工作,立刻就在1957年被划为右派分子。此后22年他都被置于无用之地,事实上被软禁起来,虽然他有一个可以晒晒太阳的北京四合院。最后在1979年他才得到平反,但已是80岁高龄,不能再培训中国需要的新一代国际关系学术专家了。

另外一个例证是一个有才能的新闻记者刘尊棋,也是我熟悉的。他在第二次世界大战期间曾任美国新闻处中文部主任。他看来似乎没有中共党的关系,但他的情绪是中国自由主义者的情绪。他集结了一批有才能的人作为同事。1931年他在大学中参加过中国共产党,后曾被国民党拘禁坐牢。以后曾以非党干部身份在"自由中国"从事新闻工作,逐渐著名起来。但是他专心致力支持中共使中国得到解放。1957年他被认为和外国亲善，并曾与国民党过于接近而受到攻击。这以后20年他在监禁中度过，无所作为。他在20世纪70年代后期得到平反，有一个时期被任命为英文《中国日报》总编辑，在北京开创了西方式的日报。

第三个人是一个年轻的女子杨刚，她是燕京大学英国文学系的毕业生，1935年参加学生运动，成为一个反对国民党绥靖日本侵略政策的左派分子。她参加了中共但做外围工作。她决心用文学唤醒中国群众。在第二次世界大战期间她是重庆的一家大报的文艺版编辑，受到该报社长（国民党政学系人物）的庇护。她的特长是在各省旅行采访，报道当地情况和人民的情绪，好使重庆当局知道。革命成功后，她被提升为北京《人民日报》的副总编辑。1957年"反右"运动开始后，她因为1946—1947年曾在美国一年并且在一个被查禁的杂志上发表过自由言论而忽然受到攻击。在这个打击下，她的信心显然被粉碎，于是自杀死了。

毫无疑问，被中共安排在国民党中国管辖下表面上以自由主义者身份工作的干部，是能够鼓舞自由主义情绪的。革命的理想是解放人民，不是控制人民。然而这些理想主义者在革命成功后都受了罪。

在成千成万这类事例中，我们看到革命开始吞噬革命者了。到1957年，一群新人开始掌权。他们出身于农民行列，受教育不多，对外面世界无知，满脑子排外和反对知识分子思想。

要试图理解这个冷酷无情的历史故事，一种方法是把它看成一种阶级斗争，即代表群众的新上台的人和那些曾参加过统一战线并贡献过高级技能的现代化的统治阶级的残余这两者之间的阶级斗争。千百年积累下来的农民的态度,不是充满善意和宽宏大量的。相反,倒是有一种报复性的、反对知识分子的情绪,似乎表达了一种世代积累下来对少数上等人的仇视。中共党内新上台的统治者看不起学问,对中国现代化问题一知半解,他们是有极大的破坏能量的。总而言之,中国的政治生活由于包容了农民,就被拉下到严峻和无知的农民水平。这是社会变革的一种代价,在其他革命中也都发生过的。

第16章

大跃进及其后果

大跃进及其后果

1958—1960年的大跃进,这场国家的灾难,是直接由毛主席造成的。最后大约2000万人到3000万人由于缺乏营养和灾荒而丧生。从死亡人数的统计来计算,这是人类最大灾难之一。究竟什么事搞错了呢?

稍为反思一下就可看出,大跃进不是一个偶然事件,而是一种模式的一部分。中华人民共和国开始的八年间,给予外面世界的印象是比较活泼和有条不紊的,这是同后来的年代比较地说。这种有条不紊,一部分可归因于领导的团结。

背景因素

在大跃进的背景中,我们可以看到几种因素和一系列因果关系,而不能确定它们各自产生了什么影响。有一个表面的观察可以先说说:中国共产党成立以后头10年左右,革命活动大部分是按照苏联模式、由共产国际的顾问们控制的。只有到20世纪30年代和40年代,马克思列宁主义的中国化才导致毛领导下的民族共产主义运动的发生。多少有些相似之处的是,中华人民共和国自1949年开始的八年中,又回到苏联的模式。不过,这次是在经济发展领域,就是中共领导人经验相对较少的领域。到了1958年,中共在毛领导之下拿出了自己的一套发展经济的办法,就是搞大跃进。这一个比较,虽然很是一般化,却表现出中共在把马克思列宁主义应用于中国的农村问题方面,开始似乎还成功,但用于中国的工业化道路上,则似乎比较困难了。中共在农村工作经验中实行的社会政治战略,运用到城市来,就不一定都合适了。

如果不回过头看看中国历史传统的某些方面以及20世纪50年代的情势，我们就不能理解大跃进。在中国历史中有一个传统，就是国家当局对农村居民是无条件控制的，例如，习惯上5户10户人家组在一起，成为"保甲"，直到1000户人家都登记在一块，相互监督保证。同样，为了工役和纳税，农户也以"保甲"制度组织起来，实行互相担保。从很古老时代起，皇帝就用这种办法在农村征集劳工，进行公共工程。总之统治阶级一面向农民征税，一面告诉他们干些什么。

社会被分为统治者与被统治者，经理人员与生产者，这种分化，现在可以由现代国家比过去任何时代更加紧密地、更完整地利用起来。毛和中共已继承绘制蓝图的工艺师角色，他们能够制定计划并追求一定的结果。他们运用延安时代已经运用的说服办法，制定斯大林式的指令经济，并且命令周围的农民照章办事。

但是，一切中央的命令必须由地方当局付诸实行。中国传统的一部分是：地方官员的士气，他们对中央的忠诚，是决定成果的关键因素。地方的中共积极分子和干部，现在一般说来已经取得帝制时代下级绅士的领导地位。他们仍然可以采用旧式官僚习气，用报告请示办法把事情向上级推，直到得到批准为止，而不切实地为人民服务。当然，当时比较提倡平等待人，提倡用谦虚的语调讲话。可是整个的模式一望可知，存在着一种地方管理阶层，只管发号施令，叫群众执行。地方人民代表会议在表面上看起来倒也冠冕堂皇，但是像其他极权主义国家一样，它们是不是有效能的权力机构，人们不能不怀疑。

当士气高涨的时候，地方当局都会竞相向上级报告说他们执行中央的指示如何如何之好。除了过度乐观主义的虚伪汇报之外，他们还会强迫命令要求下面报结果。当1955—1956年农业集体化实行得比预料的快得很多时，它至少在名义上使农村人口形成一种新的经济组织形式，土地和所有生产工具都实行公有，产品都由国家统一分配。但是成立农业生产合作社速度之快，至少一部分是纸上谈兵，有名无实。这些以政治起家的党的干部，为了显示他们爱国情绪的高涨或者表现他们是多么尽忠职守而向上汇报成绩。但是后来的事实表明，很多农业生产合作社成立得太快了，并没有能够像他们吹嘘的那样实际工作起来。

在这种情势下，还有另一延续下来的因素，就是中国农民的顺从性。他们特别驯顺地接受当局的命令，因为他们的和平、安宁和生活一切都依靠当局。此外，在20世纪50年代初期，中共和中国人民群众仍然觉得，大家都为了建设中国的共同事业而团结一致，所以中共领导的幻想很容易为群众所接受。人民信任毛主席，仅这一点就立刻为乌托邦主义和幻想打开了门户，因为大部分从农民积极分子中抽调上来的党的干部，狂热地紧跟领袖前进，并带动群众一起走。这样，地方上对国家和党的当局的服从心，加上对毛泽东的个人崇拜，就产生了群众性的歇斯底里。人民放弃历来的习惯，工作起来24小时不停地"连轴转"，几乎像无政府主义者一样为追求自由而抛弃了一切束缚。

毛和大跃进

大跃进开始时，中共中央委员会有个决议，认为斯大林模式的工业发展速度不适宜于中国的情况。首先，同20世纪20年代的俄国相比，中国人口在1950年是其四倍，而生活水平却只是其一半。尽管农业生产合作社已普遍建立，农产品却没有显著增长。当时的农业生产水平，既不足以投资于工业化，也不能发展对外贸易来买机器和养活日趋膨胀的城市人口。

经济学家提出的解决这个问题的办法不是大跃进，而是削减重工业方面的投资比率（当时占到了48%），把一些投资放到轻工业上去，增加消费品的生产。增加了消费品的供应，可以转过来增进农民生产的积极性，给他们提供一种物质刺激。这样做的话，中央政府各部门也可以起较大的作用，就要讲究业务能力，不能单靠狂热精神。这样的效果等于进行农业革命，这本来是许多经济不发达国家必经的道路。

这种缓慢的主张不能适应毛泽东的思想结构。他说服了他的同事们，农村的问题好办，只要大规模地组织劳动力就可以多多生产。推动力可以来自革命的决心，中国共产党领导的成功就是从这种决心产生的。可以许诺经济上的改善，但是个人劳动的物质刺激只能减少，不能增加，要用提高思想觉悟和自我牺牲精神来代替。这里就包含了对于农民心理极大的而且不可靠的推测了。

造成灾难的一个很明显的原因，就是那种浪漫主义的想法，以为把人民巧妙地组织起来，便能增加生产力，精神比经济因素对生产更有效力，人们只要把劳动力结合起来，就能生产得更多些。对于一些曾经克服过看起来无法克服的阻力而取得中国中央政权的领导人来说，用长征的精神猛烈地攻破经济问题，便会取得空前的奇迹，那是有道理的。大跃进的最主要妄想，就是认为社会政治动员可以解决经济问题。换句话说，大量地使用人的劳动力，就能改进经济形势。

不错，人的劳动力用在开挖建造运河、截住河流、利用水力灌溉农田方面当然是可以取得成果的。至今中国农村还可以到处看得见1958—1959年靠人工挖的湖泊和水渠。你只要在一块新工地沿着一条人工开凿的石头隧道走上一里多路，就可以看见当年为了让泉水浸灌土壤而汲干的工程，那就是大跃进中大量运用人的劳力的成就。但这一切同改进了的技能和资本设备相比，能增加多少个人平均生产力呢？别的不说，劳力的动员也应当慎重精密地计算和组织才可以达到经济目的。

当中共领导发动大跃进时，似乎有几种因素促使他们有那么多不切实际的想法。一个因素是延安时代经历过的平均主义理想。中国革命中的平均主义是一个模棱两可的名词。它可以意味着提高受苦的人和降低享受的人的生活，简单地达到极权主义控制的目标。但是从历史上看，它也可以代表打破社会上统治阶级与平民间差距的一种努力。这样，大跃进的原始想法就是把知识分子拉下一等。他们没有参加中共的长期战斗的经历，没有他们也无所谓。有人早就宣称过，书本是无用之物，专门知识不是必要的东西，每个人都可以自己成为专家，中国人民能够解决他们自己的问题。这对于新解放的农民来说，是很听得进去的。

大跃进也被它的同义语从根本上歪曲了。毛不喜欢官僚主义的集中，而喜欢经济的分散，甚至于撤销了中央统计局。这样干的结果使领导可以因好大喜功的地方管理人员异想天开的夸大报告而盲目乐观。他们很快对于实际发生了什么事就懵然不知了。感情用事，任意取舍，到了无以复加的地步。分散主义的想法达到如此地步，以至于一个地区种什么农作物比较有利都不顾了。有些省份试图钢铁自给自足，在家庭后院里建造起高炉。另外一个分散主义做法是把人民公社办成完全自给自足、样样都管的行政机构，不但监督大队的生产活动，并且监督下面生产队的活动。人民公社自从1958年一开始，就处理地方的财政和投资、健康卫生、文化生活以及农村生活的所有方面。

分散主义的另一说法，是地方干部在中央决定之下时刻都在活动，他们欢迎每一个动员群众从事新方案的机会。大跃进大大提高了党作为社会领袖的重要性，而降低了中央政府各部的作用。政治的结果是给意识形态上狂热的群众组织者以活动的机会。大跃进企图利用群众动员来达到中国模式的经济发展，这就使中央很难驾驭地方积极分子，叫他们回到中央决定的有秩序的程序上去，而经济管理所需要的，正是有秩序的程序。

导致大跃进的一切因素中，作用最大的是对毛主席的个人崇拜。从后来的文化大革命来判断，人们只能得出一个结论，即他的重大优点，正是他的重大弱点。从1920年起，他以其毕生精力，用一言一行来进行对现行程序的变革。在1949年以前，他的斗争目标在历史上很清楚的；但是从那时以后，他继续以中国社会中的现成人群为目标，以至于后来与走入歧途的苏联分道扬镳。毛泽东采取革命方式的主要动因，是动员群众并镇压过去管理过群众的知识分子。他一次又一次地证明，坚定的意志和群众的振奋，能够完成多么大的业绩。当他发觉1958年大跃进发生困难时，他就又采取了一个屡试不爽的办法，即延安式的群众运动。

  各种运动在中华人民共和国究竟怎样像一个乐队似的演奏起来的？这一问题至今还没清晰地论证过。但我们不需要用很丰富的想象力就可以断定，除了中共控制的新闻传播媒介外，毛还有他个人的秘密通讯网。在形式上，下一步举动总是由"群众"自发首创，而毛和中央委员会则以"群众路线"方式加以响应。事实上我们可以认定，真正的"自发性"来自毛本人和中共，实际上就是他们发动和指导它进入公共环境并使它变为新闻的。这在美国也可以做到，如果新闻媒介是在中央控制之下的话。

  1958年末的大跃进中，整排乃至整连的农民扛着他们的锄头和土筐，举着旗子打鼓排队走进庄稼地，就像要对势不两立的敌军作战一样。动员的方式包括创立人民公社，其组织规模之大就像一个中心市场一样。如我在前面所指出，保健、教育、大规模生产等现代化方式带来的好处要通过集中和全盘计划来平均分配。村庄现在叫作生产队，若干生产队构成一个生产大队，它们都是一个人民公社的各个部分。

  如果不承认毛主席把农民从文盲、疾病、营养不良以及散漫不团结之类缺陷中解放出来的决心，那是很

360　伟大的中国革命

三位姑娘摆着姿势坐在未收割的稻穗上，宣扬亩产12万斤的神话。摄于天津市东郊区新立人民公社。

不公正的。毛在这方面的理想主义，是和世界上最伟大革命者的乌托邦目标不谋而合的。当毛认为普通男人和女人都可以由无私的、为社会服务的理想，而不是由利己的物质刺激激发起来时，大跃进一度似乎是表现出来

大跃进及其后果

大跃进的墙头宣传壁画。上面写着"一个萝卜千斤重,两个毛驴拉不动",人与萝卜形成绝妙的对比。

了。人的天性是可以转换到为更高级社会层次服务的。总之,将群众动员作为中国社会的、甚至物质的改造方法,对于毛泽东来说是很自然的。

大跃进的结果

任意追求一种理想的结果而导致如此重大的灾难性后果,在历史上是很少有的。1958年农业收成不错,1959年气候却不大理想。想在田地里取得革命胜利的农民收获不到多少粮食,可是各省各地来的报告加在一起,却说农业生产大丰收,超过产量一倍以上。结果是政府继续征收高额粮食，虽然实际上生产是在下降。这就导致了创纪录的人为饥馑。

1959年初大跃进一度后退了一步，但是这个后退却因有人对毛的路线提出反对意见而立刻被阻止住了。1959年6月，在长江下游的避暑胜地庐山开了一个重要会议。中国人民解放军的十大元帅之一、延安和朝鲜战争中任最高军事指挥官之一的彭德怀（自井冈山开始与毛共事30年），试着向毛报告了农民生活恶化的实际情况。毛认为这是对他个人的攻击，将彭撤职。大跃进的支持者和他们的领袖毛主席坚持继续大跃进，以此为报复。在1959年庐山会议后，又发动了一次以批评大跃进的人为对象的反右倾运动。这一下转过来又发动了大跃进，从而变本加厉地加重了灾难性的后果。大跃进时，党的机构中出身于农村的管理干部继续反对中央各部行政干部的技术和经济观点。大跃进运动这一延长，导致了重工业和消费品轻工业生产的进一步下降。19世纪70年代，西北地区因为连续三年没有降雨发生了大灾荒，那里当时既无铁路也没有水运，路边到处都可以看到死尸。1959—1960年期间由于组织工作做得好，灾区死尸是看不见了。但是由于口粮太少，营养不足，成百万人患病。当统计数字出来后，死亡人数非同寻常就可看出来了。直到1960年才终于知道，很多农民都饿得要死，物资供应极度匮乏。中国的经济已经滑入泥潭，毛主席也掩盖不住他的缺点了。他甚至不得不承认，他几乎不懂得一点经济学。大跃进以毛制造的灾难而终结。

同经济的灾难相伴而来的，是政治上发生了不妙的转折。在这以前，中共的政治局领导每隔几个星期或几个月总要在国内某一地点开会，讨论重大问题，做出政策决定。这种制度的好处是不同的意见可以大胆提出，激烈争论，但一经决定，大家就跟着干。但是这一次毛把彭德怀的建议列为对他本人的非法攻击。当时来说，毛是胜利了，但这是代价极高的一种胜利。它打开了宗派斗争的大门，而封锁了关于政策的坦诚的讨论。毛对于彭的谴责，破坏了党的领导的团结。开始时几乎每个人都沿着大跃进的战略前进，但是大跃进的失败证明了毛的失败，并且破坏了领导人之间的团结一致。

　　毛和彭的争执还有一个关于人民解放军的建设问题。彭希望人民解放军技术上建设得更精干些，像苏联的红军那样，而毛则相反，想用原子弹来代替游击战，而不是建设苏联模式的现代化军队。

　　我们在集中谈论作为领袖的毛主席时，并没有能够表达全国人民狂热的自我牺牲和极其狂热的气氛。农民们打破了他们自己的工作习惯，一天24小时的"连轴转"。当地负责的干部则仍旧一贯地向上汇报完全不真实的生产数字，而毛的同事如经济学家陈云和总理周恩来则没有办法来阻止狂热的势头。后院里的高炉，本来是想把工业生产提高起来的，却只看见从家家户户收来的锅碗瓢盆，炼成的钢铁完全没有使用价值。

　　这个时期最大的错误是除了拒不承认1959年的现实外，还从农业中取得资金来发展工业，同时还用农产品向苏联偿还债款。结果是正当大批劳动力应征从事公共工程，加上天气不好，农民收成无多时，国家征粮数量反倒有增无减。结果是有些地方农民留下的粮食只够他们平时需用的半数，甚至1/5。

这个灾难的程度，除了没有受到领导承认之外，还被另外一件事实所掩盖，就是城市人口的口粮照发和工业建设还在照旧进行，因此外界的人看不到农村灾难的真相。然而到头来的事实终于逃不出人们的耳目。敲锣打鼓，举着旗子游行，加上公共食堂和家庭妇女也和男子一样出工，结果都像是走进了一条死胡同。实在说，中国通向社会主义的道路到了悬崖绝壁。20世纪60年代采用比较理智的政策，用了好几年时间才使人民的生活恢复到1957年的水平。

毛的动机

现在回顾一下似乎令人无法相信，毛这样一个以了解农民而自豪的人，却会把这么多人引向灾难。也许我们可以得出结论，大跃进证明了延安的领导者缺乏对经济的了解，证明了按中国的老规矩办事，即盲目地顺从当局会出事，因为后者是可以自以为是、为所欲为的。同时它也表示了革命的狂热可以使领导者和被领导者都丧失常识。

历史的比较可以说明，毛泽东并不比过去许多自以为接受了半神圣的天命的皇帝更加偏执。沿着这一条思路来看，毛的偏执倾向的增长，可从1957年算起。那时他就把那么多知识分子和似乎不大接受他的领导和幻想的党的干部"打入另册"。从那时起，他已经不像过去那样置身于战斗之外保持中立了。他变成了一个在他自己所控制或排斥的狭小场地中从事战斗的一员。这是不是由于人过花甲之后发生过早衰老之故，固然不能断言，但他从这时开始认为自己是智慧和权力的源泉了。

在这位巍巍巨擘的心目当中，中国的共产主义革命比起苏联模式和它的陈旧的修正主义倾向是更为优越的。他已经走到和他的亲密战友分手的地步，那么和苏联分道扬镳也不过再多走一步罢了。这个结果就是一种意识形态的"国产化"，也就是毛强调的，由中国的悠久历史而产生的文化遗产比苏联的教导和模式更加重要。这样，他就以他自己来代表民族共产主义精神，这种精神是民族的，更甚于共产主义的。到了1960年，中共同苏共的分裂就表面化了。这个问题十分复杂，我们还要在下面另行讨论。

有两件事在大跃进之后接踵而来。一是刘少奇、邓小平等政治局领导派人下去，根据对事实的估价制订发展计划。在1961—1962年，终于产生了关于人民公社、工业、科学、财政、文学、艺术以及商业等项工作的报告。这些由党的领导干部分别率领的工作组制定的政策报告，等于是经济整顿的方案。一般来说，这些方案是按照陈云的长期性建议制定的。陈云是中共最高领导层的第五号人物，是一个经济行政管理的专家。在这些整顿方案中，刘和邓都是赞成"个人承包"制的，它对农业生产可以有刺激力。毛则竭力地号召"阶级斗争"以对抗刘、邓的倾向。这时候就开始了后来叫作"两条战线"的斗争：一方面是刘、邓和其他一些站在管理专家一边的人们，另一方面是毛和支持他的那些带有浪漫主义色彩的、用农民动员办法来解决中国问题的人们。

毛打击彭德怀元帅的结果之一，是林彪元帅继彭出任国防部长。林是一个干练的战术家，他现在升到统帅地位，极力推行军队的政治化。林彪把毛主席的语录编成一本"小红书"，作为推动他拥戴毛的活动的一部分，同时也用以证明他在这场争论中是站在毛的一边的。不久，他废除了军官的肩章，并恢复了政委制，这样就把彭德怀代表的"职业军人"制度降了级。紧接着就发动了一个"学习人民解放军"的运动，好像这样就可以把军队的政治化模式推广到整个社会。这当然就打破了中共以前规定的军人处于从属地位的传统。

长话短说，毛泽东在大跃进中已经丢了不少面子。甚至于在这以前，他就已经提出在决定政策时坐在后排椅子上，让刘少奇做国家主席，自己居于"第二线"地位。为什么毛破坏他自己建立起来的党，并且危害整个革命？这是一个很复杂的问题，必须从几个方面来分析。

首先，毛对于城市官僚主义的反感，表现在他的一个信念，即农民必须是中国革命的主要受惠者。他的长期经验使他深深懂得妨碍农民过好生活的是些什么东西。不过，毛在掌权以后，对于使他们（农民）获得彻底解放的理想，则不得不让位于另一种努力，即在中共领导和控制下建设起国家的财富和权力。

但是，在这种努力进行的过程中，毛忧心忡忡地看到中央政府机关和各级官吏层无可避免地纷纷建立起来，那种情景跟帝制时代设官封职差不多。他担心旧时代统治阶级恣意控制农村百姓的时代又将出现。从个人特权不可抑制的趋势和新的统治阶级的腐化现象看来，要证明他的想法是错误的并不容易。

20世纪60年代初期使毛惴惴不安而且忧心忡忡的

是国家现有各种机构对于他的业绩和政策广泛地并且层出不穷地表现出否定或抹杀的态度。在一个以理想的和谐与团结为基础的国家，各派领导人不能够直接指名道姓地互相攻击。旧时代中国官僚采用的老办法是对准他们的外围人员指桑骂槐。可是中国知识分子的自由派残余人物一般都被打成右派分子而被清除，他们的位子如编辑、作家、新闻记者以及知识分子组织者，多被比较年轻的一代知识分子所补充。他们和一些政治派系领导人结合起来，也会用社论、杂文、评论、剧本以及其他文艺作品表明他们的态度。20世纪60年代初期一群有才华的知识分子就使用伊索寓言式的文体，写出间接的讽刺或历史故事，对大跃进的失误和毛的群众动员策略加以批评。有的人甚至更进一步对毛在1942年讲话中的主张——一切文学应该直接服务于革命——提出疑问。这些批评性的意见多半在北京发表，在那里主持工作的是北京市党委书记彭真。

最后，毛担心中国的人民革命会走上邪道去，这种担心部分是由于看到苏联变质而产生的。他憎恶赫鲁晓夫作为苏联领导人那种高压作风，他俩不久便成为敌人。他看到苏联已在变成修正主义，就是说已经从对人民的普遍关心蜕化下去，而一个新的、以城市为中心的、技术上受过教育、在强大的秘密警察保护下的享有特权的统治阶级成长起来了。以我们西方一般对苏联共产党专政的评价来看，不能说毛的这种对苏联不信任的看法是错误的。不管怎么说，他的个人动机是想使和他看法相同的支持者重新掌握中华人民共和国的权力。

不幸的事实是，毛一着手树立一个帮派来反对他认为领导着经济恢复工作的修正主义,他就显示出一个政治家所有的才能和手法。在1962—1965年重新划分阵营期间,毛把他的附和者统统集合起来。

两条路线斗争和教育

毛先试着领导一个对农村党员干部的整风运动。这样做可以使毛创造一个灵活的临时机构网,而且在1963年的社会主义教育运动中可以有两条战线的战场。这时候是刘少奇做国家主席,邓小平做党的总书记。双方都不能不同意党在人民中间丧失了很大威信,腐化已经出现,士气低落。双方意见不同的是:进行这个整风,是用一种新的群众运动在农村基层搞呢,还是限于党内。

1964年中共发动了一个在农村干部中整风的群众运动。事实上,各村生产管理委员会中的主席、书记、会计、仓库管理员等很快都开始在他们原来出身的农民头上耍威风、摆架子。他们已经习惯于揩油、占便宜、施小恩小惠、少做些重劳动、任意发号施令,自己则过得好些。搞"四清"就是针对那些作风上变成剥削者的干部而来的。

中共为了铲除这些弊病,采用的办法是派外来的工作队去纠正当地干部的歪风。这在程序上有点像最初土改时反对地主、恶霸、土豪的样子。工作队先在村里住几个星期,访贫问苦,跟贫困户拉好关系,收集对当地干部的怨恨和证据,然后用无止境的盘问、逼供收集群众斗争会上的材料。这都是和反对知识分子和官僚主义者的斗争一样的形式。它在很大程度上已经变成中共操纵的农民参加政治生活的主要方式。这些农民已经不是旧日行刑现场的消极旁观者,现在他们已变成当局指定的斗争对象的吵吵嚷嚷的控诉者了。

党的官员们对于毛又要搞一次群众运动来整风不大起劲。毛失望之余,在1965年就开始向党外寻找一种整风办法。

同时,毛想解放中国农民并通过教育使他们成为有知识的公民——这种理想,西方自由派改革家是很容易接受的——这一希望也受到挫折。教育向来是尊崇孔孟之道的人主要关心的事情。大跃进面对着一个双重问题:怎样按照新的安排使普通人都能受到教育,同时还继续通过现有的中学和大专院校制度培养必需的人才。新的努力集中于创办延安时期实行过的"民办"半工半读学校,于是成百上千的半工半读中学到处成立,学制则改变美国式的12年制,缩短为苏联式的10年一贯制。为了使普通民众就学,不得不简化教学内容,因此教科书必须重新编写。编写人员短缺,专科教材因没有人写而简直没办法找到。把欢呼口号的农民现炒现卖地变成"科学家"去充当技术员,证明是没有效益的。不管怎样,半工半读学校总不如正规的学校。

这个显而易见的事实给半工半读学校造成一个坏的名声。人们把它看成青年上进的一条次等的渠道。农民家庭很快就看出,他们的孩子们要上进到较高的阶层,还得通过正规的学校制度。进半工半读学校只能取得一个受过教育的农民身份,所以他们宁肯让他们的孩子留在家种地干活,也不愿让他进半工半读中学。

正规制度的教育家们,看到正规学校不得不降低规格容纳那些资格较差的半工半读学生，就采取了一种特殊办法，即培养程度较高的学生来保持较高的标准。这种办法以前在延安是用过的，就是办"重点"学校，把最好的学生、教师、设备集中起来。全国大学统一考试恢复之后立刻可以看出，高中毕业生考上大学的比率高，其中重点学校的毕业生都得高分数，而半工半读学校的毕业生都得低分数。不但如此，半工半读学校学生大部分是工农子弟，政治上的积极分子或革命干部家庭出身的学生在中学里也占统治地位。但是重点学校里的高才生，往往是旧知识分子的孩子，他们多有"家学渊源"。

作为一种社会工程，教育改革和大跃进时期的各种新做法，直接冲击了上层阶级和普通民众之间旧有的分野。毛的教导"不要忘记阶级斗争"使知识分子的孩子们处于不利地位。结果是阶级出身不好的学生往往受到处分，或者甚至为现行制度所摒弃。可是大学考试制度还和过去按分数录取是一样的。结果是到20世纪60年代中期，中国的新的教育制度变成双轨制度，高分数的学生仍然走向上层。通过教育来改变中国的阶级结构是不可能的。

另一方面，高才生的选拔使大多数青年感到失落和不满。到20世纪60年代中期，由于国家财政紧张以及担心毕业生过多，安排不了就业，接受高等教育的人数受到了限制，而城市里失业人数继续增长，劳动市场也越来越不安定。除技术工人工资较高，位置比较稳定外，大多数人则没有工作保障。中国社会乃至中华人民共和国内大部分人都处于紧张状态。

中苏分裂

回顾25年前的1960年，那时我们似乎已经看到中国人和俄国人要分道扬镳了。事实上尽管美国需要越过太平洋，但她同中国的接触却比俄国人经过西伯利亚和蒙古施加影响要广泛而且持久。俄罗斯东正教没有办大学教授中国学生。中国上层阶级的第二语言是英文而不是俄文。中国和俄国的往来曾经要凭借共产主义运动和中国派到莫斯科学习的几千名学生，而前者的影响直到20世纪20年代才开始。中国人跟俄国共产党人虽然相知很深，却不一定会变成真正的朋友。中华人民共和国的领导不会忘记斯大林在20世纪20年代曾给过他们错误的劝告，并且在1945年曾经同国民党政府签订条约，为俄国在满洲的利益服务。总而言之，中俄之间的关系是比较脆弱的。中国一旦发展起它自己模式的民族共产主义，这种关系就会解体。有一个事实可以促使这种关系瓦解，这就是中国有朝一日当真在经济发展中需要外援时，美国及其盟国能够比苏联提供多得多的供应。

这是25年后今天的看法了，可是我们不能不反思一下，美国当时为什么不能看到这种可能性呢？在当时国务卿杜勒斯长老会式的讨伐"无神论的共产主义"的长征中，曾把以莫斯科为首、触须伸向全世界的共产主义阵营看成铁板一块。在当时的意识形态冷战斗士们（包括一大部分美国公众在内）看来，中国人绝不会摆脱俄国极权主义的控制。同样，越南共产党人也不会同中国共产党翻脸，因为我们知道世界各国的共产党人都属于一个庞大的世界性集团。

说我们当时的理解完全错误,甚至是愚蠢和无知,并不意味着我们现在聪明些或消息灵通些了,但是我希望如此。

中苏间的分裂,在20世纪50年代末就在许多场合表现出来。1957年毛主席第二次去莫斯科参加苏联建国40周年纪念时,说了一些吹捧苏联在国际共产主义运动中的优越地位的话和一些比苏联在发射人造卫星时所愿意听到的更好的话,例如说这件事表明了"东风压倒西风"和帝国主义世界末日屈指可数,等等。这个时候,中苏之间签订了好几项关于技术交换、包括核弹的援助协议,而且还有一万名左右的苏联专家在中国帮助工业建设。同时,中国的知识分子正在大受苏联教育和文艺模式的影响。这时俄语已成为他们的第一外国语。俄国文学、艺术以及建筑都受到欢迎。

赫鲁晓夫对大跃进发表了直言不讳的批评之后,中苏关系就开始恶化了。他于1958年和1959年两次到北京,和毛谈得很不融洽。赫鲁晓夫认为毛是一个浪漫主义的异端论者,他的判断不足为凭。赫鲁晓夫对于毛在大跃进中竟然夸口说中国通过人民公社制度会比苏联更快地实现共产主义大为气愤。尤其叫赫鲁晓夫冒火的是,1958年毛计划向厦门对面国民党军队驻扎的金门岛投弹轰炸时,竟没有告诉他,理由是那"完全是中国的国内事务"。这就抹杀了一件事实,即美国与台湾有同盟关系,正像中国与苏联一样,而且这个被称为内战的事,可以引起超级大国之间的核对抗。当时赫鲁晓夫正在戴维营同艾森豪威尔谈判一个临时性维持现状的协议。在台湾海峡的危机问题上,苏联拒绝支持中国同美国对抗，当然也就不会兑现以原子武器支持中国的诺言。到1960年中期，赫鲁晓夫突然从中国撤走所有苏联专家，并且带走他们设计的图纸。中华人民共和国随后即向苏联共产党发起了反对修正主义的攻击。这一个分裂是很严酷的，因为中共和苏共原是信念相同的，现在则互相指责对方背叛，彼此再也不能相容了。

历史上的大跃进

伟大的中国革命的历史现在还是处在大人物主宰的阶段，毛泽东和领导层中同他相关联的人物站在舞台的中心。在他们的两翼，有几百万帮助他创造历史的积极分子，再外面的街道上，才是成亿的中国人民。这当然是写历史的不可避免的历程，特别是当研究工作不得不从国外以引证领导人的言论开始的时候，尤其如此。有些突破性研究已出现了，对于其他领导者和全国各地的支持者的研究资料已在积累起来。过一定时间后，我们就可以看到当地情况的编述、农民的不满、干部的情绪以及反映中国人民极其复杂多样但真实经验的作品。有些作品是要将实地调查和大量的个人回忆录结合起来方能写出的。

毛泽东在革命历史上所处的地位甚至和他自己的群众路线都不相一致。他在20世纪50年代中期实行农业集体化时旅行全国各地的活动被宣传为"让他亲手切一切农村的脉搏"。但是不管什么时候到农村考察，我们都不可以断言他是和当地干部一块儿谈话，而不是和农民单独谈话。他不会比一个外国旅游者更能够撇开伴同他们的地方当局而同当地人谈话。可是他一定能够感觉得出来当时民众的感情并有相应的反应。因此我们有理由理解革命中的民众因素。毛在他的部队前面站得多么远呢？

最为重要的是，大跃进是在农业集体化几年后发生的事，这个集体化是经手操办其事的地方干部坚定不移和全心全意工作的结果。千百万人民，男人和妇女，党员和非党积极分子，都是政治积极分子和管理人。他们既是决心把革命进行到底的人，又是在革命中出类拔萃的人。他们是利用革命创造出来的机会，从群众中崭露头角的。在社会结构上，他们的地位一般地说来是和帝制晚期和民国初期的下层士绅——包括那些隶属于上层东家的管事、"不在乡"地主、地方小官吏、地方帮派头目、农民协会头目、军人以致其他曾经向农民催租征税、征兵、派工、甚至横行霸道的人——相当的。我们在前面已经叙述过帝制时代末期这些下层士绅怎样蜕变成土豪、小恶霸，不再依附那个时候的在城市里的上层绅士阶级的情况。

实在地说，整个土地改革的过程就是中共干部取代下层士绅旧的残余分子的过程。在实质上和生命力上，他们代表一个新的政权；但是从结构上讲，他们更深地渗透到农村生活中，而且他们代表了党的权威。下层士绅们在当地地位的提高，在某种程度上带有自发性，而中共干部则因代表更高的权威而达到统治地位。

另外一种看法也是不可否认的，这就是农村中的新的积极分子一旦响应了号召并发现他们通过农业集体化可以提高自身的社会地位，那么他们就要做事情，而且准备做更多的事情。大跃进是很难刹车的，因为积极分子把农村重新组织起来以后,他们必须继续干下去。"解放"的结果是产生了一个新的阶级,这个阶级要不断解放下去。

这个场景中的一部分,是青年们有机会在世界上出头露面了。在20世纪50年代末期和60年代初期,中国变成了一个年轻人的国家。他们中的很多人都和过去决裂,急于竞争,猎取显赫地位。你可以设想一些别的动机使他们如此,不一定是自私自利或物质方面的动机。旧的对农民生活的束缚解除了,识字运动普及了,人人享有平等的机会,都可以激发青年们参加一种高尚的事业和为它们自我牺牲。

但是,展望中国的历史,大跃进看起来就像是某一项古代巨大工程的最新版本。明朝重新凿通大运河,以及第二次世界大战中在成都附近修建美国B–29重轰炸机基地,都是从农村中召集民工干起来的。一个村长就可以奉命召集多少民工在几天以内(譬如10天)完成偌大的工程。村民们就会带上粮食和铺盖卷,搭起席帐睡在工地。他们就地做活、吃饭、睡觉,把活干完后一道回家。当然在劳动程序上有各式各样不同的安排,但是总的说来都是一样,挖土装筐,挑起扁担,把泥沙、石块运走。大跃进中修闸建坝、挖掘运河,不过是古代建筑重大工程(例如史前建设的安阳、郑州等都城)的翻版而已。指挥这些庞大劳动力,是统治者的特权。毛使用这样的权力,是很自然的。

不但如此,农村中下级干部指挥生产时常有不切实际的情况,例如种地时要把土挖得越深越好,结果盐碱渗到土地面上;复种太密结果没法收割,等等,说起来这些还是从过去上层阶级一些治国方略中教导农民的经典理论提炼出来的呢。

至于把农民的生产组织改为生产队或公社之类,也不仅仅是毛泽东的独家发明。大跃进,特别是在农业方面,并不是没有先例的。北魏时期,宋朝和明朝初年,都有过各种农业改革。我们现在还有不少东西须向历史学习哩。

在20世纪60年代最初几年,经济上经过一些整顿恢复之后,中国革命的下一阶段又转向内部了。不错,在1962年中国和印度的边界纠纷中,经过印度的长期挑战之后,中国人民解放军打了一场漂亮的速决战。但是随着中苏论争进一步激化,中国力图组织非洲和亚洲发展中的第三世界国家以反对苏联的活动则遭受挫抑。周恩来访问非洲各国,没有得到什么成果。同时美国在1965年大规模武装干涉越南,但允诺不在陆地上侵入越南北方,因而避免了一次朝鲜式的中美冲突。毛在对外关系上各方面都不能如愿以偿,显然认为现在又是改造中国人民,大干一场的时机了。

第17章

毛的无产阶级文化大革命

在外面的旁观者看来，文化大革命是一件荒唐怪事。你怎么也想不到下一步会发生什么——毛主席突然游泳横渡长江；10多岁的"红卫兵"在城市里横冲直撞；昨天还是最高官吏，今天却像囚犯一样在街上游街，然后就是穷凶极恶的残酷迫害。1966—1976年成了中国的"失落的10年"。

无产阶级文化大革命，从任何观点看，都是历史上最离奇古怪的事件之一。对西方观察家来说，它甚至把中国变得比寻常更神秘了。大约有一亿人是这场运动的积极参加者，其中很多是受害者，而五亿左右的人可以说是受到它相当大的影响。怎么会发生这样超大规模的，而且至少在初期是由中央统一领导的运动呢？

这一场巨大的波动过去还不太久，很多情况还不为人所尽知，更不为人所理解。但是已经有人做了一些出色而又艰苦的开头工作。我们这一章的任务是描述一下事件的进程——主要是政治历史方面，但我们也必须分析某些背景因素，以便有人想了解它们是怎么发生时做个参考。

"文革"的主要经过

"文化大革命"持续了三年半，即从1965年末到1969年4月。让我们先说说主要情况，然后再回过头来详述。一些著名的政治学家将其各方面的情况大略描述如下：

第一，在1966年6月以前，毛派和中共党的机构间的矛盾逐渐紧张起来。毛显示了他的厉害，把党、政、军中几个出众的"修正主义分子"（反对派）撤职或降职了。这就导致1966年8月中共中央第十一次全体会议做出决议，不管什么地方发现"修正主义"都要进行广泛斗争加以打击。

第二，从那时起到1966年底止，毛派发动了"红卫兵"运动。这是"知识青年"（中等学校以上毕业生）公开发动的时期，所有教育系统和党的机关都关闭了。在1966年8月至11月间，1000万红卫兵在人民解放军后勤部队支援下，乘火车免费来到北京，在那里接受了六次大检阅。红卫兵在全国城市横冲直撞，"消灭四旧"（旧思想，旧文化，旧风俗，旧习惯）。这场运动束缚了政府的手脚，而又没有一个统一的群众运动能够取代它。

第三个时期，从1967年1月到1968年中期，红卫兵开展夺权行动，政府实际处于瘫痪状态。毛又试图建立"三结合"的革命委员会，由群众团体、领导干部和人民解放军三方面合组领导机关。但是这种组织并不能控制全国，于是"红卫兵"派别间"武斗"升级，"革命派"与"保守派"到处公开发生战斗。直闹到1968年中期，毛下令制止了红卫兵武斗，并命令人民解放军出面恢复秩序。

第四个时期，从1968年夏季到1969年4月，重新建立党和政府的权力机构，这个时期军队发挥了主要影响。最后，1969年4月召开中共第九次全国代表大会，宣告文化大革命结束，但是实际上许多最坏的过火行动是在1970—1971年军管期间发生的。这时被称为"四人帮"的那些人继续掌权到1976年毛逝世为止。

学者们对于以上四个时期中许多穿插的情节已取得

有意义的研究成果，但是在这里总结这些成果已超出本书讨论的范围，似不甚妥。中共这些内部冲突的史实，充满外界难于看懂的专用名词——如最初的"十条"（1966年8月），"二十三条"（1965年1月），"十六条决议"（1966年8月），"一月二十三号指示"（1967年），等等。这些是标志各个派别斗争的不同时期的简称。与其条分缕析地钻进它们的细节，不如对它们的背景做些叙述，例如：毛的独特身份和他的个人权力，他对人民解放军的依靠，军队政治化以及红卫兵中发生的分裂，等等。

毛的个人权力

我们美国人要了解毛泽东，很要费一番想象力。首先我们必须承认他具有出类拔萃的天赋。毛能成为卓越人物的秘密在于他曾经有两个不同的经历：一个是反叛领袖的经历，另一个是现代"皇帝"的经历。他取得了后者的权力，但他显然仍然保留着前者的自我形象。简单地说，在中国，权威总是自上而下的，即使按照群众路线，也是这样承认的，而且一旦中共取得政权，它的领袖就变成神圣不可侵犯，位于所有人之上。他不仅仅是受尊敬的人，而且被公认为是全组织中每一个人的上级。中国共产党身上这么多东西都是毛创造出来的，以至于可以认为它是他的创造物，所以他当然有改造它的特权。只有当我们认定他是一个至高无上的君王，我们才会想象得出为什么中共领导会任凭毛怎样对党进行破坏和改造都跟着他干。

在人民心目中的这种独特地位使毛有可能认为，党内出现一批出类拔萃的人是革命的一种失败，而且救治的办法必须是恢复平均主义，尽管他自己处于和别人极不平等的地位。这种暴君态度同欧美政治正相反，因为在欧美，最重要的掌权者通常是人们批评的重要对象。换句话说，毛在公认的权力结构中享有如此特殊的地位，他要做什么就可以做什么，虽然他也利用政治局和中央委员会会议的例行程序。这就好像是上帝耍政治把戏一样，所有的牌都摆在他的一边，要出什么，或不出什么，一切由他自己决定。

　　但是毛自己想过他做的是什么事么？也许它可以概括为要使"民主集中制"更多一些民主，更少一些集中。他看到新的官僚主义阶层承袭了古代君主专制政府的高高在上的作风，而农民群众一如既往仍处于社会底层，受新的权势人物的盘剥。毛为了打击这个倾向，需要用群众路线的方法使党倾听农民的要求并做出反应。这种新的"眼睛朝下看"的管理方式可以借助于非中央集权化完成。地方的决定不能完全听凭北京的官僚主义者。政府的目标应该是地方农民群众的福利和教育。不能是简单的"富国强兵"那一套官样文章。追求这个目的，就会使革命失败。

　　这种想法全盘否定了中国政治传统的一个基本教导，即群众应该由审慎训练出来的、忠贞博雅的大臣、部长及其辅佐官吏、将校军官以及有特殊权力的党的组织者所治理。毛对于"修正主义"的定义，就是它放弃了革命的目标，接受了特殊地位以及特别聚敛了世俗财物，等等，这些也可以叫作资本主义复辟。

　　毛在发起和操纵这些社会动乱时，常常对现存机构进行本能的攻击，尽管这些机构是他自己帮助建立起来的。他的逻辑集中在他对阶级斗争的分析，他觉得阶级斗争在社会主义条件下依然在继续进行。在中国进行反对修正主义的斗争，是有苏联做榜样的。在苏联，社会主义政府已经变成了一个腐败的官僚主义政府。

他似乎还有一种想法，就是认为青年学生是可以动员起来，向现存机构的弊害发动攻击，并且使中国免受修正主义之害的。这是一种可供操纵的群众运动形式。他的经验告诉他，这种运动是社会变革的发动机。实在讲，毛在发动和引导城市青年时，把在党内干部中整顿党风的一切原则都弃之如敝屣。事实上他向和他一道从延安来的领导者都宣战了。他操纵局势，使得中央委员会的以及其他的指示决议全按照他需要的加以通过批准。毛使党的领导人遵守一切服从党的领导的纪律，从而束缚住他们的手脚。这也包括在某些关键时刻他得到了周恩来的支持。周显然常常对于毛在肃清党内同事过程中某些不公正和不切实际的企图，尽自己的力量加以缓和、弥补。忠诚于党的中央领导层，没有能够预见到是什么东西击中了他们。

不错，当局势严重到不可控制、暴力横行时，毛几次设法收揽缰绳，但没成功。文化大革命变成了一个他不曾预见的东西。虽然具体数字说法不一，但党的干部被清洗的，大约有60%。有人估算受迫害致死的约40万人。在1977年"四人帮"受审判时，法庭指控那些罪魁祸首罗织罪名迫害了70多万人，其中迫害致死的约3.5万人，更多的人身体和精神致残，还有许多人自杀身亡。

人民解放军的角色

毛发动文化大革命的能力，主要背景在于武装部队的支持，因此，让我们停下来看看人民解放军中军事专业和政治思想两部分间长期存在的竞争。回顾往事我们可以看出，苏联红军最初奉行的是"政治挂帅"的原则，即"专业军人应服从政治委员"的原则。在苏联，随着总参谋部的发展壮大，职业军人一派的势力逐渐占了上风。

在中国，也曾出现过差不多同样的情况。蒋介石在广州创建的黄埔军校，在北伐中打了头阵。但是1927年国共分裂后，蒋建立了自己的专业系统，没有依靠群众协助打游击战或"人民战争"。与此同时，中共在丛林湖泊间则采取古代中国农民和土匪惯用的战法——小规模的游击以及在某个特定地区内同农村居民结合在一起。不过，在江西，曾有十多个中共军队指挥员一度表现出单纯的军事思想。他们中有些人曾在莫斯科学过军事；有些人吸收了苏联的军事思想。毛泽东则在当时就同他们相反，他始终热烈地主张动员农民群众进行"全民战争"。

总的说来，中国共产党从一开始就有一批军事指挥员专心致力于专业化、组织工作和军队的纪律。他们根据需要担任了政治和军事的领导职务。在中共发展到夺取全国政权时，他们中的一些人分别指挥着五个野战军：即第一野战军在西北，由彭德怀领导；第二野战军在西南和中原，由邓小平领导；第三野战军在华东，由陈毅领导；第四野战军在东北，由林彪领导；第五野战军,也称华北野战军,由聂荣臻领导,在北京天津地区。这些野战军都有某些地方基本部队,某些指挥的连续性,以及某些共同的经验。本来这些搞得不好都会形成"山头"或"帮派",以至于互相争斗。但是中央军事领导(毛、周、彭和其他人)审慎地调换人员,防止了帮派主义的发展。那些政治领导人本身也担任过指挥员,知道怎样维护统一。

到了20世纪60年代,值得注意的一个重要问题是:虽然人民解放军主要负责抵御外国列强的国防任务,但在国内却同时担当着支持政治机构的基本角色。全国大约有38个"主力"军,分驻在全国11个军区。这些主力部队是相对于地方部队而言的。地方部队分布于28个省军区,它们装备较差,主要负责地方防务,例如动员民兵和生产建设兵团。民兵分布在全国各地,不是作为野战军训练的。人们记得晚清帝国有一种叫"绿营"的军事组织,就是以小部队分布在各个地方,以维持地方秩序,很少动员起来作为统一的作战力量。"主力"的作战功能是交给"八旗",即满、汉和蒙古正式编制的部队完成的,平时完全不参与民间生活,而是主要用之于譬如乾隆时期镇压中国边境的"七大战役"之类。

正像过去军事总揽于皇帝之手一样,在中华人民共和国,这个权力掌握在主席兼三军总司令手中,他同时又是中共中央军事委员会主席。在中共中央军委之下,设立了三个基本部门,即总参谋部、总政治部和总后勤部。另外一个类似帝制时代的做法是安排部队耕种一些田地并经营一些工业生产,使他们达到某种程度的半自给状态,多少有点像古代的屯垦制度。

军队的平衡和控制，统一由中央军委下面的总政治部负责，它掌管全军的党和政治工作；总参掌握整个指挥系统；后勤则隶属国防部，掌管全军的辎重、供应和行政事务。周恩来总理原来就是蒋介石的黄埔军官学校的政治部主任，他是人民解放军中很多军官的老师和前辈，他的学生中有几个是在"十大元帅"之中。结果是党渗入在解放军的各级领导之中，他们中间很多都是共产党员。

我们在前一章中已经讲到林彪兼任了国防部长，武装部队在他的下面已经十分政治化了，足以形成毛泽东从下面搞革命的主要支持者。在这个形势下，一个值得注意的问题是：各主力军虽各自由其本军的政委领导，但各省军区的部队则听命该省省委书记及其他领导人领导。这样，各省省委第一书记通常兼任军区的政治委员。这种政治军事的控制网络，在几方面发挥着它的作用，其中一个便是每年征兵，即从900万应征人员中选拔新兵。人民解放军已成为农村人口向社会上层升进的一个主要渠道。一个入伍的新兵，经过严格的体检和政治考试，被录取后就接受训练，有当党员的机会。这样3年至5年服役期满，便会变成他本地社会的一个领袖。新兵是全国各地按分配的指标选拔而来的，一般是初中毕业生。合格男子大约10%被录取参军。军队成了一个极大的训练营地，是培养中国共产党后备军的重要泉源之一。自1949年以来已有差不多1500万人从人民解放军中转业出来，而且每年还有差不多50万人继续转业。通常他们都可以转入较好的工作，并且受到社会上的优待，被认为是政治上可靠分子。这样各地人民

1967年4月,在天安门前游行的人群。

解放军多渗入政府机构,特别是公安工作和民兵组织中。武装民兵大约共有700万到900万人,他们每年受3星期至6星期的军事训练。在他们背后还有1500万到2000万基干民兵,他们每年受几天军事训练,通常不带武器。

　　这就是在文化大革命中发挥了作用的军事结构。在大跃进已经造成经济灾难、人民和党的士气大为低落之后,林彪和他属下的各地人民解放军就是又红又专的力量了,因为他们既是致力于革命,又是干这种事的能手。这就提供了毛的实力基础。38个左右的"主力军"开始时并没有介入文化大革命。

青年学生的作用

作为最后一个背景因素，我们必须注意到毛的无产阶级文化大革命中的群众运动，其中主要力量是那些十几岁的青年学生。与20世纪50年代中期农业合作化和1958—1960年间的大跃进中活跃起来的农民群众完全不同，文化大革命一开始时，除了城区附近的公社外，农民基本没有涉入。中国工农业生产在文革开始时仍维持平常的进度，并没有降低到大跃进时期的水平以下。从1966年夏到1968年中期被解散为止，文化大革命把红卫兵只当作城市里活动的主要力量。这些没有经验的青年，在"干革命中学革命"，有着十分巨大的破坏力。最后还是借助了人民解放军之力，才将他们镇压下去。毛的三位一体的组织基础——人民解放军、激进的党内知识分子和群众组织——中的最后一部分，是最没有体系化的，也是最难控制的。

红卫兵的派别斗争，在城市中演变成有组织的公开的正面武斗，其根源很复杂。一个因素我们在前面已经讲过，是20世纪60年代两种教育制度产生的两种类型的学生，从中学毕业后争取进入大学互相竞争。他们中一部分是知识家庭出身的子弟，他们有相当家教，容易接受高等教育。他们经由考试获得高分数，是无法否定的。另一部分是党员、干部等新的统治阶级的子女，他们的家庭出身被认为是革命的，第一等的。他们是上升的一代，而且毕业后可依凭内线关系分配到优越的职位。但是他们的学习成绩常常不如知识家庭出身的那么高，虽然后者的阶级成分被认为很低。这个阶级背景的差异，在红卫兵派别战斗中常常造成相互敌对的因素。

我们考察了无产阶级文化大革命的某些形成的背景因素之后，现在接着可以看看这出戏的几幕场景了。这肯定是一场大悲剧，但不乏色彩、激情和附带而来的伟大希望。毫无疑问，那是真正革命的典型，国家政权崩溃，各个党派拼死搏斗，事件的进展就像17世纪中期美国独立前夕的"残余国会"、18世纪末法国大革命时期的暴乱以及20世纪20年代初实行新经济政策时苏联的大骚乱一样。历史学者对于扰攘混乱的时代，总得加上一定的"转折点"和"里程碑"作为标志，我们也须如此。

无产阶级文化大革命：准备阶段

现在回过头来再看看我们前面提到的四个阶段。开始是1965年末到1966年夏天，这时毛派和中共党的组织间的矛盾已逐渐紧张起来。支持他的除了林彪手下已经政治化了人民解放军之外，还有毛的妻子江青和一批上海的激进的知识分子。这些人后来都参加了中央文化革命小组。

毛开始时态度表现得不很明确。林彪的确是一个很干练的野战司令员，但是形象上他瘦小而猥琐，貌不惊人，经常戴着帽子（因是秃顶）。他无疑是一个诡计多端、狡猾得像个狐狸似的人。由于毛体格魁梧，和他搭档起来，倒很像中国戏剧里的角色。林总是显得渺小，不大引人注意。

毛的妻子江青原来是一个不大有成就的电影配角演员，后来跑到延安，得到了主席的宠爱。但是她证明自己是个很能干的政客。她要攫取文化事业的领导权。但是她很不善于外交，几乎同碰到的每一个人都发生了龃龉。她跻身领导人之列，一部分是靠林彪，一定程度上靠的是充当人民解放军中文化部的头领而同林彪站在了一起。同时她同一批上海不见经传的激进派知识分子结成帮派，上海变成了攻击北京的文化势力的根据地。

在毛的势力完全凝聚和巩固过程中，一个关键的举措是罗瑞卿于1965年底被逮捕、检举、盘问，以至于1966年4月被撤掉一切职务。罗是人民解放军中一个重要军官，本来和林彪元帅不和；这一举动是作为镇压军内不同意见者而发动的。在知识分子中，一个可以与此相比拟的行动，是整肃北京市副市长吴晗，因为他发表了一篇古代皇帝错误罢免一个大官的剧本（《海瑞罢官》）。据说，毛相信这是影射1959年庐山会议后罢免彭德怀元帅，因而实际是攻击了他本人。北京市市长彭真（同彭德怀元帅并没有关系）是北京党委书记，也是党中央核心大员，自然认为这件攻击副市长的事是对他本人的一种攻击。北京市进行了一次调查，认为吴晗并没有恶意，但是毛在上海搞了一个座谈会，把彭真批得体无完肤，于是在1966年4月彭即被中央免职。这件事使每一个人都看得出来，风在朝着哪一个方向刮。

在这些最初的步骤中，毛已经把几个对他的方案缺乏反应的官员赶下了台，并取得周恩来、刘少奇和邓小平为代表的党的机构的默认。他们一向是惯于和这位伟大人物和领袖一道前进的。他们并不知道他们是被引向一座大山，一个火山口。这些初期的行动，都经1966年8月中央政治局批准。现在政治局成立了一个中央文化革命小组，直接对中央委员会负责，成员尽是毛的支持者。同时中央各部进行了改组，毛的支持者渗入各个关键位置。

从1966年6月到8月间，在所谓"五十天"时间内，对党内的修正主义和不指名的"走资本主义道路"的人的攻击高涨起来。在此期间，激进的学生被动员起来，用大字报形式对各大专院校当局发动进攻，而毛则在华中休养，让他的第二把手、国家主席和城市工作组织专家刘少奇在北京负责一切。一直做党建工作的刘少奇，不可能优先考虑群众组织工作。他试图用派工作组到各大学和工厂检查基层党组织的情况来稳定下面的骚动。他派出大约400个工作组，每组约25人，共1万人左右。这就挫抑了毛动员群众组织的努力。

周恩来在文化大革命中的角色很不容易估量。作为党中央政治局的一个成员和政府的主要行政官员，他实际上每件事都要过问。几乎没有一件事证明他对毛的忠诚有过动摇。另外人们广泛称道他是一个富于人情的领导者，什么时候发生了做过头的事，他总是尽力加以缓解。这样，他多次插手保护过知识分子。每当激进派和保守派关系恶化时，他通常总是从中调处，达成妥协。1967年2月，他主持了一次会议，一方是中央文革小组，另一方是一些军队和国务院的领导人，包括军队中的三个元帅和国务院的五个副总理。这一次被激进分子斥为"二月逆流"的会议，是对于文化大革命走向最坏极端的一次对抗性冲击。

毛的突然出现

在第二个阶段，即自1966年8月到1967年1月，毛主席大出风头。恪尽职守的刘少奇，已经毫无疑义地要垮台了，却还像一个乐队指挥一样，在党的忠诚分子中指挥着反对修正主义运动。不用说，这当然不是正在华中休养、人们看不见的毛主席所需要的。1966年6月全国公众突然听说毛要回到北方来了，途中他游泳横渡长江。因为中国农民一般不会游泳，横渡长江的冒险家更少了，因此这个消息就仿佛英国女王伊丽莎白横渡英吉利海峡一般。他显然是一个有超人体魄的运动健将。（照片显示他的头在水面上，既不是蛙泳，也不是自由泳或仰泳，而是以他独特的方式，直立着"踩水"，而且有人用秒表计时，速度特快。）

同时，他于1966年8月在上海召开了中央第十一次全体会议，一次完全由他的支持者出席的全会。这个会匆匆把刘少奇从中央领导的第二号位置降到第八号位置，而把林彪提到第二号位置，成为指定的继承人。全会又公布了毛反对修正主义运动的总的看法，照他的说法，就是要使全中国人民在世界观上来一个重大的转变。他说，精神的更新比经济发展更为重要；阶级斗争的原则适用于一切知识分子、干部和党员，以便铲除"所有走资本主义道路的当权派"。可是这时候究竟谁是坏人，还没有人知道。

通过这些手法，毛已经取得在党内发动一个反修正主义群众运动名义上的合法性。这很快就以红卫兵运动形式出现了。为此，毛提出了"炮打司令部"之类口号以鼓舞激进的学生。从8月18日到11月26日，在北京举行了六次大规模示威游行。这些游行是由人民解放军和中央文革组织的，从全国各地组织了大约1000万"红卫兵"，免费乘火车并住在北京，他们手挥着林彪将军为训练他的军队编的一本题为《毛主席语录》的小红书。同时学校都停了课，大专院校都关了门。

不管毛的罗曼蒂克意图是什么，反正"红卫兵"这时投入了各式各样的破坏性的活动，人们叫作"打、砸、抢"时期，就是闯入富裕的人家和知识分子的家庭，烧毁书籍、手稿，污辱和殴打居住的人，所有这一切都号称"破四旧"——旧思想、旧文化、旧风俗和旧习惯。这些青年学生，男女孩子们，游街串巷，挥舞着红色臂章，对所有和海外有关系以及有知识分子气味的人任意伸张他们的"道德正义"。

到1966年底，毛的中央文革小组把红卫兵的横行霸道，从打击一切带有"资产阶级"味道的人提高到"揪出"党内和政府里的人去讯问和折磨的地步。很快他们就把原来的国家主席刘少奇和党的总书记邓小平当作"走资本主义道路"的头号叛徒下手了。刘、邓和其他许多人被辱骂、监禁和公开羞辱。毛和他的支持者动员城市青年对于国家和党的中央机构都给以严重打击之后，显然以为他们已经造反到了一定的程度，他们所希望的革命即将有成果了。同时，中共党内遭到攻击的领袖们面对着组织还松散的"红卫兵"——从各学校来的男女学生、政治积极分子，在1966年夏天也支持站在他们一边的"红卫兵"进行对抗，实行武斗。党的机构当然比较强大，但是毛掌握着权力的杠杆，而且他最后是完全明确地倾向于党的破坏和重建。

夺权

运动的第三阶段是1967年1月的"夺权"。夺权是北京发出命令,由红卫兵和其他的人在全国各城市同时进行的。原来的官员们被从他们的办公室赶了出来,他们的文件档案全部受到检查,很多烧毁了。他们的位置由毫无行政管理或领导经验的年轻人取而代之。这时候年轻人们已经派别林立,互相攻讦不休。

在这以前,人民解放军都是靠边站着,看见那些破坏活动进行而不加干涉。但到1967年1月,军队被指派帮助反修正主义的革命派,反对保守的反革命派。可是,形势的发展超出毛的控制,人民解放军成了社会上唯一统一的力量,而且越来越变成当地的权力重心。在这以前,只有地方部队而不是主力部队被牵涉进文革。他们和地方党组织互相交叉,很难参加到"三结合"的"革命委员会"中去,而革委会是今后新省政府的准备阶段。人民解放军的地方部队是要通过"军事管制委员会"维持治安和保护公共设施的。但是要省县地方驻军出面"支左"反右,他们都觉得不能控制局势。只有四个省成立了革命委员会结果是中央文革小组把省区解放军中不听话的官员清理出去。即使如此,1967年7月发生的"武汉事件"表明地方部队难以成为文化大革命的工具:武汉卫戍部队的一个独立师把来自北京的中央文革小组的两个成员绑架走了。北京只得借重主力军的帮助,才控制住局势,建立起"革命委员会"。

毛下令叫"红卫兵"抓"军内一小撮"和"走资本

主义道路当权派"后，形势就越来越乱起来了。中国简直陷入内战状态。"红卫兵"各派之间混战起来，地区的解放军也参加进来，帮这个，打那个。1967年9月以后，对各军区指挥官的攻击停歇下来，帮派之间的斗争却像野火一般蔓延，在地方军队和主力（野战）军之间也开始相互斗争起来。北京对待这个危机的办法，是下令所有人民解放军禁止支持斗争的任何一方，同时进行政治训练。但是，到1968年，派系斗争甚至在各主力部队中间也出现了。这种情况如果发展下去，毛的最后一张牌就会不起作用，他也就完全不能控制局势。在这些压力之下，毛终于在1968年7月不得不下令解散"红卫兵"。他说"红卫兵"没有能够完成他们的使命，并命令人民解放军建立各省的革命委员会。"红卫兵"解散之后被大批遣往山区和农村，从政治上层一下子跌入底层。那些接替他们的积极分子改称为"造反派"，他们的堕落也同样的残酷和可怕。同时，因为群众组织纷纷解散，军队没有支持这一方打击那一方的压力了。最后的结果，革命委员会都由军人来控制。大多数党委第一书记都是军人。

外交关系

在无产阶级文化大革命的第四阶段，即从1968年7月到1969年4月，毛准备重新整顿这个国家。领导人中间有2/5以上是军人，2/5是新的和老的党员干部，群众团体的代表只占一小部分。在1969年，由于新参加领导班子的党和国家官员的水平同他们的前任比较起来一般都低，所以军人的控制是有保证的。

文化大革命的高潮是1969年4月党的第九次代表大会。当时林彪发表了一个政治报告。大会通过了一个新的党章，以取代1956年的党章，其中特别强调了"毛泽东思想"和阶级斗争。党员的条件特别重视阶级出身。新的党章比老党章简短多了。关于党的组织写得很暧昧。但林彪将军被定为毛主席下面的副主席，并称他是"毛泽东主席的亲密战友和接班人"。在1500名代表中，2/3的人穿军装。新的中央委员会中45%是军人（1956年中央委员中19%是军人）。在另一方面，群众组织的代表中并不包括众多的激进学生青年。他们之中2/3是省一级的领导，他们大多数都是新进入中央委员会的，可是平均年龄约为60岁。中央委员会不但军人占多数，而且高学历和做外事工作的比以前少多了。

中国的对外关系在文化大革命中同样受到无意义的狂热影响，吃亏很大。因为当时的思潮不仅是反对一切旧事物，同时也反对一切洋事物。反对知识分子和排外是相互并行的。1965年当周恩来以特使身份广泛访问亚非各国时，中国正在推行援外计划，如在非洲建筑坦赞铁路等。中国企图在阿尔及尔召开一个没有苏联参加的第三世界国家会议，没有成功。同时，印尼共产党正在进行一次政变，却被印尼政府彻底镇压。这些失败使中国在文化大革命中不得不有所收敛。尽管如此，"红卫兵"不顾一切的蛮干作风损坏了中华人民共和国的对外关系，特别是1967年6月"红卫兵"接管了外交部以后。那些造反小分队系统地破坏了档案记录，给外交关系的连续性造成严重的损害。在周恩来主持下，外交部长陈毅被迫在成千上万名造反派面前做了好几次"自我检查"。涉及外交政策的任何事都得经过周恩来的办公室。

当"红卫兵"在各条战线干革命的精神弥漫到外交方面时，中国的驻外使馆都被看成为革命传教的中心和当地共产主义者的非外交性鼓动点了。从1966年9月到1967年8月，对外关系中这种主观的和感情用事的做法，导致中国和好几个国家外交关系的决裂。中国驻外大使除了一人以外，其余都被召回。对外贸易数额骤减。中国国内混乱所及，"红卫兵"暴徒们闯进了苏联大使馆和英国代办处，并火烧了英国代办处和印尼大使馆。在群众大会上破口大骂取代了外交关系。

文化大革命结束的时候，中国同美国和苏联的关系也发生了有意义的转折。1965年以后，美国在越南陆地上和空中的战事都升级了，可是美国和中国却采取了避免直接对抗的措施。前面已经提过，美国军方决定停手，不再同中国作战。他们明白地允诺他们的飞机避免冲进中国的领空。美军尽管在接近中国边境作战，但战事的危险却降低下来。这就使毛得出结论，他可以进行他的国内革命了。同时中国同苏联的关系却朝相反的方向变化。1960年开始的中苏分裂，继续以论争和双方互相攻讦的形式延续下来，中苏间敌对情况日益紧张。沿4000多英里的边境线不断发生冲突，苏联方面不断增加驻军。1968年苏联红军占领捷克斯洛伐克以后，苏联大肆鼓吹勃列日涅夫主义：凡是建立起共产主义政权的地方，绝不容许被人颠覆。这就叫中国人听起来感觉带有侵略意味。1967年，"红卫兵"的攻击在香港激发了一阵危机，不过人民解放军于1968年接管各省政权后，控制住了"红卫兵"。中国驻缅甸和柬埔寨大使馆闹革命，也引起了激烈冲突，致使关系破裂。北京盲目的革命政策在谴责日本重整军备声中，鼓励着日本共产党。接着中国在西藏同锡金交界边境线同印度哨兵发生一次冲突。这次印军方面准备较好，打了一个星期仗，无结果而终。这时朝鲜同苏联全力加紧合作，中国同朝鲜关系一度恶化。

文化大革命的好斗劲头，在1969年3月2日同外部世界又惹出一场冲突。中国派了一个伏击分队，在中国东北边境乌苏里江上的一个有争议的岛上同苏联红军发生了冲突。穿着白色制服的中国解放军一下子击溃了苏联的边防哨队。苏联进行猛烈报复，不仅在那个地点，而且在以后一两年内，沿中苏边境许多地点都发生了事故。这样中国就受到了压力。到1969年底，同苏联的关系还在恶化，而这时同美国关系却开始好转了。

在美国，对文化大革命的初期印象反映在它的宣传上。这里的人们以为，这是毛泽东的一种保持绝对平均主义的民粹派式的价值观和在中国经济发展中避免官僚主义、实行国家集权主义的努力。但是当"红卫兵"的过火行为和迫害知识分子的消息渐渐传出来后，这个运动看来就像是独裁领导下的极权主义活动了。尼克松、基辛格要想同中国建立正常关系的政策只好放慢一步，即使这是一种右翼共和党人倡导的政策。

虽然文化大革命到1969年4月正式结束了，它的恐怖主义还以各种各样的形式继续着。在1970—1971年间，军事安全人员还特别严厉地清查一个可能是虚构的"五·一六"组织的成员。无辜的群众被酷刑逼供，要他承认是会员并乱咬别人,几千人被折磨致死,虽然究竟有没有真的"五·一六",始终无人知晓。

不但如此,到了20世纪70年代,文化大革命搞"逼、供、信"的手法蔓延到农村,例如有些农民被迫放弃一切副业,不准养猪、鸡、鸭,说这是为了割去"资本主义尾巴"。对许多人家说来,这就等于要他们挨饿。总而言之,这些政治迫害的高温,直到毛死以后才降下来。

继承权的斗争

从1969年以后,一场关于将来由谁继承毛主席权力的斗争已在悄悄进行。竞争的目标是第二号位置。谁占着这个位置,谁到时候就有权继承了。林彪在1969年文化大革命正式结束时,已经达到了很高的位置。他已经把他手下的军人提拔到党和政府的领导层。虽然军队在发展前途上继续分成两派——直属北京中央军委的和各省军区司令部的,可是林彪已经占着总司令的位置,况且他已被指名为毛的继承人。

但是,从1969年到1971年间林的领导地位却开始不大稳妥。一方面,毛要减弱军队在政治系统中的作用。这事是从几个不同方面进行的,例如把一个反对林彪的人派去在林手下做中央军委的领导人,特别让周恩来和另外两个老将军陪伴着他。平常在广泛传播的照片上,林和毛总是并肩站在一起,这时林就站到后排了。此外,一个以前做过毛手下的助手、后来和林彪关系搞得很亲密的人,忽然被点名批评。所有这一切都是掌握最终权力的人暗示风向的迹象。林彪是出过很大力气的，但是他的用场已经过去了。而同时占据第三号位置的周恩来继续跟毛在一块密切工作，特别是在外事场合和有关政府的整顿问题上。

　　毛主席还常到各处旅行，同各省军队指挥员谈话，并且批评过林。这一消息通过电话专线传给林后，林知道事情不妙了。他接受了他在中央大本营工作的儿子策划的一个秘密谋划。据说阴谋的目的，是暗杀毛泽东并且以军事政变方式夺取政权，否则他个人就要遭殃。林的儿子秘密做了很周密的准备，但是显然有人密报给毛和周了。林彪和他的妻子在走投无路中搭机逃跑，但是当他们的飞机显然快飞进苏联时，在蒙古坠毁了。

　　这个重大新闻在官方报纸上一直没有报道，直到一年多以后，才全文附加有关文件和现场证据最后发表出来。到底是怎么回事，始终是秘不可测，但是西方学者大都同意上面的说法。

　　毛的一生和他的思想在最后五年令人莫测高深，因为除了几个零散讲话外，他几乎没有发表过系统谈话或政策文告。在1971年和1972年两年中，他似乎和周一块商议了一个有关中国未来发展的方案；但是在1973年，中央文革的上海一帮人，也就是"四人帮"，又似乎对他起了较大的影响。他的身体不行了，他会见尼克松、基辛格和其他外宾要人时，虽然头脑是敏锐的，身体看来虚弱多了。例如我们知道，当毛在站住照相时，他身边一边有一个护士搀扶着，可是照片公布时，他身边的护士都不见了。大约在此同时，周患了癌症。不久，"四人帮"发动了一次大规模的"批林批孔"运动，以间接打击周恩来。宫廷政治和权力斗争使大多数观察家懵懵然如坠五里雾中。不论怎么样，毛是寿终正寝的。现在看来，特别在它的许多受害者看来，无产阶级文化大革命是中国现代发展中失落的十年。

文化大革命回顾

在一个简短的总结中引用数目字，是不能表达革命的经历的——无论是当时头脑昏热、一闪而过的"红卫兵"们的叫嚣，还是他们的受害者的惨痛的悲号。不久，一种"伤痕文学"就开始出现了，报道一个个人受到的灾难——一个学者眼看着一部他毕生写作、还未发表的著作手稿在他眼前被烧毁了；一个被划为右派分子的丈夫为了改变他孩子们的阶级成分而同妻子离婚；一个名作家干脆被打死；一个老校长被派去打扫厕所。

由于粪和尿在中国是重要的肥料，所以让一个上等人去尝试尝试群众生活经验，在中国做起来比在美国做容易多了。叫一个知识分子打扫厕所，不是一个简单地用抹布蘸些洗涤粉擦干净瓷砖便盆（即使公用的有些臭味）的问题。在现在发展很快的中国城市里，既有现代化的、也有早期管道式的马桶，但边远地方，特别是广大农村，还保留着老式蹲坑办法。这种生态学者很羡慕的办法，是每天要人像潮水一样按时去清除，并且掺进其他有机质杂物，然后用去肥田。一个值得注意的现象是在中国农村中，公共厕所里中间有一堵墙，男女蹲坑各占一边，干的和湿的都积在一起，由人清除。因而打扫厕所绝不单纯是一种消除废物的卫生活动，而且是一项为粮食作物保存和利用营养物质的活动。当1000万谁也管不了的"红卫兵"都"上山""下乡"之后，他们也得去干这个营生，不过他们发现猪粪更值钱一些。

但是即使这种劳动，比起群众公开的污辱性的"批斗会"来还是文明多了。"批斗"对象通常是站在讲台上，毕恭毕敬地面对群众，承认和重复供认自己的思想罪恶。一种典型的惩罚是叫他们"坐飞机"，要把他的两支胳臂向后伸直，像喷气式飞机的两个翅膀似的。观众当中也许有朋友，虽然眼睛里充满泪水，但嘴巴还不能不跟大伙一块咒骂和讥笑他。特别是当受害者连续站一两小时，晕倒在地上时，讥笑咒骂的声音更加轰动。鲁迅小说描写中国人面对别人的惨痛苦难还冷笑的景象是非常辛辣的。现在毛的革命把这种景象大规模公开地组织起来。难怪有些人宁愿自杀也不忍受这种情景。

对于极讲面子的中国人来说，在包括许多同事和老朋友在内的群众面前挨打和受污辱，就像剥他的皮一样。一般地说，受害者是感觉自己有罪的，正如每一个受到批判攻击的人一样，特别因为他们是那样尊敬毛和共产党。但是对他们的谴责若是太过火了，他们的经验就变得没有意义，特别是他们看见不久前折磨他们的一些人，很快也变成了被折磨者。他们为什么受那样的罪啊？他们常常写假供词。

一个突出的惹人注意的事，是文化大革命涉及的范围相当之广。记录是很不完全的，但现在估计受害的人总数在100万上下，其中相当一部分没有活下来。至于中国的文明事业和器物——如书籍、庙宇、艺术品，一般说现代的"东西"，受到的盲目破坏还没有加以估计。

另外一个值得注意的事，是那些批斗会的无比残酷，和中国大众接受这种残酷事实和"上级"指示时的消极反应，虽然他们的代表者多是无知的十多岁青少年。很多人除了毛主席之外不相信任何什么别的。这就使他们处于极不寻常的境地。孔子的道义原则早被摈弃无遗了。但是代替它的毛泽东思想，只能用他本人批准的说明而不能以任何其他说明才能加以解释。这正好比孔子孟子都在活着，而读他们的书的人却没有办法对它们如何应用于社会做出独立的判断。即使以永恒真理的名义向当权者提出诤谏的话，对毛——只要他在当权——也是没有用的，因为他的想法时常改变。知识分子没有内在的至高无上的裁决权来克服群众的歇斯底里。无产阶级文化大革命正好利用了公众的这种心理和对权威的盲目服从。

还有几个问题值得注意。第一，文化大革命的最初的、激发了"红卫兵"和其他一些人热情的理想主义，本来是颇为单纯的。但是干起来以后，失望、虚伪、腐败等情况都插进来了，再加上个人野心和投机取巧也都来了。

投机分子是最容易受毛的指挥棒指挥的。我们没有理由不相信他是"红卫兵"的创造者。他们紧跟他的指示到各大学去造反。他指挥了后来的"夺权"以及使用人民解放军恢复治安。中央文化革命小组成员江青和她的同事们也许利用了毛的精力不足，但是主要的决定都是盖有他自己的戳记的。

毛之所以能够如此，是因为他作为一个神通广大的、神圣不可侵犯的伟大领袖积累起了皇帝般的特权。这种特权凌驾于法律之上，没有先例或风气可加以限制。这之所以可能，又因为他主持这样一个政权，它不是基于法律，而是基于他的人格和他的思想意识。美国参议员麦卡锡在20世纪50年代初期迫害了许多美国人，但是他没有警察权。法律许可他传讯和诬陷别人，但不许可他逮捕或刑讯别人。美国1692年马萨诸塞州塞萨勒姆的巫术大案也曾有些文革精神。要在历史上找先例，可以回溯到欧洲中世纪血腥的宗教战争时代。那些宗教法庭审判，甚至1814年在罗马还生动地出现过。

把文化大革命看成是一般人民大众反对知识分子的斗争，是过于简单化了。对西方作家和历史学家来说，他们大多自以为是知识分子，别的国家的同行自然也都是好人。我们都有一种先入为主的毛病，就是支持全世界各地的知识分子的自由和人权。

显然在毛看来，1949年以前的中国自由派人士，多数还是自由主义者。同时，"现行体制中的知识分子"，是一个新的学者—官僚阶级。高级党校毕业生，甚至莫斯科训练的留苏学生，都是马克思主义、列宁主义意识形态的坚定信仰者，可是对于毛的新观点可能有他们自己的看法。在政府和党的系统中，他们是编辑、作家、教育家和意识形态的理论家，对于党的路线问题，都能够发表长篇大论。他们中间有些人已经擅长于旧学者的技艺：如写字、绘画、作诗、考古、搞历史研究。不但如此，他们也像旧时代的真正儒生官宦一样，形成互相攀比的高级士大夫阶层。如果有机会，他们也可以为权力地位雄心勃勃地争夺起来。派别斗争发展起来的话，他们自然也会自立门户或者成为这个或那个帮派的成员。

毛和他的同事们在彭德怀事件上的争执，使各种各样外衣下面形形色色的派系都显露出来。大官成为小官的保护人，他们又共同合作起来以防止别的派系掌权。他们的派系斗争，突出表现在理论的分歧和意识形态的争论。这些新的学者—官僚阶级也有他们通常有的派性和士大夫的个性。他们关于农民的知识和对于农民的关怀，大部分属于理论方面，正如同明朝和清朝时代的士绅一样。社会革命也许不在他们手中继续下去，但是他们可以形成一种新的官僚阶层的坚硬的外壳和人民头上的特权阶层。

结局

到20世纪70年代初期，以"四人帮"为首的文革上海派虽然仍控制着言论和媒介，但是他们即使在毛的支持下，也没有办法接管政府和经济的管理。以经济发展为中心的行政机构渐渐凝聚在周恩来周围。1973年周患癌症之后，他逐步培养邓小平做他的接班人。虽然邓曾被文化大革命列为毁灭的目标，但他久经考验并且和解放军方面关系特别好，又非常干练、富于胆魄，不像刘少奇那么容易被赶掉。刚好在1975年1月第四届全国人民代表大会之前，他已被推为党的副主席，并是中央政治局常务委员之一。全国人民代表大会任命了邓为第一副总理，也就是毛泽东与周恩来之下第三号领导人，而且邓被任为军队的总参谋长。这一次人代会听取了周恩来提出的实现四个现代化的报告，这是他的最后的公开政绩之一。

周恩来在1976年1月逝世后，"四人帮"禁止了一切悼念活动，但在1976年4月，"四人帮"再也制止不住几十万群众集合在天安门广场,围绕烈士纪念碑,追悼他们敬爱的已故总理。这次集会被称为"四五事件",与"五四"成为历史上相平行的纪念日。这个由反对"四人帮"的人们所发动的集会终于被驱散,并且邓小平第二次被赶下台。

但是"四人帮"禁止不了同年7月北京以东唐山市发生的大地震。这次地震死了50万人并迫使北京居民住到街上。每一个农民都相信自然界与人之间天造地设的关系,天灾与人祸的联系。在这样大祸临头的时刻,毛于1976年9月9日逝世。他把继承权留给了从湖南调来、做过公安部长的华国锋。10月间包括毛的妻子江青和中央文革小组中她的三个同事的"四人帮"被逮捕并审判。在权力的变动中,1978年末邓小平取得了胜利。

对于大多数中国人,也就是农村中的人民来说,无产阶级文化大革命的最终结果,是重新回归到对于家庭的依赖。考虑一下这些不正常的现象吧:一个人的阶级成分,一经50年代初期划定之后,世世代代就承袭下去,差不多变成一种"种姓制度"。全国人口中6%的"黑五类"(地主、富农、反革命、坏分子)的后代将永远生活在一块乌云阴影下。同时,城乡之间人口依然不得流动,农民生活依然被视为低人一等,不文明。把1400万城市青年送"下乡",也没有改变这个形象。集体化的农业经济没有提高农业生产,这是很典型的。无知和高压更起了破坏作用。20世纪60年代对毛的个人迷信,取代了神仙菩萨和老式农民宗教的各种仙佛,可是到70年代中期文化大革命的暴乱以及林彪的末路,又抹黑了毛的形象。公共卫生事业发展了，可人口增加了一倍。在文化大革命中，普及学校和识字运动，大力发展公路运输，报纸和无线电传播都有扩张，但中国依然十分落后。帝国主义是完结了，可是外来的促进作用也没有了。老式的"封建"价值和腐败的积习仍根深蒂固地嵌在中国社会中。

第18章

新的方针：邓小平的革命

现在中国掉转了一个方向。革命和暴力斗争的时代过去之后,接下来是改革和巩固的时代。这两个时期的对比是再明显不过了。周恩来在1964年最先提出过一个争取四个现代化的方案(在中国,不论什么有意义的事,总需要配上一个数目字),即在工业、农业、科学技术和国防四个方面实现现代化。1975年他重新提出了这个建议。现在这个建议取代了已被放弃的阶级斗争的位置。毛泽东主张的"政治挂帅"和"又红又专"、以红为主的口号,被古代治国平天下的口号"实事求是"取代了。

自从中国以毛个人为最高领袖之后,后来的领导层就不那么声威显赫了。邓仍然只是一个副总理,但运用他的长期的经验,并利用(当然是非正式地)他的资历与别人合作。经济学家陈云的思想重新受到了重视。著名的早期领导人、北京市以前的领导者、文化大革命最早的受害者彭真又回到舞台上来。保守派和改革政策的矛盾,仍然同个人权力斗争交织着(改革派有一天将同100年前建立日本现代国家和经济的日本元老相比拟)。摆脱了毛泽东的难以预料的滥发脾气的干扰邓小平的改革一路顺畅。这些改革政策,就像秦始皇暴政之后的汉朝和祸国殃民的隋朝之后的唐朝所采取的改革一样,受到了人民的欢迎。

中共的政策从阶级斗争到经济改革的大转变,是中国革命手段的(如果不是目的)重大改变。确定邓小平为中国最高领导者的地位,经过了两年过渡时期,到1978年底才实现。究竟在什么情势下邓的改革程序才得以开始的呢?

20世纪70年代初期,中华人民共和国还是亦步亦趋地效仿着苏联高度集中的极权主义模式。官僚主义的控制窒息着首创性,但还是有一点进步。因此,邓在1980年初期开始的做法,在加快中国财富和实力的增长方面,不能不做得看起来很像1958—1960年间毛的大跃进那样。毛(以及邓)并不是很喜欢造成颠颠糊涂的官僚主义的。1978年所不同的是:邓现在要走的是一条既要扶持首创精神,又要重建党和政府的新路子。他意识到中国的进步必须通过一个训练有素的权力机构进行,而不能绕过它。这是一种比毛的唯意志论更契合实际的看法,但同时也是复杂得多的任务。

第一步改革是在对外关系方面。中国又向外看了,欢迎和外界来往了。1972年开始的中美邦交正常化,到1979年1月完成。邓小平副总理访问美国,说明中国文化大革命的任何幸存者都不会同美国政客中的捣蛋分子发生纠纷。一万名左右的中国学术、技术专家来美国学习,美国10万旅客带着美元在中国旅游。从某些方面看,这有点像老时候的样子。

邓的"对外开放"政策认为中国的经济只有从外国引进更多的技术和资金才能进步。技术转移成了一个重大目标。同外国公司签订合同,装设新机器,开设新工厂、新生产线、修建旅馆以及挖掘煤和石油等,可同时引进资金和技术。

为了多少体察一下20世纪80年代中期以来新中国兴起的情况,让我们注意一下几个方面的发展吧,譬如中国共产党的重建,它的法统和人事,经济管理和知识分子问题。

党的重新建设

邓小平政体的第一项需要，是重新确立中国共产党的合法地位，即用承认自己的错误的方式，来确认统治的权力。作为第一步，它给1957年及其以后划为"右派分子"的几十万人"平反"，并恢复他们的党籍和职位。刘少奇已于1969年含冤死去，所以他和其他很多人的平反只能是"追认"。这种"虽然晚些，但总比没有好"的做法，表现了中国人民对于历史记录的关切。

毛是一个问题。作为中国的列宁兼斯大林，仅仅谴责他而不拆掉这座庙堂就太简单化了。解决的办法是把毛的一生分为前半生好、后半生坏这么两截。大体说来，用中国人的观点看，对他用"三七"开，即70%正确，30%错误，是够公平的了。"毛泽东思想"，特别是他早期的思想，仍然可以用之于指导未来，尤其是经过精明的辩证法学者的解释之后。1981年6月中共中央全体会议做出的"关于建国以来党的若干历史问题的决议"，也承认中央委员会对于集体领导的破坏"负有部分责任"。这使人回忆过去一个皇帝为意外事故颁布的"罪己诏"，以表示他仍在尽他的职责。作为这种努力的一部分，"文化大革命"被揭露出来，认为它是一场重大的灾难，不但是不必要的，而且是破坏性的。为了提高四个现代化的合理合法性，党还追溯了19世纪末期李鸿章的"自强"运动，并称颂了孙中山。两者都强调过外国技术和机器的重要性。

为了争取公众的信任，党员必须加以筛选和提高素质。在4000万党员中，估计有大学学历的只占4%，有中学学历的不过14%。4000万在文化大革命中入党的党员中,半数虽然有强烈的毛式的群众思想意识,但几乎没有专门业务训练,甚至识字能力都很低。他们在党内的主要经验是攻击现行体制,而这一套现在已没有什么可取之处了。最需要的事,是重新确立党的纪律和强调服从党的一切指示,而党的这种改革是一件微妙的事。邓政权试图以加强程序的规范化和恢复党委内部的民主生活来消除派系纷争。

1982年9月第十二次党代表大会决定开展一次全党的整风运动,不过它完全限于党内,和群众舆论无关,同时,努力吸收知识分子和有专长的技术人员入党。这种一反毛泽东传统的做法,当然也遇到了抵制。但是加强生产和现代化,毕竟在物质方面产生了直接效果,以至于老一套的意识形态方面的反对派渐渐地都默不作声了。

到1985年为止的五年中间,有100多万老的中共党员已经"离休"。1985年9月有131名高级老战士辞去职位。他们作为以邓小平为首的新的中共中央顾问委员会委员的身份,保留了待遇。

整顿军队是比较慢的工作。但是1985年的财政预算和人员都大大缩减了。40名总参谋部的官员离休,随后10%的军官开始离退。1985年6月人民解放军的11个军区减为7个,高级军官减少一半。军人在中央委员会里也不占优势地位了。

经济的发展:农业

毛泽东主义时代不仅仅留下了许多超龄的领导人,

也留下了很多经济问题。20年来农产品的增长落后了。可耕地的面积由于新建项目占地而减少了11%以上。人口由1953—1954年调查的5.86亿，增长到1957年大约是6.30亿，1970年是8.20亿，1974年是8.80亿，20世纪80年代初为10亿出头，现在还继续在增长中。这种增长带来的粮食短缺，由于大粪肥料的相应增长而部分地抵消了。如果人口照此增长下去将会吃完革命的生产果实，耗尽空间、住房和公共服务事业的资源。不但如此，相当多的人口缺少技术训练，1/4是文盲。与此同时，提供就业和生活保障限制了生产力的增长。侧重重工业和取消农村副业的结果使农村增加了4000万到9000万失业者，城市增加了1000万到3000万失业者。尽管（也许由于）对工业投入了大量资本，人民的生活标准仍停顿不前。毛泽东主义的经济政策有待于重新评价了。

中国农业发展的最初战略，是估计中国的劳动力可以动员起来。如果使用得当，这本身就是在灌溉、修路、整地等方面提供农业投资。20世纪50年代的合作化和农村公社的确利用了大量闲散的劳动力。虽然只是翻地和凿石头，但当时投入的劳动量是很大的。人们争辩说，以后会有更大的收获，而且人均生产量会增加起来。不幸，这种农业发展的战略，虽然在发展中国家得到广泛的应用，在中国却很少见效。农业收益来自管道和机井比来自灌溉渠道要多，来自化肥、灭虫药剂和优良种子比来自大面积粗放耕种要多。总而言之，通过合作化和公社动员劳动力是否改进得了生产，是一个疑问。

新的方针:邓小平的革命　413

物质刺激产生了很大的作用。这是在邓小平农村改革后的北方农家小院。

为了增加消费品的产量,在农业地区开始设立小规模工厂以作为当地工业化的开端。小规模工厂省去了大量的运输费。例如小水泥厂,常常从当地可以找到原料。同样,机器修理厂在农业地区是不可缺少的,可以同小规模的机器制造厂联合起来,更为有效。化肥也可以就地生产。当然钢铁工业不能在乡间建立起来,纺织品也是城市工厂生产效率高得多。

关于农村收入的平等化和生活水准差距逐渐缩小的

问题,由于地主阶级的消灭以及无地农民参加了公社,这种情况显然已经发生了。但是除了这样实现的平均主义外,其他还有什么办法使农村收入平等化有所改进,就完全不敢说了。主要的原因是:不同地区有不同的资源,增长和改进的能力也就不可能一样。住在贫瘠、石头多、又很少灌溉设施的山地农民,如果得不到外来的帮助,肯定只好受穷。长江三角洲水田灌溉区的农民,生活水准一定高。另外一个不平等的因素是农村人口不准自由迁入城市。结果是城市里就业机会多,收入也比较多。这些好处也会蔓延到城市四周的郊区,但距离不会很远。

1976年后在着手农业改革时,计划者们承认过去的农业管理工作犯了错误,首先表现在鼓励农民单纯重视粮食生产方面。所以主要的改革在于除粮食生产外也鼓励农民发展副业。农民的副业产品可以在当地自由市场上贩卖,从而提高了他们的收入。另一种管理上的改革是实行"生产责任制",这个名词有很多解释,但都是根据合同进行生产,我们也可以叫它"合同制"。经过了几个阶段的实验后,通常在生产队(常常就是一个村)由队长同一个个农户签订合同。生产队管理人员(干部)定出一个总的计划,然后跟各个农户签下合同,规定这户农民可以使用多少地。合同规定出生产指标和给这个农户的报酬。结果是把记账的会计工作从生产大队拿到生产队(通常是25户的一个村)去做。

把责任下放到各个农户,对农民生产是一个很大的刺激力,因为这意味着他们可以多劳多得,而不是眼看着把生产出来的东西集中,大家一块儿去分。土地不

新的方针：邓小平的革命

许买卖，但是可以在此条件下使用。农户不再向国家缴粮，而是耕种一块地，交出一定数量的粮食给生产队。这就是家庭联产承包责任制（包干制），现已普遍实行。以前毛泽东主义是用精神鼓励当作刺激，只要求生产多少多少粮食，而禁止任何副业生产——说那是"资本主义"。显然，那是一种抹杀现实需求的意识形态泛化的蓝图。

这一项制度上的改革造成很大的区别。地方当局不再集中从农民手中按指标收缴粮食，农民再也不必偷偷摸摸地出卖他们自己养的猪和鸡了。现在全村农民都可以共同计划怎样最大限度地增加生产和增加收入了。农民发现搞副产品比种粮食有利得多，因此中国现在又开始根据收益的比较进口粮了——虽然这样做不要很久就会成为政府难以承受的负担。

无论是谁，如果从此得出结论，以为中国农业看见了光明，要学我们的样子，即搞"资本主义"了，那就大错特错了。合同制必须看成是中国"国策"的最新阶段，所谓"国策"就是怎样组织农民以改善他们的福利并富强国家。中国统治阶级有史以来世世代代都在努力解决这个问题。他们发现合同在半商业化的农业中最有刺激力，因而有利于生产。就是那么简单。魏源和其他一些早期的"国策"学者，毫无疑问是理解和肯定这些组织农民群众的新方法的。

那么，革命为农民取得了什么呢？人口众多而土地短缺，这种压力越来越大。劳动量没有办法减轻。地主阶级被经管生产队的干部取代了。区别就在于农民的想法、行为和机会。在毛泽东主义的时代，通向教育、公共卫生和较好的技术的门户已经打开。绝对平均主义的学说使农民更清楚地看清他们自己和他们的潜力，即使20世纪80年代合作化已经取消，富裕的农民增多了，也还如此。

经济的发展：工业

邓小平经济政策中最引人注意的改革，是他在对外贸易、技术和投资方面的"对外开放"。回顾一下1800年以来的中国对外政策，感到它就像一只时钟的摆动。在19世纪40年代和50年代订立不平等条约以前，清政府的政策表面上把对外贸易和接触看成是无所谓的样子。广州海关报告中有的时候就没有茶叶和丝绸的出口数字。暂时禁止丝、茶出口是为了对外国人施加压力。但是丝绸和茶叶这些劳动密集型的手工产品到了新开辟的沿海"通商口岸"以后，就成了中国最大宗的出口货。在19世纪末期和20世纪初期，对外贸易逐渐缩小了中国传统的自给自足状态。举例说，点灯用的煤油成为一个大宗进口项目。这个问题还需要从经济学方面加以全盘的考察。但是一般来说，中国现代化之迟缓倒使中国甚至可以在40年代的"自由中国"内地如中共的延安地区，保持一种自给状态。

总而言之，自给自足思想是中国从明朝到清初一贯承袭下来的排外思想的一部分。1949年以后中共提出的自给自足论，表现出一种深刻的反对帝国主义的情绪。邓小平在1978年以后的"对外开放"政策，并不代表中国的长期传统。它也不能同美国当年为替代帝国主义政策而倡导的"门户开放"政策相比拟，同时也和苏联关门搞工业发展的模式相对立。

中国的投资政策，甚至在20世纪70年代后期仍然是简单模仿苏联的方式。基本的设想是：第一，投资和产值的比例是固定的，即投资的增长必须和产值的增长保持一致，历年都应如此；第二，对外贸易不重要，输出消费品以换取外国资金不在考虑之中。从这些设想出发，工业化的道路是投资越多越好，消费越少越好。换句话说，重工业将建设起未来，而消费品则推迟未来。在20世纪60年代和70年代，中国在这个基础上将国民收入的大约30%用来投资。中国这种走向自给自足的企图，是有意避免外国资金的进入。

随着时间的前进，资本和产品的比例渐渐增长起来，就是说，为了生产一定数量的产品，要投放更多的资本了。当国民收入的增长率下降，而投资继续增长，留下来为消费用的数额，显然难以增长了。由于国防费用的开支增加，工人刺激力的减少，铁路建设越来越困难原因，生产也受到了阻碍。不仅如此，工业设备渐渐老化，60%需要更新。管理方面的问题包括中央统一计划过于僵化，产品供求不平衡的压力越来越大，有些产品失掉市场，企业出现净亏损。1976年以后好几年之间，苏联式的工业战略还在继续，大概一部分原因是计划人员被撤换掉了。300位高级经济干部中至少100人被清除，文化大革命后留在原职的不过1/4。

1949年以后中国采取了在内地建设重工业的政策，同时停止了对外贸易和吸收外国的投资。苏联式的经济模式是高度集中。地方和省的每一个生产部门都直接隶属于北京的主管部门，由一个副总理监督。你差不多可以感觉到这是回到乾隆年代,只不过毛泽东的社会主义是要在集体化农业、中央统一规划和在内地的重工业(为国防安全起见)基础上实现快速的工业发展罢了。到20世纪70年代,重工业、内地省份和北京的权力机构这三个既得利益方面依然控制着经济政策。虽然工业生产萎缩,消费品生产还是没有人理会。1978年提出的五年计划,使人回想起孙中山的那个很不现实的发展铁路的理论。例如,东北的大庆油田已经变成主要的石油生产中心,于是乎提出再开发这样10个油田,不论是不是有石油开采得出来。

直到1979年计划工作的战略才做了根本性的转变,开始把重点放到农业和向外国输出的消费商品的生产上来。重工业由于能源相对的紧缺,无论如何非控制不可了;轻工业则靠外国投资的帮助加以发展。

这些改革不能称为恢复"资本主义",因为党和国家仍然提倡并且致力于集体主义,也就是"社会主义"。但是企业的自主权和更多的自由市场,如农业的责任制那样,大大地增强了生产的刺激力。在富裕的农民经济在农村兴起的同时,工业企业也大步向前迈进了。工业实行责任制后,权力就更多属于经理,而不属于党委会。国营企业将不再把所有的利润(以及亏损)都交给政府,而是记到自己的账上。虽然要支付高额的利润所得税,他们仍将余下的部分投到增添设备和提高职工福利的服务上去。

旧制度的一个弊端,就是干部们喜欢汇报建设较快的小厂超额完成计划的情况,而不愿意汇报大厂的情况。政府针对这个弊端制定了附有利息的贷款办法,而

新的方针：邓小平的革命 419

不再一次拨付资金。发放带利息的贷款是为了鼓励成本核算，而不在是为了单纯追求产量。因为地方政府可以从销售产品的收入中征税，所以它们愿意投资于利润较多的消费品工业，而不愿投资于利润较少的交通运输和重工业。有一个时期，地方政府生产全国钢铁的2/5和水泥的2/3。为了增加利润，提高工业如矿冶和电信的生产力，中央计划工作者订出了一种抓"重点"的制度，动员有关的政府部门特别努力去完成。

允许地方工厂将它们的利润留成，这种新的刺激办法产生的效果之一，是使相当多的基建项目从中央政府的预算划归地方政府机构处理。现在发现，基建项目不能都由中央统管。过去那种不管项目完成情况如何均是一次性拨款的办法已改为由基建公司投标，中标者负责去弄一切需用的原料。

这样一来，1978年以后，力量的平衡就摆回到：（1）对外开放，发展对外贸易和吸引外国投资；（2）因此，外贸本来就比较活跃的沿海城市进一步振兴起来；（3）重点在于发展消费品工业和发挥地方的首创性，使经济工作不完全由中央控制。各省和地方政府有了机会以后，它们很快发展起消费商品的轻工业生产来满足市场需要，但是物价结构仍由中央控制，并没有按市场规律完全自由浮动。但是，地方政府和企业的竞争，不仅造成轻工业的大量扩张，也带来许多副作用。如基本供应品的短缺，劳动成本的提高，一个地区封锁另一个地区产品在它的地区销售以及中央政府财政收入减少，从而影响运输线路、水电站和矿冶方面的建设。一般说来，与这种扩张伴随而来的似乎是大量合法和非法的官办企业，而不一定能提高效益和劳动生产率。

研究当前工业的发展，不属于历史学者的职业范围。在这里如果装模作样公布20世纪80年代中国的生产和贸易数字，只会降低我们论述的可信性。在不和《中国商业周刊》竞争的情况下，让我只指出一个增长的指数，这就是银行业务的分散化以帮助信贷的扩张。1949年以前，中国政府的财政一般说来是非集中化的。与此相反，20世纪50年代人民银行为了防止通货膨胀，严格控制钞票发行和信贷，它也限制外汇和国际贸易，储蓄和商业资金都是高度集中管理的。

1978年邓小平的改革给了私营企业和市场经济一定的活动范围，信贷需要大加扩张，这就导致了银行系统的非集中化。中国人民银行变成好几个专业银行的中央政策制定者和监督者，这些专业银行分别管着工业和商业、外汇、国际投资、农业、保险以及基建等。人民银行和它的附属机构不再负责拨款，而发放贷款时可以自己制定利率，以鼓励效益。这个做法是为了控制人员的任用以及不让官僚机构的地方政治势力任意做出决定。但是官僚主义组织机构的规模本身已经成为一大问题。例如专管基建的银行有2700个分支行，职工有46700人；工商银行有3000多个分支行，职工达30万人。后者不仅负责向工商企业贷款作流动资金，而且还鼓励工厂设备的技术更新，以提高产品和效率。工业的财务经营还借助于发行股票，这就意味着中国将设立一个证券交易所。

用历史的眼光看邓的改革

从一个政策的极端到另一个政策的极端，这种摇摆是中国的一种特征。例如，在毛泽东主义的运动时代里，有时候采取一种路线造成了过火的影响，然后又通过一个新的运动，加以改正。你也可以看到，有时候动员搞社会革命，有时候又要巩固经济发展。在一个革命和变动的时代，一旦时钟的摆动摆过了头，再摆回来，就不容易回到原先的位置。但是，"摆回"到先前的、也许是更好的时刻已经成了永恒的政策基调。

按这个尺度衡量，邓的改革应该摆在什么位置呢？在我们看来，邓的改革是很自然的事，但是在中国它们却不像我们所以为的那样是正常和适当的。不错，它们是偏向现代型的，但是中国现代化的记录常常是向前迈两步，向后退步。中华人民共和国跨入国际生活领域，一般是不可逆转了，但是在某些特定的方面会有出入。

一个是中央控制问题。仅仅因为中国面积太大，中央控制是不是将要变得不可能了呢？苏联实行中央集中的指令性经济，有过不少困难，但是中国人口四倍于苏联。中国在过去帝制时代曾有很大的组织能量，那是很明显的，但是一般来说，多是表面的。20世纪需要更有渗透力的政府，那么，中央控制和地方首创之间的矛盾，就尖锐化了。在北京有五十个左右的部委，分别归五六个职能系统，各由一个副总理监督。一个自上而下直线的附属机构从首都到各省直到县乡，这样一个机构需要一大群地方干部担任生产队和地方企业的管理人员。旧的帝制时代的官僚机构是通过下层士绅管到村，现在是大大膨胀起来的人员来经管一个指令性的经济体，还要管群众动员和监督系统。单单这样庞大的机构和众多的人员就会形成官僚主义。在行政方面只好为了适应地方的需要而常要求中央打折扣。结果就会发生尾大不掉的现象，这无疑会阻碍中国的前进步伐。

中央对地方企业丧失控制，是继对物质资源控制的非中央化而来的。在国家对地方企业所需要的原料和供应物资只能提供1/3的情况下，企业自然就不那么听话了。

中央控制减少后的一个副作用，是地方上腐败程度增大了。"升官发财"的观念毕竟在中国土壤里是根深蒂固的，随时都可以发芽滋长。在毛泽东主义时期，地方干部驱使民众干这干那，是按照教条主义方式。但是在责任制时期，地方干部可以以官员身份进行投机倒把，利用地方关系，勾结其他集体企业的经理人员共同腐化，坑害政府。由于单位是自负盈亏，在财务上可以自己做主，那么腐化的方式就不仅是制作假账，偷税漏税，甚至可以利用单位的钱投资于其他非法贸易，订立共同作弊的假合同，搞黑市买卖，做房地产投资，用超额投资进行重复生产等，以前经理人员试图从人民手里拿去财物，现在他们却从国家经济中捞取好处了。

邓的改革使外国事物重新出现在中国。中国不得不打开门户去参与世界经济事物，这使人回忆起19世纪的一些事情，虽然帝国主义是被废除了。不久就要有十四个左右主要的口岸开放出来，允许外商投资，这种权利是外国人直到1896年才通过不平等条约获得的。外国人在中国依然享有特权，首先是因为他们持有外国货币。上海和香港这样的繁华商场,现在又加上香港附近的深圳等特别经济区,都是为吸引外国投资或建立合营企业而开办的。

虽然排外主义不大会成为一个严重问题,但是它可以和腐败问题一样助长毛式的排外反应。"勤俭"之说是孔子思想的要点。毛泽东提倡的艰苦朴素、高度原则性的平均主义,只是重复了孔子的观点。但是它可以给反对邓小平开放政策和反对物质主义的自给自足论者火上添油。当然,对付这种返祖式的反应,有一种办法,就是建立新的机制。

法律和其他问题

有一种创议,就是争取建立现代法制。开展对外贸易和建立合资企业迫切需要有律师来处理合同和商业纠纷。这里有一个很值得从历史背景来议论一下的问题。中国行政一向都有法典——管官场有行政法,管老百姓有刑法。晚清法律改革家以及30年代的国民政府都试图创制比较完备的现代法典。与此同时,看起来好像用以取代君主专制的宪政论也在政府和各党派发表的很多文件中加以首肯。但是法律在普通群众生活中依然很少起作用。上衙门打官司通常是要避免的。地方纠纷由有关各方调处仲裁解决。中华人民共和国建国初期也制定了宪法和几种法律,但是"法律至上"的话却难以找到,因为最高权力在党手里,而它的政策自然常有变动。在毛领导下,有一个时期法律和道德混合在一起了。符合道德的行为根据党的标准可由政府表扬,而不道德的行为,则在很大程度上按照帝制时代孔孟之道加以处罚。

结果是法律和政策完全吻合，毫无二致。违反党的政策，就是非法。

1981年定下了一个新的政策，要建立一个与党分开的真正的司法体系。不仅外贸方面需要法律专业人才，而且国内经营管理也需要法律专业人才。国营企业都变成了独立的会计实体，它们的经理自负盈亏，独立处理合同和投资问题。有人估计，这些企业将使用40万名法律咨询人员。

1982年新的国家宪法规定，全国人民代表大会是立法机关，一切法律由它制定并且由它执行。总而言之，人民代表大会被赋予大得多的权威和特权了，至少表面上如此。1959年撤销的司法部重新设立了，人民法院分为四个等级：最高、高等、中级和初级。到1984年总共约有1.5万个法院和7万名法官。与各级法院相平行设立有相同等级的人民检查机构以及职业律师，这些律师都是政府的雇员，他们被指定做被告的辩护人时，主要是试图为被告辩护减刑。中国还没有设立"无罪推定论"的制度。

新的法律制度除了规模有限外，人事方面是从零开始的。1985年有20个高等教育机构设立了法律系，一共录取了大约13000名学生。现在有15个法律研究所。法律知识的普及，是由司法部和报刊等传播媒介做的。但是，既然司法人员是由全国人民代表大会指派的，立法和司法的职能就没有多大区别，同时两者都受党的制约，因为整个政府都是党领导的。实际上法律系统并不独立于党及其政策之外。

邓小平的法制改革中存在一个问题：国家公务员是

否可以受到行政程序的保护,不致再受像无产阶级文化大革命中民粹主义运动那样的任意攻击?我们大概可以估计,中共法制的发展,其目的主要在于限制任意使用权力,而不在于保证个人的人权。一个基本原则是党的控制神圣不可侵犯,法律是它的工具之一。这当然令人回忆到皇朝的统治,而不是现代的多数表决制。

中国从依照伦理的统治,改革为依照法律统治,固然迫切而且困难,但更迫切、更困难的,是如何降低人口的增长。在这个问题上官僚机构是有作用的,而且事实上是不可缺少的。1984年人口的增长率是平均每一对夫妇生2.3个人。在10亿人口(其中年人比重特别大,这是从毛时代继承下来的)的基础上,即使按这个低的增长率推算,到2080年,人口总数将达到21亿。目前中国人均占有可耕地面积只有世界人均占有可耕地面积的1/4到1/3,人均占有水资源只有世界人均占有水资源的1/4。中华人民共和国现在努力争取实行一对夫妻一个孩子的政策,以期把出生率降低到1.7%(正像人类其他事情如规定作家的截稿期限一样,目标总要定的比原来希望达到的程度高些)。不管现在这个一对夫妻只生一个孩子的运动成就如何,要使中国人口到2050年控制在15亿之内是几乎不可能的。

对今天的现代化和中国继承下来的文化之间的关系来说,一家一个孩子会使旧的家庭价值观念发生危机。如果没有儿子赡养老龄父母和尊敬祖先,那么就得叫女儿做这些了。这就威胁到父系家长制了。

当然,人口过剩是一个世界问题。考虑到非洲、亚洲、拉丁美洲和其他地方无控制的人口滋生的情况以及新的美国膜拜胎儿的宗教,看来温和的出路是没有的。如果是这样,人类生育的不合理性也许会升到核物质的高度。我们知道个人的生命只能极有限地做出有意识的目的性规定,至于人类社会的生命就更难对它做出有意识地目的性规定了。从这个角度来看,中华人民共和国在做出一个极必要的努力方面处于在全世界领先的地位。

在这同时,邓小平政权似乎正在避免那种过去压倒过蒋介石的黩武主义。现在军队方面虽然比过去更强大了,但还依然处在听党指挥的位置。曾经总数约为400万人的人民解放军——其中300万是陆军部队——现在已经缩减了。解放军对国境以外的攻击力量还是有限的。例如相当大的潜水艇队似乎专注于沿海防御;空军则着重于防御性的空中截击,而不侧重于战斗轰炸机。虽然中国在1964年爆炸了一颗原子弹,在1967年爆炸了一颗氢弹,但它的导弹储备数目大约只限于必要防御的300颗。高级统帅部不愿搞"星球大战"等幻景,也避而不搞军备竞赛。国防是在搞现代化,但是现在没有什么迹象表明中国在发展公海上的舰队或者要派出像蒙古帝国、英国、日本或美国式的远征军。汉族统治者很久以前就决定不能派兵征讨长城以外的蛮族,要出征也必须在几十天内完成任务,不能劳师远征,以免弄得供应短缺。到外国去冒险(像明朝在1405—1433年间派大批航海船队到印度和非洲那样)一般认为是不可取的,因为那样耗费的资源太大了。

但是,美国人在把中华人民共和国理想化以前,不要忘记它依然还是一个一党专政的国家。我们大多数人很难想象极权主义生活究竟是什么样子。就婚姻、家庭、工作和玩耍而言，在一个旅游者看来，这里和开放的社会没有什么两样。区别在于人际关系。这个有等级的权威制度赋予一些人一种权力来凌驾于其他人之上。你的工作单位保存着关于你的大量秘密材料档案，就像一大摞报告卡片似的。在你的工作单位，你的上级控制着你的工作安排、住房事项、配给的数量、教育、旅行、娱乐以至于婚姻和生育。思想和行为是经常受到检查的。专制是中国的一个古老风气。如果我们回头看看就可知道中国的家庭一向是怎样控制着它的成员的。今天这个什么都供应、什么也都控制的工作单位，是不是老式家庭制度的最新版本呢？这就提出了一个麻烦问题：一个人从外国文化出发，不抓住这些问题，怎么能得出大的结论呢？

最后，邓小平改革时代在恢复文化生活方面很快就碰到一个老问题：知识分子要求的个人自由肯定是各种各样的，但是，按照孔孟之道，当权者都怕造成精神上的混乱。任何思想正派、负有维护社会道德和秩序责任的行政官员怎么能看见裸体女人的绘画、描写婚前恋爱的小说、迪斯科舞蹈或者其他"精神污染"之类的东西而不为之惊恐呢？

1957年的反右运动使很多有现代思想、倾向于西方的中国知识分子，也就是我说过的中国的自由派、那些1949年以前过来的人，成为受害者。他们是主张专家判断的自主权的，这符合中国的孔孟传统，即学者治国的正当原则。和他们一起受迫害的还有现代业务专门家，他们也是要求在他们领域内的自主权的。一旦这些人在1957年都被剥夺工作以后，毛的中国革命就准备进入第二阶段，即无产阶级文化大革命。这时候党和国家机关——其中的人又多是知识分子——也都被停止工作了。

在毛去世了以后，鼓励知识分子变成了头等大事。邓小平改革中的教育方向是创造一批苏联模式的知识分子，就是适合于官僚机构要求的，既有专门学识，又听话的人。在1978—1979年的短短两年时期内，这个政权曾允许过北京"民主墙"上贴"大字报"，鼓吹个人自由和民主，但不久以后就取消了。

中国自由派精神继续在文艺和其他方面有所恢复，但是免不了要碰到旧日国民党的老问题：让自由的钟声敲下去吧，迟早它会敲响一党专政的丧钟；但如果严厉地禁止，又会驱使有才能的人处于敌对地位，而那些人才却是不可缺少的。对于这个进退两难的问题，没有现成的方法来处理，正像我们美国人永不停顿地试图为德行立法一样，难乎其难。一度在工农业的小型企业间允许实行责任制，可是不久，在1983年初文艺工作单位就大肆搞起合同来了。不过这股风很快就刹住了，因为太多不可控制的言论都出来了，其中有些是违反四项基本原则的，这四项原则就是：坚持马克思列宁主义毛泽东思想，坚持中国共产党的领导，坚持人民民主专政和社会主义。

有一个影响更大的问题，就是社会风气的现代化节奏快得几乎等于西方化了。例如中国男女青年虽然没有结婚，已在公共场所拉起手来，有时甚至于接吻，以前这是只限于在卧室里发生的动作，因为人们都知道它会

新的方针：邓小平的革命　　　429

引导到什么地方去。不但如此，物质的东西超过彬彬有礼的言行而占优胜的地位。一个世纪以前的老顽固，必定在坟墓里气得晕头转向，毫无疑问，他一定留下很多后代子孙。

上面提到的邓小平提出的新中国"对外开放"的几个方面，不过是现在正在进行的变革的例证。我们在这里还不能估量语言在怎样改变，文学在采用什么形式，行为的规范在发生着什么变化以及不大具体的中国文化因素在如何日新月异地变化着，以适应"现代化"的物质积累。这里不能试图检阅、更谈不上总结中国在80年代的发展。中国本身就是一个宇宙，充满着变异、对比、尚未解决的问题和过多的人口——他们不管怎么样都必然要生存下去！

第 19 章

透 视

在第一章里，我们提出一种观点，即在革命过程中，将科学和技术发展所产生的巨大物质影响同社会结构和价值观念深刻而又缓慢的变化区别开来是有益的。表面物质的可以看得见的变化掩盖着社会变化的缓慢潮流——这个隐喻提出的问题无疑和它解决的问题同样多。这就使我们从热汤中爬出来又跳进火坑里。但是它有一个用处，就是把"现代化"的物质的东西，例如城市、动力机器、蒸汽运输、公路、公共汽车等现代世界司空见惯同中国人民按他们自己的生活和文化方式形成的特定价值观念、倾向和社会习惯区别开来了。（所有这些字眼都需要给以定义，但是在一部叙述性的历史著作中，我们只能使用可以找得着的字眼，不然的话，就叙述不成了。）

以上的设想，使毛泽东找到了他在历史中占据的位置——他声称要成为一名社会文化变革的工程师，虽然他的两项主要创作都没有成功。这意味着中国尽管有了令人瞩目的现代化成就，但仍然面对着社会革命的问题，换言之，就是怎么样使农民更充分地进入国家活动中去。政治的目的是避免叛乱。文化的目的是使有才能的人发挥作用。经济的目的是最大限度地扩大生产。

现代化和社会革命，有时乍看起来好像马克思的生产力和上层建筑的关系，但如果是这样，这个观点在这里就是因果倒置了。变化较慢的层次是文化；现代经济变化是比较快的。中国工业化（现代化）之迟缓，是由于中国有高度发达的和精美的文化之故。换言之，19世纪90年代以前中国的上层阶级已经如此有文化和如此聪明，以至于他们不要求现代化。

革命总是遭遇一个共同的命运：在当时它们似乎像突然爆发的火山似的，既不可预测，又无法控制。但事过境迁回顾它们时，却都渐渐淹没在风景画中，好像一座山的两边山脚，因和果都分不清楚了。

我们看到邓小平的改革取得的重大进步，不禁回忆起历朝奠基者的事业都在他们的后代第二号大人物手中得到巩固——例如唐太宗皇帝，宋太宗皇帝，明朝的永乐，清朝的康熙。每一个朝代，开国者的不可缺少的武功，后面都接着一个伟大的建设时期。

如果我们要着重强调宏观连续性的话，有几个基本特点现在还存在着：中国人口从来没有今天这么多；通过一个中央权威保持统一，仍然是必要的；管理这么多的人民只能依靠一个被广泛接受的信仰制度，政府机构必须由受过训练的精英组成，地方当局在农村代表着国家。

如果我们把1800年和1985年比较一下，那么，我们就可以看出，这些特点依然存在，在不同程度上它们的连续性也依然存在，只不过在它们之中可以看见一些新的事物。有梯田的山、河流和水淹过的平原还在那里，不过水力已被利用；洪水已得到控制；土壤、作物和耕作方法有了改进。同时，拥挤的中国人民不再被疾病所困扰，他们的寿命长多了。统一的中央政府好不容易才明白它的许多职能下放给地方来履行要好得多。虽然通过现代设备中央的命令能以前所未有的效率传达到地方，但是为了真正收到好效果，还应当鼓励地方发挥它们的首创精神。地区的差别是如此之大，在一个单一的国家里一切做法都完全一致也不行。旧时代的下级士绅已经一去不复返了，但是更多的地方干部和党委书记还得向农民收税和向他们的上级汇报工作。最后，官僚上层同人民之间有一套共同的信仰，这是显而易见的，但是毛泽东思想显然是在变动中的。可以预料，它将和孔子学说的某些残余相和谐，例如对于权威的尊敬和按照身份不同而具有的义务感。可是中国化的马克思主义也同意（可能太快了一点）科学解释的优越性，而不接受什么"阴"与"阳"、"理"与"气"的原则。

如果我们看一看近代中国——不是它的现在和未来——的运行结构，我们就会碰到一个令人烦恼而被人忽略的问题：1800—1985年间的中国，在政治上（技术以及思想方向有很多现代化，姑且不论）究竟处于朝代循环的什么位置？这个问题之所以提出，是因为我们西方人——无论是自由主义者还是马克思主义者——都有一种偏见，就是认为中国是按照欧洲的封建主义，资本主义，社会主义模式同样演进下来的。再没有比这种想法更暧昧的了。西方两次对中国思想界的冲击：自由主义一次，马克思主义一次，都是我们西方文化帝国主义发展的最高阶段。它们放了一架马鞍子在中国身上，但它并不真正合适。我们今天乘在这架马鞍子上，并不比毛泽东乘在上面好多少。把中国的新秩序叫作"社会主义"是一种时髦，如果你夸奖（或者害怕）这个名词的话；可是中国今天的社会主义是国家社会主义，那同国家资本主义不是什么时候都区别得清清楚楚的。"资本主义"在近几个世纪中，有过丰富和多样的经历，这个名词现在除了修辞外，几乎没有实质意味。不管叫社会主义或国家资本主义，反正现代中国政府正在领导着中国的改造，并且它带着类似新朝代的很多特征。尽管它有其新奇的一面，但它同元明两朝过渡时代的朝代"循环圈"有着共鸣，正如它同法国的，英国的或苏联的社会主义有着共鸣一样。它也可以同日本明治维新做一个比较。但说到最后，中国毕竟还是中国，照例还是按它自己的格局改革。它的社会主义是可取的，因为总的说来，日常生活趋向于集体和群体，而不是趋向于个人。经过150年的政治活动，我们曾经走出的地方和我们走进去的地方，似乎相距不是很远。

我们既已承认过去发生的一切为中国的革命奠定了基石，那么现在让我们看一看事实的另一面即，从1800年到1985年的发展和变化过程。简单说，人口和商业的迅速增长，导致了城市化和农村社会的开放。城市生活需要更大的分工，更多不同的就业机会和社会公认的行业的增加。城市移民的增长是一个世界趋势。拥入城市的有小规模的经营者，捐客，店员，讨好有钱摆阔的上等人家的工艺品专家等，不一而足。

从这些人当中，渐渐出现一批"上层活动家"，就是上层阶级中以私人资格参与地方和省、市级活动并经常关心政府和国家大事的人。缙绅担负地方责任、出面解决地方问题的历史传统也助长了这种趋势。这也因为清政府没有和社会的发展同步前进，所以造成了这种局势。

满清朝廷在1860年以后没有引导出一个像日本明治维新一样的现代发展历程，原因有两部分，一部分是政治的，另一部分是机制的。政治方面，这个王朝曾经有过它的最美好的岁月，因此它总是朝后看，极端保守

传统与变革。图为1985年的北京天桥乐茶园,悠久的文化依旧有独特的魅力。

地尽力维护它的伟大传统和对中国的控制。这里有两种因素起着作用:第一,朝代生命力的衰竭,能力、创造力和领导力的丧失;第二,自己是一个非汉民族,而当时代要求汉族中国人发挥民族主义精神时,自己还牢牢守着手中已有的权力。这两种因素妨碍了满清实行西化和做出像日本一样的现代化努力。

第二部分原因在于清朝固有的机制。这个帝国在理论上和礼仪上是优越的统治者,但是在地方上它是虚弱的、无效率的。上面有一个中央集权的朝廷政府,可是它却很松散地凌驾于一个分散的经济和社会之上。经济和社会在发展,可是政府的财政收入(举例说)毫无增长。所以，上层"社会活动家"大部分存在于官方渠道之外。本来20世纪初是个很好的机会，当时清朝的改革是可以激发、甚至培养中国汉族改革家的，但它没有给他们以参与地方和全国政府工作的机会。

国民党的国民政府更广泛地继承了这种上层社会活动的传统（虽然规模宽广得多）和19世纪50年代已开始的富国强兵运动。20世纪20年代中期以后，特别是在孙中山的广州政府和北伐战争时期，这两项运动就合二为一了。但是这种混合自20世纪30年代初以后又被破坏得无法进行，一方面是"九一八"事变后日本开始侵入和国民党加紧备战，另一方面中共完全不要搞什么改革，一心动员和武装农民干革命。在日本的侵略和中共武装革命之间，南京政府扶持倾向洋的人中国自由派仅仅几年时间，没有机会使他们有所发挥。当然，他们可能完成什么事业，始终不敢断言。

用政治术语说，清朝是靠笼络汉族上层阶级而统治中国的。士大夫在地方事务中是容纳于官方系统的。如果创造出一些新的形式让地方士绅参与公众生活（不要说大规模参加）就会使整个制度失去平衡。1911年以后，袁世凯、各派军阀以至于蒋介石，都一仍旧贯地继续表现了这种无能状态。他们都忙于固守或追求中央大权，无暇为地方自治或农民参与政事打开门户。这样就给了中共以可乘之机。

但是，1949年以后，中共也碰到同样的问题。毛搞群众政治动员的本能和他的同事们想把经济和国家事务现代化的要求发生了矛盾。他是一个缺乏建设中国的现代化知识、谦逊的态度和忍耐力的农民英雄。毛太专注于他那最新式的农民造反传统，而不屑于理解中国应该和他的"五四"时期的前辈那样，刻苦研究外部世界和中国本身。中共强调阶级斗争实际上是一种打破旧的机构并让农民闯进去的政治策略。但是把知识分子赶下来的阶级斗争，是一种民粹派式的蛊惑活动，说不上是建设国家。所以毛的最大缺点导致他发动了无产阶级文化大革命。毛感染了皇朝创业者和革命者的致命通病——只顾向前快跑。他领导中共获得政权的那种战斗精力，变成了一种他用来破坏它的蛮劲。总之，他是属于王朝统一者式的伟大传统人物。

如果我们不仅仅看见"朝代循环"的残迹，而更多看一看进步的话，那么，我们就会看到1800年以来的中国，不仅在物质技术的现代化水平方面，而且在底层的社会结构和文化价值方面，都有无可比拟的成长和变化。清朝帝国的专制统治，因个人私有制的广泛扩展而被冲淡。这不是指西方的那种私营企业的自由经营，而是我现在要特别强调的一种有特定意味的集体主义的中国式的自由经营。中国从一个粗犷的群众和儒雅的知识分子二者分离的社会，经历了一个普通农民生活的解放，到上层阶级中又分为官僚和专业人物二者相区分的过程。

本书第三章用稍稍不同的词句把物质和文化的现代化同价值观的缓慢变化区别开来。在当前四个现代化的时期，我们认为晚清末期中国的发展就是因为迟迟不愿接受外洋思想、外国贸易和技术，以致落后的。从这个观点出发，反对偶像论者可以声辩说，在中国，金融资本的帝国主义根本没有什么发展。这种看法也可以引日本明治维新之迅速向西方开放以及比较近期的南朝鲜与台湾表现的事例加以论证。

此外，我也可以说，中国在19世纪没有实行门户开放、积极发展而守旧不改，保持了一种旧的阶级结构，就是80%脱离政治的农民习惯于由一部分站在武装队伍前面、绷住一副排外面孔、看不起一切外国事物的上层人士统治着。从这个透视角度来说，倾向美国的中国自由派（现在看来，他们似乎又一次时髦起来）正在促使上层人士现代化，而毛的马克思主义中国化工作却开始在群众中做现代化工作。但是一旦农村群众开始参与政治，他们就会像攻击旧的上层阶级那样攻击外国事物和知识分子了。

自1800年以来，中国革命是一种打破旧枷锁的斗争。虽然说世界上大多数革命差不多都是如此，但在中国，由于历史的连续性以及中国特有的文化之故，（如我上述几章所强调的），它却成了一个重大问题。举例说，文化大革命把"反四旧"（旧文化，旧思想，旧习惯，旧风俗）揭示出来，大书而特书。这些根深蒂固的文化特征和价值很受到毛的重视，他认为它们是拖住中国不能前进的重大因素。

打破历史桎梏的努力可从对知识分子和官吏——上层阶级分子的报复性和残酷打击中看出来。有几种设想可以解释：第一，千百年积蓄下来的农民对于少数特权阶层的愤恨。农民群众有一种本能的极端主义观念，却世世代代地受孔孟之道"劳心者治人，劳力者治于人"的阶级歧视的压抑。对于个别上层阶级分子的毒打、折磨、破坏，本来是农村地方械斗的野蛮传统。不错，红卫兵不是农民，而是城市青年，但是他们的行动是出于毛所鼓励的农民舆论气氛。1949年以后群众参与政治，打开了地狱炼火之门。无产阶级文化大革命中，毛一放手，就像"总算账"似的无所顾忌了。

除开这些暴力行为的说明外，中国悠久的历史影响仍是在环境中不可磨灭的：语言，文字，民间传说，政治惯例，商业的以及各种各样的人际关系。这个实在情况却也说明现代化还存在严重的问题：例如对外贸易和外商投资，就需要创制一套法律体系。专家在他们业务部门内有了自主权，文艺作家在他们自己范围内也有了自主权，但仍然都受政府的限制。法律、教育和中国的自由主义，肯定会有一个伟大的前途，但不大会像西方的形式。20世纪80年代中国的生活正释放出巨大的能量。但是在每一个人不可避免的对人际关系的依靠上，都可以看得见过去的瓜葛。这些看起来似乎是逃避官僚主义纠缠的唯一出路，可是亲朋故旧，加上腐败，也会使改革的努力受到掣肘。

每一个世代的历史学家都有一个任务，就是把过去和我们当前有关联的事呈现出来。人权和法律程序在美国已变成重大问题。如果我们以此作为现代化的标准并且发现中国比我们的缺点还多些——这已经是老生常谈了——我们会产生一种记忆错觉。我们以前对一个不大熟悉的国家做出过判断。

关于没有注释的话

费 正 清

这本书怎么没有注释呢？答案很简单：这里写注释，会引起误解、讨厌和不适当。会引起误解是因为我的话几乎没有一个特定的来源。列出一两部参考书不能反映实际情况，反而会漏掉其他的参考书。开出一个长长的参考书单，就等于抄一大堆目录，倒是适合于做一篇博士论文。不仅如此，如果遗漏了一种主要著作，那就很令人讨厌，对于没有罗列出来的作者，显得不公道。总之，注释对于专家不适当，对于非专家又没有必要。

最后，拼凑这篇故事的乐趣是借便做出推测和也许不大恰当的比较。我不愿意让这种异想天开的话，叫人看起来似乎是根据一些无辜和认真的单行本作者以注释的形式列举出来的。泛泛而谈的著作总是不大精确；谈论的内容越广泛就越不精确。人们可以回顾一下，汤因比教授的《历史研究》（十二卷）使多少读者着迷呀，但他论及专业的部分另当别论。

这部关于中国长期灾难、斗争和再生的个人记述，是我自己的"家酿"，虽然配料是从几百部别人的著作中提炼出来的。我特别感谢《剑桥中国史》第十至十五卷（论述1800年至1980年间事）的50多位撰稿人。我钻研了这些高水平的精湛的研究成果，深受裨益。我是这些卷的编辑和撰稿人之一，但本书却绝不是企图总结这6卷4500页的巨著。在另一方面，本书之所以能够写成，主要归功于这些学者的成就。我自己不能核查原材料，也不能精通它们的文字，但每遇关键处，我就求教于这些学者。

我要特别感谢的是卓安·希尔，她在《剑桥中国史》和本书的出版工作中，经常给以机敏的帮助。在书稿的文字方面，给了我很多助益的是劳埃德·伊斯特曼、艾伯特·佛尔韦克、默尔·葛德曼、菲利普·库恩、麦克法尔古哈尔和卢西思·派伊。我对他们都特别感谢。

译者简历

刘尊棋（1911—1993）中国优秀新闻工作者。祖籍湖北省鄂州市，生于浙江宁波。1930年9月参加左翼作家联盟北平分盟，当选理事。1931年1月参加中国共产党。曾任《北平晨报》记者，1938年参与创办国际新闻社，任社长。1941年皖南事变后，到新加坡《南洋商报》任编辑，太平洋战争爆发后回国任重庆美国新闻处中文部主任。1945年抗战胜利后到上海创办《联合日报》《联合晚报》，1948年在香港办英文刊物《远东公报》。全国解放后任新闻总署国际新闻局副局长，外文出版社副社长兼总编辑，中国大百科全书出版社社长兼副总编辑、中国日报社总编辑，是第五、第六、第七届全国政协委员、常委，中华全国新闻工作者协会副主席。

THE GREAT CHINESE REVOLUTION:1800—1985
Copyright @ 1986 by John King Fairbank
Chinese (Simplified Characters) Trade Paperback copyright © 2019 by World Affairs Press
Published by arrangement with HarperCollins Publishers, Inc. (USA)
through Arts & Licensing International, Inc., USA
ALL RIGHTS RESERVED

图字：01-2000-0769 号

图书在版编目（CIP）数据

伟大的中国革命/［美］费正清著；刘尊棋译. —北京：
世界知识出版社，1999.9（2024.10重印）
（费正清文集）
ISBN 978－7－5012－1232－3

Ⅰ.伟… Ⅱ.①费… ②刘… Ⅲ.中国—历史—研究—1800~1985
Ⅳ.K25

中国版本图书馆CIP数据核字（1999）第43359号

策划编辑	王 立　张光勤
责任编辑	王 立
责任出版	王勇刚　高 炜
书　　名	**伟大的中国革命** Weida De Zhongguo Geming
作　　者	［美］费正清（John King Fairbank）
译　　者	刘尊棋
出版发行	世界知识出版社
地址邮编	北京市东城区干面胡同51号（100010）
电　　话	010–65233645（市场部）
网　　址	www.ishizhi.cn
印　　刷	廊坊市海涛印刷有限公司
经　　销	新华书店
开本印张	880mm×1230mm　1/32　14½ 印张
字　　数	288 千字　36 幅图
版次印次	2000年5月第一版　2024年10月第二十一次印刷
标准书号	ISBN 978–7–5012–1232–3 ISBN 0–060–39076–X
定　　价	66.00元

版权所有　侵权必究